Johannes Berthold

Man muss ihre Hoheit fühlen

Johannes Berthold

Man muss ihre Hoheit fühlen
Beiträge zum Alten Testament

Bild & Bibel Verlag

Die Deutsche Bibliothek – CIP-Einheitsaufnahme

Berthold, Johannes:
Man muss ihre Hoheit fühlen: Beiträge zum Alten Testament /
Johannes Berthold – 3. Auflage -

ISBN 978-3-9817380-1-8

Bild & Bibel Verlag
Günter Naumann
August-Bebel-Str. 217 d
09474 Crottendorf
Tel.: 037344/13220
Fax.: 07344/13216
Email: ctct@cob-naumann.de
www.bild-und-bibel-verlag.de

Vorwort

Der vorliegende Band enthält eine Auswahl von Vorträgen und Bibelarbeiten zum Alten Testament, die zu ganz unterschiedlichen Zeiten und Anlässen gehalten wurden. Im Nachdenken über jene alten Texte der Bibel habe ich selbst immer wieder jene Erfahrung bestätigt gefunden, die Johann Gottfried Herder einmal so beschrieb: *„Man sei Jude, Christ oder Türke, man muss ihre Hoheit fühlen."*

Die Auslegungen spiegeln etwas von meinem eigenen Weg als Gemeindepfarrer und Dozent wider, auf dem sich die verschiedenen Weisen des Umgangs mit der Heiligen Schrift mehr und mehr vermischt haben. Oft wurde ich von Hörern gerade auf diese „Mischung" hin angesprochen, auch verbunden mit der Frage, ob die Beiträge irgendwann einmal schriftlich zugänglich seien. Dies soll nun mit dieser Auswahl geschehen.

Ich gebe die Beiträge in ihrer ursprünglichen Fassung weiter, die meist als Rede konzipiert war. Auch wollen sie keinen „wissenschaftlichen" Standards entsprechen. Deshalb habe ich in den meisten Fällen auf Literaturhinweise verzichtet. Dafür bitte ich um Verständnis.

Der Kirchenvater Aurelius Augustin sagte einmal, es gebe zwei Möglichkeiten, sich den Zugang zur Bibel zu versperren: wenn man zu klein oder wenn man zu groß von sich denke. Glaube man, das Wort nicht verstehen zu können, scheitere man schon an der Schwelle; dünke man sich aber zu weise und halte die Geschichten der Bibel für belächelnswerte Ammenmärchen, stoße man mit der Stirn an den Türpfosten und gelange auch nicht hinein. Wer jedoch unvoreingenommen darin eintrete, in demütiger Haltung und mit der Bereitschaft aufzunehmen, dem werde zuteil, mit dem Buch zu wachsen. Mögen auch diese Auslegungen dazu helfen!

Moritzburg, am 1. August 2018

Johannes Berthold

Inhaltsverzeichnis

Leben empfangen

Gott schuf den Menschen zu seinem Bilde
Soziale und politische Konsequenzen eines alten Bekenntnisses[1]

Das Orakel zu Delphi - wichtigste Kultstätte der hellenistischen Welt - begrüßte seine Besucher mit der Inschrift *„Erkenne dich selbst"*. Die seither gegebenen Antworten sind Dokumente eines bis heute nicht abgeschlossenen Ringens.

Schon der griechische Dichter Sophokles (496-406 v.Chr.) lässt Größe und Elend des Menschen ahnen: *„Ungeheuer ist viel. Doch nichts ungeheurer als der Mensch."* Staunend schreibt Aurelius Augustin (356-430 n.Chr.) in seinen „Bekenntnissen": *„Ich bin mir selbst zur Frage geworden. Welch schauerliches Geheimnis, mein Gott, welch tiefe, uferlose Fülle! Und das ist die Seele, und das bin ich selbst? Was bin ich also, mein Gott? Was bin ich für ein Wesen? Ein Leben, so mannigfach und vielgestalt und völlig unermesslich!"* Der Philosoph Martin Heidegger (1889-1976) resümiert: *„Keine Zeit hat so viel und so Mannigfaltiges vom Menschen gewusst wie die heutige. Aber auch keine Zeit wusste weniger, was der Mensch sei, als die heutige."* Und Richard David Precht fragt keck: *„Wer bin ich, und wenn ja, wie viele"*.

So bleibt der Mensch eine Gleichung mit vielen Unbekannten. Auch der jüdisch-christliche Glaube beansprucht nicht, das Geheimnis des Menschen aufzulösen; vielmehr vertieft er es, wenn er durch den Begriff der Gottebenbildlichkeit das Geheimnis des Menschen mit dem noch größeren Geheimnis Gottes verbindet. Von der schier unermesslichen Wirkungsgeschichte dieses Begriffes sollen uns hier nur seine ethischen Implikationen beschäftigen, insbesondere im Blick auf unser soziales und politisches Zusammenleben.

1. Gottebenbildlichkeit des Menschen als Götterkritik

Die Rede von der Gottebenbildlichkeit des Menschen überrascht innerhalb des Alten Testaments. Denn im Gegensatz zu allen antiken Religionen mit ihren zahllosen Götterbildern war den Israeliten die Darstellungen ihres Gottes streng verwehrt. Das Verbot *„Du sollst dir kein Bildnis machen..."* (vgl. 2.Mo 20,4, aber auch 5.Mo 27,15) gehört geradezu zu den religiösen Grundgeboten des Alten Testaments.

---

[1] in: Nächstenliebe leben. Klarheit zeigen. Hrsg. AG Kirche für Demokratie und Menschenrechte. Dresden 2016, S. 27-33

Worum ging es? Sollte durch das Bilderverbot einer Vermischung mit fremden Kulten gewehrt werden? Oder ging es – tiefer – darum, die Größe und Unbegreiflichkeit Gottes vor menschlicher Ingriffnahme zu schützen?

Oder – noch grundsätzlicher – um die Unterscheidung zwischen Gott und Welt, Schöpfer und Geschöpf, deren Vermischung in den heidnischen Kulten tragische Konsequenzen hatte? Denn die dort übliche Identifikation der Götter mit den widerstreitenden Kräften der Natur trug deren ständigen Kampf immer auch in das Zusammenleben der Menschen hinein, deren Kriege nun nichts anderes als ein Spiegelbild des Götterhimmels waren.

Deutlich ablesbar war dies an der Gestalt des Baal, des kanaanäischen Wetter- und Fruchtbarkeitsgottes, dessen Aggressivität und sexuelle Potenz im Bild des kraftstrotzenden Stieres religiös verehrt wurde. Ähnliches erlebten die gefangenen Israeliten in Babylon, dessen Hauptgott Marduk ebenfalls als *„verwüstender Stier, Gewaltiger, dein Name ist über die Länder"* besungen wurde[2]. Im Namen dieses kraftstrotzenden Stieres hatte König Nebukadnezar mit unvorstellbarer Grausamkeit die ganze damalige Welt unterworfen; denn immer verwandelt sich der Mensch in das hinein, was er anbetet.

Überall, wo auch heute die Kräfte der Natur wie „Blut und Boden", „Rasse" oder „Klasse" religiös oder ideologisch überhöht werden, findet sich jenes (neu)heidnische Denken wieder, das regelmäßig in die menschliche Geschichte Kampftheorien einträgt. Immer geht es dabei auch um die Verehrung biologischer Mächte und militärischer Selbstdurchsetzung. Es ist die Physiognomie der Stiergötter, und sie hat bis heute nichts von ihrer Faszination eingebüßt; wer sich den Blick dafür schärfen lässt, wird sie überall erkennen. Die Leidenschaft, mit der Gott die Bilder dieser Götter abwehrt, ist nichts anderes als seine Leidenschaft für den Menschen.

Interessant aber ist, dass in 1.Mo 1,26ff. für die Gottebenbildlichkeit des Menschen genau jene Begriffe verwendet werden („Bild" und „Gleichnis"), die dem kultischen Abbild Marduks galten. Das war nichts anderes als eine kühne „Enteignung" des tyrannischen Stiergottes, der die Welt zur Arena und das Leben zum Kampf gemacht hatte. Zugleich war es Ausdruck des Widerstandes gegen das durch diese Götter legitimierte Herrschaftssystem der Babylonier.

---

[2] Morris Jastrow: Die Religion Babylons und Assyriens, Giessen 1912 S. 53

2. Gottebenbildlichkeit des Menschen als Bildungsprogramm

Das Bekenntnis zur Gottebenbildlichkeit des Menschen geht in solcher Abwehr natürlich nicht auf. Die radikale Verneinung der kultischen Götterbilder war vielmehr ein „Platzhalter" (Hanna-Barbara Gerl) für die ebenso radikale Bejahung des Gottesbildes – des Menschen! Wie aber ist dieser Begriff zu verstehen?

Auf alle Fälle geht es nicht darum, den Menschen an die Stelle Gottes zu setzen. Die beiden in 1.Mo 1,26ff. verwendete Worte „Bild" und „Gleichnis" schließen eine solche Identifikation aus. Das eine spricht von der unvergleichlichen Nähe des Menschen zu Gott, das andere von der Distanz, die Gott allein Gott und den Menschen Mensch sein lässt. Gottebenbildlichkeit des Menschen meint vielmehr, dass der Mensch in seinem Menschsein an Gott als sein „Urbild" gewiesen ist, nach dem er erschaffen wurde. Im Anschauen dieses Urbildes soll der Mensch „gebildet" werden. In diesem Sinne bezeichnet Gottebenbildlichkeit eine Art „Bildungsprogramm", das den Menschen in seine schöpfungsmäßige Bestimmung einführt.

Es ist gerade dieses „Urbild", das dem Bilderverbot im Dekalog vorausgeht und an dem sich Gott und die Götter scheiden: *„Ich bin der JAHWE, dein Gott, der ich dich aus Ägyptenland, aus der Knechtschaft, geführt habe. Du sollst keine anderen Götter haben neben mir. Du sollst dir kein Bildnis noch irgendein Gleichnis machen, weder von dem, was oben im Himmel, noch von dem, was unten auf Erden, noch von dem, was im Wasser unter der Erde ist."* (2.Mo 20, 2ff.) Dieser Gott, der Sklaven aus dem Staube erhebt und ihnen ihre Würde zurückgibt, ist keine Manifestation mächtiger Naturgewalten noch offenbart er sich in den Bildern kraftstrotzender Tiere. Es ist geradezu ein Kontrastprogramm, wenn er zu Mose aus dem Dornbusch spricht – dem niedrigsten aller Bäume. In der jüdischen Tradition versinnbildlicht der Dornbusch Israels Not und zugleich Gottes Mitleid: *„Der Heilige, gelobt sei er, erniedrigte sich und sprach aus der Mitte des Dornbuschs. Warum aus dem Dornbusch und nicht aus der Mitte eines großen Baumes, etwa einer Dattelpalme? Der Heilige, gelobt sei er, sagte: Ich bin bei ihm in der Not. Sie befinden sich in der Unterjochung, ich bin desgleichen im Dornbusch, an einem engen Ort."* – Es sei hier nur angemerkt, dass auch die Selbstoffenbarung Gottes in Jesus Christus dem Geiste nach aus dem „Dornbusch" heraus geschah. Denn sie offenbart dasselbe Wesen – seine Liebe, sein Erbarmen, sein Herz gerade auch für die Erniedrigten dieser Welt.

Wenn also das „Urbild" das geoffenbarte Wesen Gottes, sein Charakter ist - dann wird klar, dass es *„nicht etwas am Menschen [ist], das ihn zu einem Bild Gottes macht – sei es die körperliche Gestalt, der aufrechte Gang, die Geistnatur, die Ansprechbarkeit, die Zweigeschlechtlichkeit oder der Herrschaftsauftrag"*, meint Wilfried Härle. Bild Gottes bedeute vielmehr die *„gelebte Veranschaulichung, eine Darstellung, ja eine Verwirklichungsform des Wesens Gottes."* Und weiter schlussfolgert er aus dem Gesagten, *„dass der Mensch die Gottebenbildlichkeit nicht hat wie eine Eigenschaft oder einen Teil seines Wesens, sondern dass sie die dem Menschen zugesagte, zugedachte und zugemutete Bestimmung zur Liebe ist, die freilich als solche unverbrüchlich für ihn gilt. Und weil sie unverbrüchlich gilt, darum besteht im Blick auf jeden Menschen die Hoffnung, dass sie sich ihm (wieder) erschließen und er sie (wieder) finden kann."*[3] Die Bestimmung zur Liebe macht den Begriff der Gottebenbildlichkeit zu einem Beziehungswort, das sowohl das Verhältnis zu Gott als auch zum Mitmenschen prägen soll. Ähnlich sagt es Bernd Janowski: *„Der Mensch... bleibt nur Mensch, wenn er diesen Zusammenhang von Gottes- und Nächstenliebe als für sein Leben bestimmend sein lässt."*[4]

Ausgeschlossen sind hier alle „Kampftheorien", die statt der Liebe den Hass lehren. Ausgeschlossen sind Ideologien, deren Wahrnehmung von Feindbildern geprägt ist, die die Realität verzerren und die Geschichte der Menschheit zum Kriegsgebiet erklären.

Mit der Bestimmung zur Liebe sind sofort zwei weitere Bestimmungen mitgegeben. Zum einen kann Liebe sich nur in *Freiheit* verwirklichen. Wirkliche Liebe kann nicht erzwungen werden. Emil Brunner meinte, Gott habe den Menschen so frei gemacht, *"dass sogar sein Zwingen unsere Liebe nicht erzwingen könnte."* Und deshalb will Gott *"uns gegenüber allmächtig sein, dass er unser Herz gewinnt durch seine Herablassung im Sohn, im Kreuz des Sohnes. Keine andere Allmacht Gottes kann unser Herz erobern und öffnen."*[5]

Ausgeschlossen sind hier alle religiösen und ideologischen Versuche, das Denken und das Gewissen der Menschen zu beherrschen – sei es mit sanfter Verführung oder mit hartem Diktat, sei es durch freiwillige Unterwerfung oder mit Gewalt. Ausgeschlossen sind auch „Führerprinzi-

---

[3] Wilfried Härle: Dogmatik, Berlin 2000, S. 434
[4] in: Der ganze Mensch. Zur Anthropologie der Antike und ihren europäischen Nachgeschichten. Berlin 2012 S. 121
[5] Emil Brunner: Dogmatik I, Zürich 1953, S. 272

pien", die absoluten Gehorsam fordern und damit die Würde des Einzelnen auflösen und ihn zur Masse degradieren. Die Stärke einer Gesellschaft liegt hingegen darin, dass sie die Persönlichkeit des Einzelnen fördert, ihm Freiheit und Verantwortung zutraut - und zumutet.

Zum anderen setzt Liebe auch *Recht*. Im Recht nimmt die Nächstenliebe konkrete Gestalt an. Im Recht akzeptiert der Mensch, dass seine Freiheit an der Freiheit des anderen seine Grenze findet. Es verwehrt dem Menschen, sein Glück dort zu suchen, wo er das Glück des anderen zerstören würde. Es benennt, was Gut und Böse ist und den anderen schützt oder schadet.

Ausgeschlossen ist dabei, dass die Macht das Recht setzt - und notfalls auch beugt. Ausgeschlossen ist auch die Selbstbestimmung dessen, was gut und böse ist – die *„eigenmächtige Okkupation... des Ethischen... Der Mensch soll Gottes Gebot über Gut und Böse entsprechen, nicht selbstherrlich über Gut und Böse befinden, sein wollend wie Gott (Gen 3,5). Er soll es sich gesagt sein lassen (Mi 6,8).“*[6]

In all dem wird deutlich, dass die Grundbestimmung des Menschen zur Liebe aus ihrem innersten Wesen heraus zu einer Gesellschaft drängt, deren Grundpfeiler Freiheit und Recht sind. Damit wird eine kritische Instanz eingeführt, an der sich Politik ebenso messen lassen muss wie Wirtschaft und Bildung, ja eine Gesellschaft in ihrem sozialen Zusammenleben insgesamt. Auch Herrschaftsansprüche und Parteiprogramme müssen sich daran messen lassen, ob sie die Liebe verletzen, das Recht beugen oder die Freiheit beschränken.

3. Gottebenbildlichkeit des Menschen als Grundlage der Demokratie

Das Bekenntnis zur Gottebenbildlichkeit des Menschen hat ihre nachhaltige Wirkung darin entfaltet, dass sie uns anleitet, in jedem Menschen das Antlitz Gottes zu sehen und damit auch seine Würde, seinen Wert, ja sein Geheimnis. Die göttliche „Abstammung", die in altorientalischen Königshäusern als Privileg lediglich der herrschenden Dynastie vorenthalten und zur Legitimation ihrer eigenen Herrschaft dienen musste, wird nun im Schöpfungsbericht „demokratisiert".

Die Gottebenbildlichkeit wird zuerst ausgesagt im Blick auf Mann und Frau. Souverän und lapidar heißt es: *„ Und Gott schuf den Menschen zu seinem Bilde, zum Bilde Gottes schuf er ihn; und schuf sie als Mann und*

---

[6] Hans-Georg Fritzsche: Leittexte der Bibel, Berlin 1981, S. 32)

Frau." 1.Mo 1,27. Man halte sich das Unerhörte dieses Satzes in damaliger Zeit vor Augen, in der Frauen kaum Rechte genossen! Doch steht die Aussage exemplarisch für alle Menschen. Sie verbindet alle in einer tiefen Solidarität, die in jedem Menschen den Bruder und die Schwester sehen lässt.

Genau in diesem Sinne hatte der Lutherische Weltbund 1977 in Daressalam im Blick auf die Apartheid in Südafrika sogar den *status confessionis* ausgerufen – zu Recht. Vissert Hooft bezeichnete diese Erklärung als *„das Kühnste, das eine internationale Kirchenorganisation bisher je gesagt hat. Denn keine hat bisher je gewagt, über eine Situation den Bekenntnisstand auszurufen, was weit radikaler als zum Beispiel das Anti-Rassismus-Programm ist."* Und als nach 27 Jahren bitterer Gefangenschaft auf dem Robben Island Nelson Mandela der erste schwarze Präsident Südafrikas wurde, verkündigte er, dass er lieber farbenblind sein wolle, als die Welt in Schwarz und Weiß einzuteilen. Das Land begann sich zu versöhnen. Ehemalige Wärter wuschen ihren Häftlingen die Füße. Die Gottesebenbildlichkeit gab gedemütigten Menschen ihre Würde zurück. So ist die Erinnerung an die gemeinsame Gottesebenbildlichkeit immer auch der Entwurf eines geheilten Zusammenlebens.

Ausgeschlossen ist deshalb jede Diskriminierung von Menschen z.B. aufgrund ihres Geschlechts, ihrer Religion, ihrer Rasse oder ihrer sozialen Zugehörigkeit. Ausgeschlossen ist auch jede Überhöhung nationaler Identität, die sich - oft unter Benutzung alter Bedrohungslügen - bis hin zum Nationalismus steigern kann, der sich bekanntlich weniger *„aus der Liebe zum eigenen Volk als aus dem Hass gegen die anderen"* (P. Bartololy) speist. Der christliche Glaube löst nationale Identität nicht auf, aber er relativiert sie. Das Nationale hat für ihn nur eine begrenzte Legitimation. Vielmehr verbindet er Menschen über Länder und Grenzen hinweg in einer neuen Identität. Solche Relativierung nationaler Größe gibt den Blick frei auf die Gemeinsamkeit des Menschseins, bei der nicht Jude noch Grieche, nicht Knecht noch Freier, nicht Mann noch Weib gilt, *„denn ihr seid allzumal einer in Christus Jesus"* (Gal 3,28).

Schließlich stellt die Gottebenbildlichkeit als demokratischer Begriff jeden Menschen nicht nur unter eine gleiche Würde, sondern auch in eine gleiche Verantwortung. Damit wurde auch weltliche Herrschaft angreifbar, sogar die Herrschaft eines Helden wie David, des innigst geliebten Königs Israels, des strahlenden Kriegshelden und unvergesslichen Psalmendichters. Denn nicht er, sondern Gott war oberster Gesetzgeber; vor ihm mussten sich alle gleichermaßen verantworten. Ihm, keinem irdischen Herrn, schwor Israel die Treue. Und so geschah, was in anderen orientalischen Königshäusern undenkbar war, in denen kein gewöhnlicher Sterblicher, sondern ein Halbgott auf dem Thron saß: Der Prophet Nathan kommt zu David und zieht ihn wegen seiner Affäre mit Bathseba zur Rechenschaft. Mit der Gleichheit aller Menschen wird hier der Gedanke der Demokratie grundgelegt, deren innerstes Geheimnis nicht nur in freien Wahlen, Gewaltenteilung oder freier Rede besteht, sondern in der Fähigkeit, sich selbst immer wieder und schonungslos in Frage stellen und verwandeln zu lassen. Solche aus dem jüdisch-christlichen Erbe gewachsene Bereitschaft zur Selbstkritik und damit auch zur Korrektur ist die wesentliche Dynamik jeder freiheitlichen Demokratie.

4. Schluss

Die sozialen, gesellschaftlichen, kulturellen und auch politischen Dimensionen der biblischen Anthropologie lassen nicht zu, unseren Glauben zu privatisieren. Doch wie können wir sein kritisches und heilendes Potential einer pluralen und säkularen Gesellschaft vermitteln? Wie die Grundlagen des biblischen Menschenbildes und die damit gegebenen Zielvorstellungen gelingenden Lebens weitergeben?

Wir können nur daran erinnern, dass die ethische Substanz unserer demokratischen Verfassung sich solcher beschriebenen religiösen Ursprungserfahrungen verdankt. Sie ist nicht in der Natur des Menschen begründet; das letzte und auch schon das begonnene Jahrhundert kommen an dieser Einsicht nicht mehr vorbei. Menschenwürde, Freiheit, Gleichheit, Recht und Gerechtigkeit – sie alle wurzeln in der biblischen Gotteserfahrung und in dem Adel des Menschen, nach dem Ebenbild dieses Gottes geschaffen zu sein.

Solche Erinnerung können wir als Kirche nicht mehr mit großer, gar von außen gestützter Autorität wach halten. Doch geschieht sie überall dort, wo in dieser Gesellschaft das Wort Gottes verkündet und gelebt wird. Kirchliche Verkündigung wird deshalb darin gesellschaftlich wirksam, wenn sie die Gewissen derer schärft, die sie erreicht. Liegt die Stärke unserer Gesellschaft in der Herausbildung der Persönlichkeit des Einzelnen, dann gehört dazu auch, ihn auf seine Verantwortung vor Gott und die Menschen hin anzusprechen. In solcher Verantwortung wird das Urteilsvermögen geschärft, das Ethos geformt und die immer wieder nötige Unterscheidung der Geister eingeübt, die uns hilft, in unübersichtlichen Zeiten Orientierung zu finden.

Was ist der Mensch, dass du seiner gedenkst?[7]

Psalm 8

Die Herrlichkeit Gottes und die Größe des Menschen

Ein Psalm Davids, vorzusingen, auf der Gittit.

HERR, unser Herrscher, wie herrlich ist dein Name in allen Landen, der du zeigst deine Hoheit am Himmel!

Aus dem Munde der jungen Kinder und Säuglinge / hast du eine Macht zugerichtet um deiner Feinde willen, dass du vertilgest den Feind und den Rachgierigen.

Wenn ich sehe die Himmel, deiner Finger Werk,
den Mond und die Sterne, die du bereitet hast:

was ist der Mensch, dass du seiner gedenkst,
und des Menschen Kind, dass du dich seiner annimmst?

Du hast ihn wenig niedriger gemacht als Gott,
mit Ehre und Herrlichkeit hast du ihn gekrönt.

Du hast ihn zum Herrn gemacht über deiner Hände Werk,
alles hast du unter seine Füße getan:

Schafe und Rinder allzumal, dazu auch die wilden Tiere,

die Vögel unter dem Himmel und die Fische im Meer
und alles, was die Meere durchzieht.

HERR, unser Herrscher, wie herrlich ist dein Name in allen Landen!

Was ist der Mensch? Das ist die zentrale Frage dieses Psalms. Sie unterscheidet sich von allen anderen Fragen, denn es ist die Frage nach uns selbst. Im Geiste tritt der Mensch aus sich heraus, macht sich als Subjekt selbst zum Objekt. Dabei ist von vornherein klar, dass diese Frage nie eine erschöpfende Antwort finden kann. Was der Mensch sei, könnten wir nur dann restlos klären, wenn wir wirklich außerhalb des Systems „Mensch" stünden. So wie wir das Wesen der Zeit nur erfassen könnten, wenn wir außerhalb ihrer stünden; stattdessen sind wir ihr unterworfen.

---

[7] Bibelarbeit zur Dozentenklausur am 7. Februar 2007

Nun zielt der Psalm mit seiner Frage gar nicht auf ein restloses Erklären oder Definieren. Seine Sprache ist eher die des Staunens – mit der alle Theologie und Philosophie beginnt und wohl auch endet.

Was ist der Mensch? Das ist nicht nur eine biblische Frage, sondern eine Menschheitsfrage. Sie bricht auf an den Grenzen unseres Seins, etwa in schwerer Krankheit oder an einem Grab, aber oft auch mitten im Lebens. Wir hören sie in Sophokles „Antigone", in der die thebanischen Alten singen: *„Ungeheuer ist viel. Doch nichts ist ungeheurer als der Mensch."* Wir hören sie mit einer deprimierenden Antwort bei Heinrich Heine, der einen jungen Mann wie im Psalm mit Blick auf den nächtlichen Sternenhimmel sagen lässt:

"O löst mir das Rätsel des Lebens,
Das qualvoll uralte Rätsel,
Worüber schon manche Häupter gegrübelt,
Häupter in Hieroglyphenmützen.
Häupter im Turban und schwarzem Barett,
Perückenhäupter und tausend andre
Arme, schwitzende Menschenhäupter -
Sag mir, was bedeutet der Mensch?
Woher ist er kommen? Wo geht er hin?
Wer wohnt dort oben auf goldenen Sternen?"
Es murmeln die Wogen ihr ewges Gemurmel,
Es wehet der Wind, es fliehen die Wolken,
Es blinken die Sterne, gleichgültig und kalt,
Und ein Narr wartet auf Antwort. "

Und wir hören sie auch bei Bertold Brecht, der in seinem „Das Leben des Galilei" einen kleinen Mönch sagen lässt – noch einmal angesichts der unendlichen Weiten des Weltalls und angesichts des neuen kopernikanischen Weltbildes, das die Erde zum winzigen Staubkorn macht: *„Es liegt also kein Auge auf uns. Wir müssen nach uns selber sehen..."* Der kleine Mönch fühlt sich wie ein einsamer Zigeuner am Rande der Milchstraße – von keinem gewollt, von keinem geliebt, von keinem beachtet. Er muss nach sich selbst sehen, an sich selbst denken, sich selbst lieben. Der Blick in den klaren Sternenhimmel einer Sommernacht ist also nicht nur faszinierend, sondern auch irritierend, weil er uns zeigt, wie mikroskopisch klein wir sind.

Offenbar kennt auch der Psalmbeter dieses Gefühl der Winzigkeit – doch dieses Gefühl wird gehalten wie durch ein Netz. Es ist die Gewissheit, dass Gott den Menschen kennt und für ihn sorgt: *„Was ist der Mensch, dass du seiner gedenkst und des Menschen Kind, dass Du Dich seiner annimmst."* (V.5). Darüber wundert sich der Psalmbeter. Uns starrt nicht das eiskalte Weltall an, sondern da sind Augen, die uns sehen, ein Antlitz, das über uns leuchtet, und ein gutes Gedächtnis, das sich unserer erinnert.

Ich möchte nun den Psalm aus drei Blickwinkeln heraus betrachten.

1. Ein redaktionsgeschichtlicher Blick

Redaktionsgeschichte ist im Hinblick auf die Psalmenexegese eher ungewöhnlich. In der Regel nimmt man den Psalm als Einzeltext. Welcher Psalm davor oder danach steht hatte lange Zeit genau so wenig Bedeutung wie die Frage, welches Lied vor oder nach einem Gesangbuchlied steht; es interessiert nicht.

Hier hat sich in den letzten Jahren ein fundamentales Umdenken ereignet. Man entdeckte, dass die Psalmen ganz und gar nicht wahl- und zusammenhanglos aneinandergefügt wurden. Hermann Gunckel hatte sich noch maßlos darüber beklagt, dass da überhaupt keine Ordnung herrsche, alles ginge durcheinander. Es gäbe keinerlei Gliederung nach Verfassern, Gattungen oder Inhalten.

Heute weiß man, dass der Psalter durchaus ein redaktionell wohldurchdachtes, einheitliches Buch ist mit ganz überraschenden Tiefenstrukturen. Oft sind die Psalmen durch Stichworte miteinander verbunden, interpretieren sich gegenseitig, ergänzen oder begrenzen sich. Nicht nur der einzelne Psalm steht seither im Mittelpunkt, sondern auch sein Kontext, der oft einen neuen, tieferen Sinnzusammenhang erschließt.

Was bedeutet diese Erkenntnis für das Verständnis von Psalm 8?

Psalm 8 bildet den Mittelpunkt einer Gruppe von Klage- und Bittgebeten, die sich von Psalm 3 bis Psalm 14 erstrecken. In den Bittgebeten Psalm 3-7 begegnen uns Leidenssituationen *einzelner* Beter; in Psalm 10-14 geht es immer um das Gebet einer *sozialen* Gruppe, der „Armen". Ob als Einzelne oder als Gruppe – beide Male geht es um Menschen, die ihrer Würde beraubt, erniedrigt und entrechtet wurden.

Die beiden Psalmgruppen sind also wie zwei Tafeln, die links und rechts neben Psalm 8 hängen und in ihm Mitte und Halt finden. Denn hier wird auch den Entrechteten und Erniedrigten ihre schöpfungsgemäße Berufung zugesprochen: *„Du hast ihn weniger niedrig gemacht als Gott, mit*

Würde und Glanz hast du ihn gekrönt." Diese Berufung gilt jedem Menschen - ob er hoch oder tief steht, ob er Herr oder Sklave, reich oder arm ist. Alle, die hier beten, können sich in ihrer Not an dieser Berufung aufrichten. Ganz abgesehen davon, dass hier eine Wahrheit ausgesprochen wird, die im Kontext anderer Religionen geradezu eine denkerische Revolution darstellt. Denn das Privileg königlicher Hoheit galt sowohl im Alten Ägypten als auch in Mesopotamien lediglich den von den Göttern eingesetzten Herrschern. Was also andernorts als Vorrecht einzelner Erwählter gilt, wird hier in Psalm 8 „demokratisiert": Auch der Allergeringste ist hier von Gott *„mit Würde und Glanz gekrönt".*

So spricht Psalm 8 von der Wiederbringung des Glanzes in die Welt durch den Gott Israels, der Menschen aus dem Staube erhebt und ihnen ihren Adel wiedergibt. Damit wird ein erster Hinweis gegeben, wie der Psalm gelesen werden möchte – nämlich als elementares Bekenntnis zu Menschenwürde und zur Menschlichkeit.

2. Ein formgeschichtlicher Blick

Der Psalm ist gerahmt durch einen wortgleichen Refrain – einen Lobpreis, der die Herrlichkeit des Gottesnamens besingt: *„Herr, unser Herrscher, wie herrlich ist dein Namen in allen Landen."* (V. 2 und 10) Alle Aussagen über die Größe und Würde des Menschen sind in diesen Lobpreis Gottes gefasst.

Das bedeutet: Der nach sich selbst fragende Mensch wird zugleich von sich weg gewiesen. Er soll sich nicht selbst rühmen. Er soll sich auch nicht in sich selbst gründen, denn seine Identität findet der Mensch nicht im Selbstgespräch, sondern im Gespräch mit Gott. Solches Rühmen Gottes geht ja nicht auf Kosten des Menschen – etwa im Sinne Nietzsches: *„Wo ein Herr ist, ist auch ein Hund."* Das Gotteslob lässt den Menschen vielmehr das Haupt erheben. Wer Gott die Ehre gibt, muss sich nicht klein machen, auch nicht den Rücken krümmen.

Doch würde dieser Gottesbezug als Rahmen wegfallen, würde der Mensch selbst aus dem „Rahmen fallen". Es ist ja gerade diese Abhängigkeit von Gott, die den Menschen wirklich Mensch sein lässt. Die Menschenwürde erfordert notwendig die Unterscheidung zwischen Gott und Mensch. Lux schreibt: *„Wo diese Unterscheidung nicht vorgenommen wird, steht es meistens schlimm um den Menschen, da ist er in der Gefahr, sich selbst zum Gott zu machen. Und darunter haben allemal* *seine Mitmenschen zu leiden. "* Ein Beispiel dafür ist die Vergötterung Stalins, die in den Versen des „Nationaldichters" Johannes R. Becher einmal so klang:

"Wenn sich vor Freude rot die Wangen färben,
dankt man dir, Stalin, und sagt nichts als DU!
Ein Armer flüstert Stalin noch im Sterben
Und Stalins Hand drückt ihm die Augen zu. "

Rahmen und Sprachform des Gebets in Psalm 8 verstehen den Menschen in einer privilegierten Beziehung zu Gott, doch der Mensch wird nicht vergöttert – darf es um des Menschen willen nicht werden! Deshalb wird eine Grenze markiert: *„Du hast ihn nur weniger niedriger als Gott gemacht... "* Nur weniger niedriger als Gott bezeichnet Nähe und Distanz zugleich. Der Mensch ist nicht *selbst* Gott - nicht autonom, sondern theonom. Er birgt sein Dasein nicht in seiner eigenen Hand. Er soll es sich gefallen lassen, Gott nötig zu haben, Geschöpf zu sein. Deshalb braucht die „Gottebenbildlichkeit" des Menschen den Rahmen, der hier als die lobpreisende Hinwendung zu Gott beschrieben wird.

3. Nachdenken über Macht und Ohnmacht

Nach der Beschreibung des Rahmens und der Mitte unseres Psalms müssen kurz noch die beiden Zwischenteile in den Blick genommen werden. Der erste Zwischenteil setzt ein mit einem Hinweis auf die Macht der jungen Kinder und Säuglinge: *„Aus dem Mund von Kindern und Säuglingen hast du eine Macht geschaffen gegen alle, die dich bedrängen, auf dass Feindschaft und Rache verstummen. "* (V. 3) Der zweite Teil spricht über den Schöpfungsauftrag: *„Du lässt sie walten über die Werke deiner Hände. Alles hast du unter ihre Füße gelegt. "* (V. 7-9)

Beginnen wir mit dem zweiten Abschnitt. Die königliche Würde des Menschen konkretisiert sich in seinem Herrschaftsauftrag über die Tiere. So wie ein siegreicher König zum Zeichen seiner Herrschaft den Fuß auf den Nacken des besiegten Gegners setzt, so hat Gott dem Menschen die Tiere zu Füßen gelegt.

Der Mensch der Antike erlebte die Tierwelt häufig noch als feindliche, bedrohende Macht. Gerade in der Herrschaft über die Tiere übt er seine königliche Würde aus. Dass auch über solchem Tun das Gotteslob erschallt, soll garantieren, dass die Herrschaft über die Schöpfung auch im Sinne des Schöpfers ausgeübt wird, der aus dem Chaos dieser Welt

21

„Kosmos" d.h. Schmuck und Schönheit gestaltet hat. Der Herrschaftsauftrag über die Schöpfung ist keine Erlaubnis zur Despotie, unter der die Schöpfung seufzt und stöhnt. Das Alte Testament kennt deshalb auch den Schutz des Tieres vor dem Menschen (s. Sabbatgebot). Nicht einmal über dem Leben eines Esels soll es heißen: Nur Arbeit war sein Leben!

Und noch etwas ist zu bedenken: Die königliche Würde des Menschen *bewährt* sich zwar in der Herrschaft über die Tiere, aber sie ist nicht in seiner Herrschaft über die Natur *begründet*. Die großen Kulturleistungen des Menschen in Wissenschaft und Technik sind lediglich *Ausdruck,* aber nicht der *Grund* der menschlichen Würde. Müsste sich der Mensch erst seine Würde verdienen, stünde es schlimm um die, die nichts im Sinne von Herrschaft zu leisten vermögen - die Alten, Kranken und Behinderten. Die Würde kommt von dem her, der an ihn denkt und sich seiner annimmt. Sie ist begründet in der Beziehung zu Gott. Sie kann und darf deshalb dem Menschen auch nicht von anderen Menschen streitig gemacht werden.

Wohl deshalb weist der erste Zwischenteil (V.3) darauf hin, dass im sozialen Zusammenleben der Menschen andere Maßstäbe zu gelten haben. Jedenfalls gilt hier nicht der in V.7ff. beschriebene Herrschaftsauftrag. Der *Mitmensch* ist der Herrschaft des Menschen entzogen. Am Extremfall des Feindes wird deutlich, wie menschliches Zusammenleben gestaltet werden soll. Dieser Vers hat viele Deutungen erfahren, ich möchte lediglich auf eine näher eingehen. Sie stammt von einer Nichttheologin - Christine von Weizsäcker, die die Stelle so auslegte: *„Wenn ich hier auf meinem Arm einen schreienden Säugling hielte, würde uns ein Aspekt seiner Macht sofort klar. Säuglinge haben die Macht der Unüberhörbarkeit. Man muss sich ihnen stellen. Das leiseste Wimmern eines Säuglings in der Nacht weckt seine Mutter oft eher als der laute Knall einer Fehlzündung auf der Straße. Aus dem Mund der Säuglinge dringt eine Aufforderung, die sich Gehör verschafft. Gleichzeitig gelten Kinder als Friedensbringer. In vielen Kulturen werden Feinden die kleinen Kinder zur Beschwichtigung entgegengehalten. Auch unsere Politiker küssen auf ihren Reisen die kleinen Mädchen mit den Blumen. Die Erfahrung der Völker scheint zu zeigen, dass die Arglosigkeit und Waffenlosigkeit der Kinder oft einen stärkeren Schutz bietet als Speere oder Gewehre. Kinder sind oft ein Schutz, der den Feind und den Rächer zum Aufhören auffordert."* Also wäre die Macht der kleinen Kinder und Säuglinge, die sich Gott bereitet hat, eine Macht des Friedens, die die Feindschaft vertilgt.

Diese Auslegung wird auch durch die christologische Deutung des Psalms nahegelegt. Interessant ist, dass Jesus selbst auf diese Stelle zurückgreift, als die Kinder ihn bei seinem Wirken im Tempel mit *„Gepriesen sei der Sohn Davids!"* begrüßen (Mt 21,16). Wenn Jesus hier sagt: *„Habt ihr nie das Wort gelesen: ,Unmündigen und kleinen Kindern hast du dein Lob in den Mund gelegt'"*, zitiert er nicht nur diese eine Stelle, vielmehr ist der ganze Inhalt von Psalm 8,3 mitgedacht, einschließlich des Umgangs mit Macht. Zu Ps 8,3 mag dann noch Sach 9,9 hinzutreten – jener letzte Hinweis auf den Messias im Alten Testament, den Jesus eben auf den Straßen Jerusalems bibliodramatisch in Szene gesetzt hat und der noch einmal den versprochenen Retter als arm und gering erscheinen lässt, damit alle Aktivität wirklich allein bei Gott liegt.

Das alles bedeutet ein tiefes Nachdenken über Macht und Ohnmacht. Über die Tiere trägt der Mensch das Mandat zur Herrschaft, der Mensch aber ist davon ausgenommen. Hier wählt Gott eine andere Herrschaftsform – selbst dem Feind gegenüber, der nicht einfach entmenschlicht wird, sondern die Würde eines Menschen behält.

Denn Gott will seine Feinde nicht vernichten, sondern verwandeln. Das geht nur in der Ohnmacht von Kindern und Säuglingen; oder der Ohnmacht seines eigenen Sohnes, der lieber selbst stirbt als tötet. So wählt er den Weg der Schwachheit und des Leides. Er kommt nicht als der starke Mann, der in Drachenblut gebadet hat, und kein Lindenblatt macht ihn verletzbar. Er kommt als der Liebende und in der Verletzbarkeit eines Liebenden. In dem Bild Jesu erscheint ein befreites und befreiendes Menschenbild, dass die ursprünglich gemeinte Gottebenbildlichkeit neu aufstrahlen lässt.

Erlöse uns von dem Bösen
Reich Gottes und Reich des Bösen[8]

Die Frage nach dem Bösen oder dem „Reich des Bösen" gehört zu den bedrängendsten Fragen des menschlichen Denkens. Der Glaube an einen allmächtigen und einen allgütigen Gott macht das Problem dabei nicht leichter. Für die Theologie wird deshalb die Frage nach dem Bösen zum Problem der „Rechtfertigung" Gottes. Wie vertragen sich das Übel und das Böse mit Gottes Allmacht, Gerechtigkeit und Liebe?

Klassisch formuliert wurde das Problem bereits von dem griechischen Philosophen Epikur (300 v.Chr.): *„Entweder will Gott die Übel aufheben und kann nicht, oder er kann und will nicht, oder er will nicht und kann nicht oder er will und kann. Wenn er will und nicht kann, ist er nicht allmächtig, was für Gott nicht zutrifft. Wenn er kann und nicht will, ist er nicht allgütig, was ebenso unpassend ist für Gott. Wenn er nicht kann und nicht will, ist er schwach und neidisch zugleich, und daher kein Gott. Wenn er aber will und kann – was allein Gott angemessen ist: Woher kommen dann die Übel und warum hebt Gott sie nicht auf?"* Für viele aufgeklärte Zeitgenossen bleibt angesichts des Bösen in der Welt deshalb nur die einzige Entschuldigung für Gott, dass er nicht existiert.

Vielleicht nähert man sich dem Thema mit einigen Unterscheidungen der vielfältigen Erfahrung des Übels, die auf Gottfried Wilhelm Leibniz (1646-1716) zurückgehen.

1. Da ist das *physische* Übel. Es bedeutet z.B. das Fehlen einer Eigenschaft, auf die ein konkretes Wesen von Natur aus angelegt und ohne die es in seiner vollen Wirklichkeit behindert ist. Ein Stein gehört zu einer Seinsstufe, auf der kein Sehen möglich und nötig ist. Anders beim Menschen: Blindheit eines Menschen ist ein physisches Übel, das eine wirkliche Behinderung seines Daseins bedeutet.

2. Da ist das *ethisch-moralische* Übel. Es ist dann voll gegeben, wenn es der freien Verantwortung und dem im Gewissen gewussten Gebot oder Verbot entspringt und also schuldhaft ist. Das Böse im eindeutig moralischen Sinn ist - um im Bereich unserer Beispiele zu bleiben - dann gegeben, wenn ohne Grund und in voller Absicht das Augenlicht zerstört wird. Das Böse in diesem Sinne existiert also nur, wo Freiheit und damit

---

[8] Referat am 9. Oktober 2006 im Pastoralkolleg Meißen zum Treffen des Evangelischen Bundes mit den Leitern Freier Evangelischer Gemeinden

Zurechnung und Verantwortung wirksam sind. Für das von Menschen verursachte Böse gilt dann Camus Alternative: *„Entweder sind wir nicht frei und der allmächtige Gott ist für das Böse verantwortlich. Oder wir sind frei und verantwortlich, aber Gott ist nicht allmächtig."*[9]

3. Daneben gibt es schließlich auch das *nicht durch Menschen verschuldete* Übel - Leiden etwa durch Seuchen oder durch Naturkatastrophen. Wie soll man eine Welt verstehen und lieben, in der Hunderttausende durch einen Tsunami getötet werden? Die Erfahrung unverschuldeten und ungerechten Leidens sind wohl das stärkste Argument gegen den Gottesglauben, sie sind der eigentliche *„Felsen des Atheismus"* (Georg Büchner).

So sucht der Mensch Antwort – auch der Mensch der Bibel. Er fragt *kausal* nach den Ursachen, aber auch *final* nach seinem Sinn. Denn als denkendes Wesen ist es für ihn auf Dauer unerträglich, in einer unbegründeten und rätselhaften Welt zu leben. Die Katastrophe der Sintflut wird deshalb als Folge menschlicher Bosheit erklärt; die Aggressivität Sauls David gegenüber bewirkt ein *„böser Geist Jahwes"*; die Pest, die das Volk unter David schlug, wird als Strafe für dessen Volkszählung interpretiert. Hiob muss eine verborgene Schuld mit sich tragen, so die Freunde; nein, sagt der Rahmen des Buches, die Ursache seines Leides ist eine teuflische Wette. Und in Judas Ischariot war der Teufel gefahren (Joh 13,2). Man sucht nach Antworten, doch immer bleibt ein Rest, den z.B. das Hiobbuch nach allen Antwortversuchen bewusst offen hält. Sein Ziel ist nicht, das Übel zu erklären. Ihn bewegt vielmehr die Frage, wie man mitten im Leid existieren kann – nämlich im Vertrauen auf den Gott, der selbst die Chaosmächte in seiner Hand hält.

Im Folgenden stelle ich Ihnen eine kleine biblische Studie vor, die stark am Alten Testament orientiert ist, am Ende aber auch neutestamentliche Aspekte einbezieht. Die Wirklichkeit des Bösen begegnet uns dabei in allen Überlieferungen des Alten Testamentes und es wird – wie bei allen großen theologischen Themen - ein die Generationen und Traditionen übergreifender Dialog geführt. Nirgends finden wir jedoch eine systematische Lehre vom Bösen, ebenso wenig wie es eine „Lehre" von Gott oder vom Menschen bietet. Vielmehr werden Geschichten erzählt, die von Gut und Böse handeln und die im Lichte der Offenbarung gedeutet werden. Ich möchte in diesen Dialog hineinhören und vorsichtig die Tendenz und die Erkenntnisse dieses Gespräches beschreiben. Insgesamt sind es vier Leitsätze:

---

[9] Die Pest, in: A. Camus: Das Frühwerk, Reinbek bei Hamburg 1967, S. 205

1. Vom Bösen wird nie so geredet, dass die Macht Gottes in Frage gestellt wird.

Israels Gottesglaube ist geprägt von einem radikalen Monotheismus, d.h. Jahwe erfüllt Himmel und Erde. Alles verdankt sich seiner Schöpfermacht. Mit diesem Glauben an Jahwe als die *"alles bestimmende Wirklichkeit"* (Bultmann) hat Israel die Welt entgöttert und auch entdämonisiert. Es gibt für Israel keine anderen Mächte, die zu fürchten oder zu lieben wären. Damit einher geht die Bereitschaft, sich sowohl im Guten als auch im Bösen allein an Jahwe zu halten. Ausdruck dessen ist das Bekenntnis des Hiob: *„Haben wir Gutes vom Herrn empfangen, wie sollten wir nicht auch das Böse annehmen?"* (Hiob 2,10) und: *„Der Herr hat's gegeben, der Herr hat's genommen, der Name des Herrn sei gelobt."* (Hiob 1,21) Er sagt nicht: *„... der Satan hats genommen."* Für Hiob selbst spielt die Figur des Satans überhaupt keine Rolle.

Israel lehnt damit die Lösung des *Dualismus* ab, der Gut und Böse auf verschiedene Götter verteilte. Im Dualismus ist das Böse von Uranfang an ein mit Gott gleich ursprüngliches, unabhängiges Prinzip, das für den Bereich des Bösen im weitesten Sinne verantwortlich gemacht wird. Die Weltgeschichte und die Wirklichkeit überhaupt sei ein beständiger Kampf zweier göttlicher oder gottähnlicher Mächte um die Herrschaft.

Der Dualismus hätte sich als attraktive Lösung durchaus angeboten, entlastet er doch Gott als Verursacher des Bösen. Doch er hat auch Risiken und Nebenwirkungen. Er nimmt in Kauf, dass durch die Einführung eines „Gegengottes" die Einheit der Wirklichkeit zerbrochen wird; und zwar mit fatalen Konsequenzen. Denn wenn diese Welt das Werk eines bösen Gegengottes ist – wie etwa in der sogenannten „Gnosis" – dann muss man sie meiden. Deshalb führt die dualistische *Dogmatik* regelmäßig zu einer dualistischen *Ethik* der Weltverweigerung und der Verachtung der Schöpfung. Indem Israel den Dualismus als Erklärungsmuster ablehnt, wahrt es die Einheit der Schöpfung. In all ihrer Zwiespältigkeit und Gebrochenheit wird die Welt dennoch im Glauben als Gottes gute Schöpfung geliebt und gelobt. Die spürbare Differenz aber zwischen dem Ur-Zustand - *„Siehe, es war sehr gut!"* - und dem leidvollen Ist-Zustand wird zum Hoffnungsgut, dass Gott diese aus zahllosen Wunden blutende Welt wieder heilen wird. Aus dem Bekenntnis zu dem *einen* Gott trotz aller Rätselhaftigkeit und Widersprüchlichkeit dieser Welt erwächst eine Eschatologie, dass Gott am Ende wieder *„alles in einem"* sein wird.

Wenn das Böse in dualistischer Deutung eine eigenständige Macht wäre, es also aus sich selbst käme, gleich ursprünglich und stark wie das Gute, dann wären wir ihm hoffnungslos ausgeliefert. Um es noch einmal an Hiob auszusagen: Indem Hiob sich weigert, das Böse, das ihm widerfährt, aus einer anderen Hand als aus *Gottes* Hand anzunehmen, drückt er seine Hoffnung aus, dass selbst das Böse ihn nicht von Gott trennen kann, den er ja als gut erfahren hat. Hiob ist nicht nur der fromme Dulder, sondern seine Weigerung ist Protest und Hoffnung zugleich: *„Ich weiß, dass mein Erlöser lebt und als der letzte wird er über dem Staub sich erheben. Und ist meine Haut noch so zerschlagen und mein Fleisch dahingeschwunden, so werde ich doch Gott sehen. Ich selbst werde ihn schauen und kein Fremder. Danach sehnt sich mein Herz in meiner Brust."* (Hiob 19,25ff.).

Der Dualismus führt aber auch rein denkerisch zu einer Aporie. Denn wenn es zwei Mächte gibt – eine gute und eine böse Macht, die von Ewigkeit her gleich da waren und keine die andere erschuf – wieso soll dann die eine Macht gut und die andere böse genannt werden? Es ist doch denkbar, dass jede sich selbst für gut und die andere für böse hält. Woher nehmen wir dann den Maßstab für das, was wir gut oder böse nennen? In dem Augenblick, wo ich diese beiden Mächte ethisch bewerte, bringe ich ja einen Maßstab dessen ins Spiel, was gut ist. Da aber beide Mächte nach diesem Maßstab beurteilt werden, ist letztlich dieser Maßstab oder das Wesen, das ihn garantiert, höher als diese beiden Mächte. Ja, dies muss jetzt der wahre Gott sein und wir können die beiden Mächte nur gut bzw. böse nennen, weil die eine im richtigen, die andere im verkehrten Verhältnis zu der letzten und wahren Macht steht. Damit führt sich ein reiner Dualismus selbst ad absurdum.[10]

Nun scheint aber das Alte Testament in seiner Ablehnung des Dualismus einer anderen Deutung des Bösen zu verfallen – nämlich dem *Monismus*. Monismus bedeutet: Der eine Urgrund der Welt, den wir als gut kennen, ist in geheimnisvoller Weise auch der verantwortliche Ursprung des Bösen. Letztendlich muss also das Böse auf Gott selbst zurückgeführt werden. Gelegentlich finden sich im Alten Testament in strenger Ablehnung des Dualismus tatsächlich Aussagen, die diesen Gedanken nahe legen: *„Der das Licht bildet und die Finsternis schafft, der das Heil wirkt und das Unheil schafft, ich bin Jahwe, der dies alles wirkt."* (Jes 45,7). So sagte Paul Volz in seinem Buch „Das Dämonische in Jahwe" (1924): *„Das Dämonische ist im letzten Grund nicht in Jahwes*

---

[10] Hier und im folgenden vgl. C.S. Lewis: Pardon, ich bin Christ, S. 41-43

Wesen eingetragen, sondern in ihm ursprünglich... Es ist ein großartiger Glaube, auch das Unheimliche, die grausigen Schrecken und das erschütterndste Unglück von der gleichen Macht abzuleiten, zu deren Trost und Fürsorge man sich flüchtet."

Diese Aussage überfordert allerdings den alttestamentlichen Befund. Es wäre verfehlt, das Böse gewissermaßen zu einer „stehenden Eigenschaft" Jahwes zu machen, ähnlich seiner Gnade und Barmherzigkeit. Es würde dabei das mehrheitliche Zeugnis derjenigen Stimmen überhört, die Gottes unbedingten Heilswillen betonen und das Unheil, das von Jahwe ausgeht, nicht zum innergöttlichen Prinzip machen, sondern ethisch begründen als Ausdruck von Gottes Zorn und Gericht.

Dennoch findet sich der Gedanke in vielfältiger Variation wieder. So gibt es einen subtilen Monismus etwa bei Karl Barth, wenn er von einer notwendigen Begleitung der Herrlichkeit Gottes durch einen Schatten spricht, sodass Gott das Böse „*mitwill*".[11] Das Böse ist zwar das Nichtige, aber es ist nicht ohne Gottes Wollen selbständig neben Gott. Bei Hegel findet sich der Gedanke, dass Gott das Böse will, weil es seinen Zielen dient und weil es Entwicklung nur in der Dialektik von These und Antithese gäbe. Deshalb kann er in höchsten Tönen auch vom Teufel reden. Das ganze Drama der Entwicklung des Geistes schließe auch das Böse mit ein, das am Ende in eine höhere Harmonie eingehe. Das Übel wird gewissermaßen evolutiv gerechtfertigt - ein Denken, das wir im gleichen Jahrhundert auch bei Darwin, Nietzsche und Marx finden. Selbst Teilhard de Chardin schreibt: „*Was ist aber die unvermeidliche Kehrseite jedes in einem Prozess dieser Art erzielten Erfolges, wenn nicht, dass er mit einem gewissen Anteil von Abfällen bezahlt werden muss? Disharmonie oder physischer Zerfall im Vor-Lebendigen, Leiden beim Lebendigen, Sünde im Bereich der Freiheit: keine in Bildung begriffene Ordnung, die nicht auf allen Stufen folgerichtig Unordnung einschließt ... Wenn (wie man, glaube ich, unvermeidlich einräumen muss) es für Gott, von unserer Vernunft her gesehen, nur eine mögliche Weise des Schaffens gibt — nämlich evolutiv, über den Weg der Einsmachung —, ist das Übel ein unvermeidliches Nebenprodukt, erscheint es als eine von der Schöpfung nicht zu trennende Qual.*"[12]

Der Monismus widerspricht nicht nur der Heiligkeit Gottes und der Heilsbotschaft des Alten und Neuen Testamentes; es droht in diesen Entwürfen auch die Gefahr, dass das Widersinnige und die Negativität

---

[11] vgl. Die kirchliche Dogmatik I 1/2 Zürich 1942, S. 185f.
[12] zit. nach Herbert Haag: Mein Weltbild, Olten 1975 S. 85

des Bösen bagatellisiert wird, es als notwendig behauptet und damit gerechtfertigt wird. Ja, die Gefahr besteht, sich heimlich zum Komplizen des Bösen zu machen und dessen Opfer zu verspotten. Am Ende erscheint es vielleicht überhaupt nur als eine Täuschung wie bei Nietzsche, der gern jenseits von Gut und Böse denken möchte.

2. Vom Bösen wird nie so geredet, dass der Mensch seiner Verantwortung enthoben wird.

Die jahwistische Urgeschichte 1.Mo 2-11 beantwortet das Problem des Bösen rein anthropologisch. Nicht Gott oder ein Teufel werden für die Übel der Welt verantwortlich gemacht, sondern allein der Mensch selbst. Dafür stehen exemplarisch vier Sündenfallgeschichten – die Erzählung vom Garten Eden, Kain und Abel, die Geschichte von den Götterehen und der Turmbau zu Babel. Die Frage, wie der Mensch, der gut aus Gottes Hand entlassen wurde, dem Bösen verfallen konnte, wird mit seiner Würde als freies personales Wesen erklärt. Gott „schuf" also nicht das Böse im Menschen, das Böse sei vielmehr die Kehrseite jener Freiheit, mit der Gott den Menschen begabt und geadelt hat. Der Missbrauch dieser Freiheit ist eine Möglichkeit der Freiheit – wenn auch die „unmögliche" Möglichkeit (Barth).

Diese Antwort ist eine *„Theodicee universalen Ausmaßes"* (Hempel), denn damit werden Gott und seine Schöpfung freigesprochen von der Schuld am Bösen. Die Schuld trifft allein den Menschen. Man kann es auch anders sagen: Indem der Mensch auf seine Verantwortung hin angesprochen wird, wird das Rätsel des Bösen so wenig wie möglich aus dem Menschen heraus verlegt. Die alten Erzählungen widerstehen damit der Versuchung, die Frage nach dem Ursprung des Bösen allzu schnell zur Fluchtfrage zu machen, um sich aus der eigenen Verantwortung zu stehlen. Indem die Urgeschichten die menschliche Verantwortung betonen, behaften sie den Menschen bei seiner Freiheit, die sowohl Risiko als auch Ermächtigung ist. Denn er ist dem Bösen nicht ohnmächtig ausgeliefert: „... du aber herrsche über sie." (1.Mo 4, 7).

Wesentlich ist aber nun, in welcher Gestalt das Böse in 1.Mo 3 in Erscheinung tritt. Die Versuchungsgeschichte beginnt mit einem Diskurs über ein Gebot Gottes – eröffnet durch eine scheinbar teilnahmsvolle Frage, die zugleich voller Verdrehung steckt: *„Gott hat wohl gesagt: Ihr dürft von keinem Baum des Gartens essen?"* Nie hatte Gott gesagt, dass die Menschen von *keinem* der Bäume essen sollten; nur von dem *einen* nicht. Eine kleine Übertreibung also, einfach einmal so hypothetisch unterstellt, die darauf zielt, Gott als kleinlich und neidisch zu diffamieren und das Vertrauen zu ihm zu untergraben. Die Frau antwortet ihrerseits mit einer Verschärfung des Gebotes, die den Riss im Gottesbild langsam verbreitert: „... *wir sollen ihn nicht einmal berühren!*" Immer deutlicher wird: Gott meint es gewiss nicht gut mit uns! Damit ist der Boden bereitet für die verlockende Verheißung, die Entfaltung des eigenen Lebens selbst in die Hand zu nehmen: „*Ihr werdet sein wie Gott, wissend, was gut und böse ist.*" Das Böse erscheint gar nicht als brutal und dunkel, sondern als helle Möglichkeit unendlicher Selbstentfaltung nach oben, als Versuchung des Geistes, wie Gott zu sein und das eigene Dasein in sich selbst zu gründen. Denn „*Sein wie Gott...*" heißt ja, Gott nicht mehr nötig zu haben. Auch bedeutet „*Wissen (hebr. jada), was gut und böse*" mehr als nur ein ethisches „Unterscheidungsvermögen". Es will sich das Ethische nicht mehr „gesagt" sein lassen (Mi 6,8), sondern selbstherrlich bestimmen!

Nach dem Genuss der Frucht gehen den Menschen die Augen tatsächlich auf. Versprochen war, dass sie wissend (hebr. *arum*) würden; das einzige, was sie aber nun wissen, ist, dass sie nackt (hebr. *erom*) sind. Sie waren schon vorher nackt, nur war ihre Nacktheit und Blöße eingehüllt in den liebenden Blick Gottes. Jetzt nehmen sie ihre Nacktheit *ohne* Gott wahr – empfinden sie als beängstigenden und beschämenden Hauch der Nichtigkeit. Die Nacktheit entfremdet sie voneinander und von sich selbst: Ihre bleibenden Stigmata sind nun Scham und Angst.

Das Wesen des Bösen erweist sich also im Ursprung als selbstsüchtige Identitätssteigerung, als *Hochmut*, der von Anfang an einhergeht mit einer falschen Prophetie – also mit *Lüge!* - und mit der *Trägheit*, nicht mehr allein Gottes Liebe und Fürsorge vertrauen zu wollen. Von diesem Ursprung her sahen die Theologen der Alten Kirche im Hochmut die Wurzel allen Übels. Denn Hochmut zerstört alles. Er lebt vom Vergleich und ist das Vergnügen, anderen überlegen zu sein. Er kann es nicht ertragen, dass ein anderer besser, klüger, frömmer, beliebter ist. Solcher Wettbewerb aber zerstört Gemeinschaft, erhebt sich über den Bruder, will sich einen Namen machen, wie die Leute von Babel. Hochmut kann alle Bereiche erfassen und nicht selten erfasst er auch den Bereich der Frömmigkeit. Er kann sogar Ausdruck finden in einem wunderschönen Dankgebet: „*Ich danke dir, dass ich nicht bin wie ...*" Er ist schwer zu erkennen – am allerschwersten bei sich selbst. Und selbst der, sich gänzlich frei davon wähnt, mag ihm unterliegen, wenn er stolz feststellt: An Demut übertrifft mich keiner!

Augustin identifiziert als Ursache dieses Hochmutes die *amor sui*, die Selbstliebe, die das eigene Selbst gewinnen will – nur auf falsche Weise, weil sie alles in sich hineinreißt wie in ein schwarzes Loch und doch unerfüllt und unruhig bleibt. Das Reich des Bösen sei das Reich dieser verzweifelten Selbstliebe.

Der Irrtum liege, so Louis Evely, in einem falschen Gottesbild. Denn Gott gewinnt sein Selbst anders, nämlich in der Überschreitung des eigenen Selbst in der Liebe. *"Die ganze Geschichte der Menschheit wurde irregeführt, bekam einen Bruch wegen Adams falscher Gottesvorstellung. Er wollte wie Gott werden. Ich hoffe, dass ihr niemals die Sünde Adams darin saht... Hatte ihn Gott nicht dazu eingeladen? Adam hat sich nur im Vorbild getäuscht. Er glaubte, Gott sei ein unabhängiges, autonomes, sich selbst genügendes Wesen; und um wie er zu werden, hat er sich aufgelehnt und Ungehorsam gezeigt. Aber als Gott sich offenbarte, als Gott erweisen wollte, wer er war, erschien er als Liebe, Zärtlichkeit, als Ausströmen seiner selbst, unendliches Wohlgefallen in einem anderen. Zuneigung, Abhängigkeit. Gott zeigte sich gehorsam, gehorsam bis zum Tode. Im Glauben, Gott zu werden, wich Adam völlig von ihm ab. Er zog sich in die Einsamkeit zurück, und Gott war doch Gemeinschaft. "[13]*

3. Das Alte Testament erkennt in seinen Spätschriften das Böse als eine eigene personale Realität

Wie kommt nun die Bibel zu der Rede vom Satan bzw. vom Teufel als einer personalen Wirklichkeit des Bösen? Zunächst ist rein statistisch festzustellen, dass die Gestalt des „Satan" im Alten Testament nur eine Randfigur ist und uns erst in späteren Teilen begegnet (Sach 3; Hi 1f.; 1 Chr 21,1). Eugen Drewermann begründet das so: *„Man musste offenbar eine lange Zeit in der Geschichte der Offenbarung Gottes uneingeschränkt an Gott glauben lernen, ehe der Gedanke an ein höheres Wesen gegen Gott ohne dualistisches Missverständnis aufgegriffen werden konnte."*

Der Grund lag wohl darin, dass in der rein anthropologischen Deutung des Bösen ein unerklärter Rest blieb. Genau besehen wird er bereits in der Urgeschichte mit dem Symbol der „Schlange" offen gehalten – ein Symbol, das nach einer Deutung verlangt. Die Versuchung tritt in der Gestalt der Schlange bezeichnenderweise von außen an den Menschen

---

[13] Luis Evely: Manifest der Liebe. Das Vaterunser, Freiburg 1961 S. 26

heran. Natürlich kann man die Schlange auch als einen nach außen verlegten innermenschlichen Vorgang deuten. Andererseits könnte es ein Hinweis darauf sein, dass der freie personale Geist, der die unmögliche Möglichkeit der Liebesverweigerung ergreift, nicht ausschließlich im Menschen zu suchen ist. So deutete bereits die alte Kirche die Schlange als einen ersten Hinweis auf das Böse als einer eigenen Realität außerhalb des Menschen. Dennoch – so die Botschaft von 1.Mo 3 – ist der Mensch dieser Macht nicht einfach ohnmächtig ausgeliefert. Die Schlange konnte ihre zerstörerische Kraft nur deshalb entfalten, weil ihre Gedanken im Inneren des Menschen auf eine seltsame Bereitschaft trafen.

Wenn denn die Schlange auf eine eigene personale Realität des Bösen hinweist, dann ist es bemerkenswert, dass auch sie ausdrücklich als ein Geschöpf Gottes eingeführt wird, also ihr Sein nicht aus sich selbst heraus besitzt. Auch ihr Sein ist also *verliehenes* Sein. Und ihr Sein muss ursprünglich gut gewesen sein wie alles geschöpfliche Sein. Sie wird nicht einmal als böses Wesen eingeführt, nur als besonders „*listig*". Alles, was sie hat – ihr Dasein, ihren Verstand, ihren Willen, ihre Freiheit – all das sind gute Gaben. D.h. das Böse hat seine Existenz nicht aus sich selbst, es existiert nur als Verderbnis des Guten!

Man findet zu diesem Gedanken noch von einer anderen Seite. Nie strebt ein Mensch Böses um des Bösen willen an. Die Grausamkeit käme einem solchen Fall wohl am nächsten. Aber in der Wirklichkeit des Lebens sind Menschen aus zweierlei Gründen grausam: Entweder sind sie Sadisten, und schaffen sich mit der Grausamkeit Lustgefühle, oder sie wollen durch ihre Grausamkeit irgendwelche Vorteile erreichen wie Geld, Macht oder Sicherheit. An sich aber sind Lust, Geld, Macht und Sicherheit keine Übel. Die Schlechtigkeit liegt in der Methode, in den Mitteln, durch die man sie anstrebt, und in der Maßlosigkeit des Begehrens. Man kann das Gute allein um des Guten willen anstreben, aber das geht nicht beim Bösen. Man kann etwas Gutes tun, ohne sich dessen eigentlich bewusst zu sein und ohne, dass es einem Freude macht; einfach weil das Gute recht ist. Aber niemand hat je eine Grausamkeit begangen, einfach weil Grausamkeit schlecht ist, sondern weil sie Vergnügen bereitet oder Nutzen bringt. Mit anderen Worten: Dem Bösen gelingt es nicht einmal, auf gleiche Weise böse zu sein, wie das Gute gut ist. Es muss, um böse zu sein, Gutes wollen. Das Gute ist sozusagen "es selbst". Das Böse ist nur das verdorbene Gute.[14]

---

[14] vgl. C.S. Lewis ebd., S. 41-43

Deshalb ist es sehr rational und nicht nur ein frommes Ammenmärchen, dass das Christentum von Anfang an der Meinung war, der Teufel sei ein gefallener Engel. Dahinter steht die Erkenntnis, dass das Böse nichts Ursprüngliches ist. Dem Bösen sind die Kräfte seiner Existenz vom Guten gegeben worden. Aber es ist wie ein Missbrauch des Guten, wie ein Parasit am Guten. Auch die Theologen der Alten Kirche sagen, dass es *Hochmut* war, der Luzifer zu Fall brachte.

Noch einmal: Wie kommt es zur Einführung einer personalen Wirklichkeit des Bösen – angedeutet bereits in 1.Mo 3, des Weiteren im Alten Testament in der Gestalt des Satan, des Verklägers, der schließlich im Spätjudentum und auch Neuen Testament noch eine viel größere Rolle spielt? Es blieb ein Rest. Es war offenbar die Erfahrung, dass der Mensch das Böse immer schon bei sich und in der Welt vorfindet. Es ist darüber hinaus die Erfahrung, dass das Verhängnisvolle, Zwiespältige und Unheimliche des Bösen in der Welt über einzelne böse Handlung und auch über die Summe einzelner böser Taten hinausreicht. Man kann natürlich – wie Haag – sagen, der Satan sei *„ein später Notbehelf..., um für das Böse in der Welt eine einigermaßen plausible Erklärung zu bieten"*. Man kann aber auch sagen, die Identifizierung des Bösen als eine eigene Wirklichkeit ist ein weiterer Erkenntnisschritt in der Demaskierung des Bösen, durch den Israel besser als vorher in die Lage versetzt wurde, das Böse zu erkennen und zu benennen. Eventuelle persische Einflüsse der Satansvorstellung besagen noch nichts über deren Wahrheits- und Wirklichkeitsgehalt.

Ohne die breit wuchernde spätjüdische Dämonologie zu übernehmen, trägt auch nach dem Neuen Testament das Reich Gottes eindeutig Kampfcharakter gegen das Reich des Bösen: *„Wenn ich durch den Finger Gottes die Teufel austreibe, so ist ja das Reich Gottes zu euch gekommen."* (Lk 11,20) Wolfgang Trilling kommentiert: *„Damit erscheinen Wort und Werk Jesu von einem tiefen Ernst auch nach dieser Seite seines Einsatzes hin erfüllt, einer Seite, die aus Rücksicht auf eine moderne Interessenlage oder auf dem heutigen Menschen „Zumutbares" nicht unterschlagen werden sollte. "*[15] Die wichtigste Lehre des Neuen Testamentes über die Dämonen aber ist, dass sie durch Jesus überwunden sind.

Die Wirklichkeit des Bösen darf nicht verharmlost, aber auch nicht überbetont werden. Karl Barth hat in seiner Dogmatik die Schwierigkeit eines sachgemäßen Redens von dem Bösen angedeutet: *„Man ignoriere*

---

[15] Wolfgang Trilling: Was haltet ihr von Jesus? S. 209

die Dämonen, dann *betrügen sie uns damit, dass sie uns ihre Macht verheimlichen, bis wir nach einiger Zeit doch wieder* dazu *übergehen müssen, sie als Mächte zu respektieren und zu fürchten. Man verabsolutiere, respektiere und fürchte sie als wahre Mächte, dann haben sie uns eben damit betrogen, dass sie uns ihren Charakter als Lüge verheimlichen konnten; dann werden wir nach einiger Zeit bestimmt darauf zurückkommen, sie doch wieder ignorieren zu wollen und eben damit aufs Neue von ihnen betrogen zu werden! Das Nichtige ist die Lüge! Als solches existiert es... Sein Reich existiert in der Tat ganz ähnlich wie das Himmelreich mit seinen Engeln... Und so konstituiert es auch einen Lügenhimmel mit einem Lügengott, einen Lügenthron, von dem her Lügenboten ausgehen, um in der Demut und Sachlichkeit der Lüge ein Lügengeheimnis zu verkündigen.. Es ist nicht anders zu beschreiben; es ist schon ein wahres Affentheater, das da aufgeführt wird."*[16]

4. Die Überwindung des Bösen durch die Kraft der Liebe.

Wir sollten das Thema „erlöse uns von dem Bösen" nicht auf den Bereich von dämonischer Belastung oder Exorzismus verengen, sondern von jenen beiden Grundrichtungen des Willens ausgehen, die Augustin als *amor sui* und *amor dei* beschrieben hat. Die Erlösung von dem Bösen kommt aus der Gottesliebe. Sie ist schon im Alten Testament wichtigstes Gebot. Und sie erfährt im Neuen Testament die tiefste Erfüllung in Christus, der als zweiter Adam, um mit Paulus zu reden, die ursprüngliche Berufung des Menschen wiederherstellt. Statt Hochmut, Trägheit und Lüge lebt er wahre Gottesliebe in Demut, Vertrauen und Wahrheit. Er gründet sein Dasein nicht in sich selbst und schämt sich nicht, Gott nötig zu haben. Er erhält seine Identität ganz aus dem Zuspruch Gottes: *„Du bist mein lieber Sohn, an dir habe ich Wohlgefallen."* Die ruhelose Frage nach dem eigenen Selbst im Rücken, ist er frei für Gott und die Menschen. Seine Botschaft des Reiches Gottes ist eine einzige große Einladung in diese Freiheit hinein, die ein Leben im Glauben ist. Sehr schön schreibt wiederum Trilling über solchen „Glauben": *„Dabei geht es um die eigentliche Unfreiheit des Menschen, die Unfreiheit, die darin besteht, mit sich selbst, mit seinen Kräften und Möglichkeiten auskommen, sich allein auf sie stützen und verlassen, das Leben selbst entwerfen und gestalten zu müssen. Davon wird der Mensch nur frei werden können, wenn er nicht sich selbst und seinesgleichen zum*

---

[16] Karl Barth: Kirchliche Dogmatik, III,3 S. 618)

Maß seines Denkens und Verhaltens wählt, sondern Gott, dem er sich und sein Leben übereignet."[17]

Das Reich Gottes ist die Gestaltwerdung der Liebe in dieser Welt. Ihr eigentlicher Impuls geht von Gott selbst aus und schließt das Leiden bewusst ein. So sagt es auch die Dresdner Religionsphilosophin Falkowitz-Gerl: *„Liebe selber ist Verletzbarkeit, bereit zur Preisgabe, zum Selbstvergessen, zu der Armut, nichts mehr festhalten zu können. Unglaublich ist das gezeigt an dem unbegriffenen, unbegreiflichen christlichen Gedanken vom Verhältnis Vater und Sohn. Der Vater ist die erste Liebe, grundlose Freude der Zuneigung. Und zu seiner Souveränität, seiner Treue gehört das Loslassen. Er hat nichts gegen das Armwerden, hat immer schon weggegeben – nämlich seinen Sohn. Der Sohn ist der erste Geliebte, die nie berechnete Hingabe des Vaters. Als Hingabe, nicht an einem Raub festhaltend, als Armut erscheint er in der Endlichkeit, am Anfang als Kind, am Ende als Lamm. Diese Wehrlosigkeit Gottes wird eingewiesen in unsere Geschlechterfolge, als unser Kind, und dann unserer Rechtsprechung unterworfen, als Gesetzloser. Der Tod, den Gott dann stirbt, ist die Offenbarung seines Lebens von innen – sein Tod ist das, was er selbst immer schon tut: sterben. Sterben ist dasselbe wie die Bewegung der Liebe. Die Entäußerung, das Heraustreten Gottes in unsere Bedingungen ist nicht etwas Nachträgliches, das sich einer augenblicklichen Wallung verdankt, als hätte er es auch bei weiterer Überlegung lassen können. Entäußerung ist immer schon sein Leben.*"[18]

In der Hingabe an den Vater überwindet der Sohn den Zwiespalt des menschlichen Willens. Und am Kreuz, dem Inbegriff des Bösen, überwindet er in der Torheit der Liebe das Böse. Der Gekreuzigte und Auferstandene wird – so der wunderschöne Christushymnus im Phil 2,5ff. - weil er sein Leben nicht wie einen Raub festhielt, sondern in Liebe dahingab, erhöht über alle Mächte und Gewalten. Ihm allein gehört die Anbetung aller im Himmel und auf Erden. Es ist nicht die selbstherrliche Anbetung, die der Versucher in der Wüste einfordert: *„...wenn du niederfällst und mich anbetest."* Es ist die Anbetung der Macht der Liebe, die ihre Macht nicht missbrauchen wird; denn sie will niemanden besiegen, sondern alle gewinnen.

---

[17] ebd. S. 209
[18] H.-B. Gerl: Wider das Zeitlose im Zeitgeist, München 1993, S. 85f.

Ur-Erfahrungen

Wo ist dein Bruder Abel?[19]

Und Adam erkannte seine Frau Eva, und sie ward schwanger und gebar den Kain und sprach: Ich habe einen Mann gewonnen mit Hilfe des HERRN. Danach gebar sie Abel, seinen Bruder. Und Abel wurde ein Schäfer, Kain aber wurde ein Ackermann. Es begab sich aber nach etlicher Zeit, dass Kain dem HERRN Opfer brachte von den Früchten des Feldes. Und auch Abel brachte von den Erstlingen seiner Herde und von ihrem Fett. Und der HERR sah gnädig an Abel und sein Opfer, aber Kain und sein Opfer sah er nicht gnädig an. Da ergrimmte Kain sehr und senkte finster seinen Blick. Da sprach der HERR zu Kain: Warum ergrimmst du? Und warum senkst du deinen Blick? Ist's nicht also? Wenn du fromm bist, so kannst du frei den Blick erheben. Bist du aber nicht fromm, so lauert die Sünde vor der Tür, und nach dir hat sie Verlangen; du aber herrsche über sie. Da sprach Kain zu seinem Bruder Abel: Lass uns aufs Feld gehen! Und es begab sich, als sie auf dem Felde waren, erhob sich Kain wider seinen Bruder Abel und schlug ihn tot. Da sprach der HERR zu Kain: Wo ist dein Bruder Abel? Er sprach: Ich weiß nicht; soll ich meines Bruders Hüter sein? Er aber sprach: Was hast du getan? Die Stimme des Blutes deines Bruders schreit zu mir von der Erde. Und nun: Verflucht seist du auf der Erde, die ihr Maul hat aufgetan und deines Bruders Blut von deinen Händen empfangen. Wenn du den Acker bebauen wirst, soll er dir hinfort seinen Ertrag nicht geben. Unstet und flüchtig sollst du sein auf Erden. Kain aber sprach zu dem HERRN: Meine Strafe ist zu schwer, als dass ich sie tragen könnte. Siehe, du treibst mich heute vom Acker, und ich muss mich vor deinem Angesicht verbergen und muss unstet und flüchtig sein auf Erden. So wird mir's gehen, dass mich totschlägt, wer mich findet. Aber der HERR sprach zu ihm: Nein, sondern wer Kain totschlägt, das soll siebenfältig gerächt werden. Und der HERR machte ein Zeichen an Kain, dass ihn niemand erschlüge, der ihn fände. So ging Kain hinweg von dem Angesicht des HERRN und wohnte im Lande Nod, jenseits von Eden, gegen Osten.

---

[19] Predigt über 1. Mo 4,1-16 in Riesa am 2. Sept. 2012
100 Jahre Landeskirchliche Gemeinschaft Riesa und Tag der Diakonie

Liebe Schwestern und Brüder,

der für den heutigen Sonntag vorgesehene Predigttext eignet sich auf den ersten Blick nicht unbedingt für einen Geburtstag, wie ihn heute die Landeskirchliche Gemeinschaft Riesa begeht. Eher schon für den „Tag der Diakonie". Denn unsere Geschichte lebt von einem Leitwort. Es ist das Wort „Bruder", das uns gleich sechs Mal begegnet. Dieses Leitwort trägt schon die Botschaft in sich, dass jeder Mensch unser Bruder, unsere Schwester ist. Denn jeder Mensch ist geadelt, das Antlitz Gottes zu tragen. Und wer die Würde des Menschen verletzt, verletzt Gott selbst, der ihn geschaffen hat. In den Sprüchen heißt es: *„Wer den Geringen verachtet, verachtet dessen Schöpfer."* Und im 1. Brief des Johannes lesen wir: *„Wer seinen Bruder nicht liebt, den er sieht, der liebt auch Gott nicht, den er nicht sieht."* So sehr hat sich Gott an den Menschen gebunden. Das ist auch die Begründung für alle Diakonie – sei sie die kleine Gemeindediakonie oder auch die große professionelle Diakonie in einem Diakonischen Werk.

Ich denke aber auch, dass dies ein geeigneter Text für ein Gemeinschaftsjubiläum ist. Die Gemeinschaftsbewegung war von Anfang an eine Bibelbewegung. Luthers Wort *„Das Wort sie sollen lassen stahn"* bedeutete ja nicht, die Bibel im Bücherschrank stehen zu lassen, sondern eben auf den Tisch zu legen. Besonderes Kennzeichen der Gemeinschaftsbewegung waren deshalb die Bibelstunden, in denen man im Wort Gottes Trost und Kraft und Rat suchte; in denen man aber auch mit dem Wort rang, auch mit den schweren Stellen. Und über solchem Lesen des Wortes Gottes entsteht Kirche. Martin Luther selbst sagte, Kirche sei eine *„creatura verbi"* – eine *„Schöpfung des Wortes"*. Wir können deshalb nur Kirche sein mit zerlesenen Bibeln.

Treten wir deshalb mit diesem alten Text in ein Gespräch. Er gehört ja zu den biblischen Urgeschichten, die uns aus längst vergangenen Zeiten erzählen und doch eine heimliche, ja unheimliche Aktualität besitzen. Es ist kein Rundgang durch ein Museum, sondern eher ein Blick in den Spiegel, in dem wir uns und unsere Welt heute erkennen. Auch von dieser Geschichte gilt, was Franz Fühmann einmal so beschrieb: *„Ich begann die Geschichten der Bibel zu lesen: ein Riss und der Abgrund Mensch klaffte auf... Nicht bei Schwab, gar bei Grimm war Ähnliches zu finden. Sie sprangen mich aus den Blättern an, und sie hatten auch etwas Tigerhaftes... ihre Sätze waren Prankenhiebe; ... und in die Wunden das Salz der Fragen."* - Auch in unserer Geschichte gibt es Fragen über Fragen.

1. Da ist die Frage nach der ungleichen Behandlung der Opfer

Die erste große Frage ist: Warum sieht Gott das Opfer von Kain nicht an? Ja, legt mit dieser ungleichen Behandlung nicht Gott selbst den Keim für die Bitterkeit und die Aggression des Kain? Merkwürdig, dass nicht einmal der Grund dafür genannt wird. So zieht uns die Geschichte schon hier ins Gespräch. Immer wieder hat man Antworten versucht.

Die einen sagen, Kain habe zwar ein Opfer dargebracht, aber er habe nur ein äußeres Ritual vollzogen. Gott aber wolle keine Erfüllung von Formalitäten oder Lippenbekenntnissen, er suche unser Herz. In der Tat gibt es im Alten Testament viele Stellen, an denen an einem solchen veräußerlichten Opferkult Kritik geübt wird. Und später schreibt auch der Apostel Paulus: *„Ich ermahne euch nun, liebe Brüder, durch die Barmherzigkeit Gottes, dass ihr eure Leiber hingebt als ein Opfer, das lebendig, heilig und Gott wohlgefällig ist. Das sei euer vernünftiger Gottesdienst."* (Rm 12,1f.) Denn Gott selbst habe sich in seiner Barmherzigkeit für uns dahingegeben!

Eine andere Antwort dreht die Fragerichtung um. Da heißt es, wir sollten uns nicht wundern, dass Gott Kains Opfer nicht ansieht. Das sei der Normalfall. Kain geschieht kein Unrecht. Es ist ja eben erst der Bruch zwischen Gott und Mensch beschrieben und der Mensch aus dem Paradies vertrieben worden (1.Mo 3). Will man nun Gott mit einem Opfer gnädig stimmen? Das geht nicht. Wenn, dann kann nur Gott selbst aus der Macht seiner Gnade wieder den Himmel öffnen. Und das tut er Abel gegenüber – ganz ohne Verdienst.

Darüber sollten wir uns wundern, dass Gott dem Abel gnädig ist! Doch diese Gnade kann keiner verdienen, sie ist reines Geschenk. So sei die Annahme von Abels Opfer schon ein erster ferner Anklang an die Rechtfertigung des Menschen allein aus Gnaden, die es im Glauben zu erfassen gilt. In Hebr 11 heißt es: *„Durch den Glauben hat Abel Gott ein besseres Opfer dargebracht als Kain."*

Es gibt noch einen Gedanken – er hängt mit den beiden Namen zusammen. „Kain" bedeutet: *Ich habe einen Mann gewonnen.* Kain ist also der geborene Gewinner. Immer der Erste, immer der Sieger. „Abel" hingegen heißt *„Hauch, Vergehen".* Er ist einer ohne Gewicht und Bedeutung. Das gibt es immer – die Starken und die Schwachen. Indem Gott Abels Opfer anschaut, stellt er sich auf die Seite des Schwachen und des Benachteiligten. Abel, der in den Augen der Menschen nichts gilt, wird rehabilitiert. Es ist wiederum Paulus, der es so sagt: *Was schwach ist in der Welt, das hat Gott erwählt.*

Als wir in einem Bibelkreis über den Text sprachen, sagte einer: Vielleicht ist es sogar gut, dass kein Grund genannt wird. Es zeigt, dass wir immer mit ungelösten Fragen leben müssen. Und ein anderer meinte, die unterschiedlichen Opfer könnten doch einfach auch ein Symbol sein für die Ungleichheit und Unterschiede unter Menschen? Unterschiede bergen ja immer ein Konfliktpotential in sich. So mag sich Kain ungerecht behandelt gefühlt haben und es erfüllt ihn Ärger und Neid, die gewiss Anlass sind zu ungezählten Selbstgesprächen. Sie verdunkeln das Bild von sich selbst und von seinem Bruder - aber auch das Bild von Gott.

Das alles sind Verstehensversuche. Die Antworten schließen einander nicht aus, da ist unser Text wie ein offenes Kunstwerk. Dabei finde ich selbst den Gedanken der Ungleichheit und wie wir mit ihr umgehen sehr interessant. Auch ist die Familie der erste Ort solchen Vergleichens. Wir waren zu Hause sechs Geschwister. Ich erinnere mich noch genau an den leidenschaftlichen Gerechtigkeitssinn, mit dem wir unter uns sechs Geschwistern eine Westschokolade oder Kompott aufgeteilt haben. Zumindest äußerlich suchten wir Gerechtigkeit im Sinne von Verteilungsgerechtigkeit. Dass wir als Geschwister dann doch alle recht unterschiedlich waren in unserem Aussehen und unseren Begabungen und unserem Charakter – das entzog sich unseren kindlichen Möglichkeiten, Gerechtigkeit zu schaffen. Das mussten wir lernen anzunehmen. Die „Ungerechtigkeit" und das Vergleichen geht ja dann weiter – in der Schule, im Beruf, in jedem Umgang mit Menschen. Es begleitet uns ein Leben lang und Frieden finden wir nur in dem demütigen und tapferen Akt der Selbstannahme, in dem ich JA sage zu meinen Gaben und Grenzen.

Dabei ist es doch gut, dass jeder Mensch ein Original ist, auch dass es Unterschiede gibt. Eine kopierte und geklonte Welt wäre keine bessere Welt. Wir leben von den Unterschieden. Ich brauche den anderen gerade in seiner Andersartigkeit. Wären alle gleich begabt, dann wäre der andere nur das Spiegelbild meiner selbst. Dann wäre jedes Gespräch nur ein Selbstgespräch. Immer würde ich nur mir selbst begegnen und das wäre wahrlich kein spannendes Programm. Statt den anderen als Konkurrent zu sehen, sollten wir doch erkennen, wie sehr wir einander brauchen. Wir sollten also nicht nach den *Ursachen* der Unterschiede fragen, sondern nach dem *Ziel*: Wie gehe ich damit um?

Auch hier ist es wieder Paulus, der von der Gemeinde als der Gemeinschaft der Verschiedenen spricht – dem Leib mit den vielen Gliedern. Wir werden durch Christus zwar alle gleich beschenkt, aber nicht alle gleichgemacht. Statt zu vergleichen, sollen wir einander mit unseren Gaben dienen.

2. Da ist auch die Frage: Warum greift Gott nicht ein?

Warum fällt er Kain nicht in den Arm? Warum muss Abel sterben? Das rührt an die alte Frage nach der Allmacht Gottes. Wenn Gott allmächtig und noch dazu allgütig ist, dann muss er doch eine solche Tat verhindern!

Wir dürfen es uns hier nicht zu leicht machen. Es ist ja nicht so, dass Gott unbeteiligt ist und sich nicht kümmert. Er redet zu Kain mit eindringlichen Worten, er geht ihm nach bis in seine tiefsten Gedanken, spricht ihn an in seinem Gewissen. Er sagt ihm, was gut und was böse ist. Nein, Kain ist ihm nicht gleichgültig. Doch mehr, als Kain mit Worten zu ermahnen, tut Gott nicht.

Ich sage allerdings: Mehr *kann* er nicht tun. Denn der Gott der Bibel hat seine Allmacht selbst begrenzt. Als er den Menschen schuf, schuf er sich ihn zu seinem Bilde. Gab ihm also Freiheit von *seiner* Freiheit, Macht von *seiner* Macht. Und vor allem: Liebe von *seiner* Liebe. Denn die Gottesebenbildlichkeit ist ja vor allem die dem Menschen zugedachte und zugesagte und zugemutete Liebe. Aus Liebe begrenzt sich Gott, denn Liebe kann man nicht erzwingen. Sie ist nur in Freiheit möglich.

Von dem preußischen König Friedrich Wilhelm II., der für sein Temperament berüchtigt war, wird Folgendes erzählt. Wenn er mit seinem Krückstock durch die Straßen Berlins ging, machten sich die Leute schnell davon. Ein Berliner drückte sich aus Angst in einen Hauseingang, wurde aber vom König entdeckt und angefahren: „Was sucht er hier?" Hilflos platzte der Mann mit der Wahrheit heraus: „Ich wollte eurer Majestät aus dem Weg gehen." „Warum wollte er mir aus dem Wege gehen?" „Weil ich vor eurer Majestät Angst habe." Da schüttelte der König den Mann heftig und schrie: *„Wie kann er es wagen, Angst vor mir zu haben! Ich bin sein König! Lieben soll er mich! Lieben!"*

An dieser absurden Szene wird deutlich, dass Liebe der Freiheit und der Freundlichkeit bedarf. Deshalb hat sich Gott selbst begrenzt. Darin liegt auch sein Schmerz, auch seine Ohnmacht, auch seine hilflose Klage: *Was hast du getan? Das Blut deines Bruders schreit zu mir!* Auch Jesus klagt und weint über Jerusalem, sieht das Ende der verkehrten Wege: *Wie oft habe ich euch sammeln wollen wie eine Henne ihre Küken – aber ihr habt nicht gewollt!* Aus Liebe aber verzichtet er auf Macht, geht den Weg des Leidens, an dessen Ende das Kreuz steht - jenes Zeichen letzter Ohnmacht und Schmerzes, aber vor allem der Liebe, die eher selbst stirbt als tötet.

3. Am Ende erfahren wir von einer Gerichtsverhandlung.

Auch das ist ein merkwürdiger Gedanke, dass Gott Gericht hält. Manche würden durchaus gern die Zeile aus dem Glaubensbekenntnis streichen: *Von dort wird er kommen zu richten die Lebenden und die Toten.* Doch die Rede vom Gericht will keine Angst verbreiten. Sie bleibt notwendig. Man stelle sich nur für einen kurzen Augenblick unsere Welt ohne irdische Gerichte vor. Das Gericht richtet ja das verletzte Recht wieder auf. Es solidarisiert sich mit den Opfern, nimmt sie in die Gemeinschaft hinein. Schon um der Opfer willen können wir den Gerichtsgedanken nicht wegnehmen.

Und es grenzt die Täter aus, zwingt sie, sich selbst zu begegnen, mutet ihnen auch die Strafe zu. Denn es gehört zur Würde des Menschen, dass er Antwort geben und sich verantworten muss. Nur Unmündige müssen sich nicht vor Gericht verantworten.

Kain erfährt einen fairen Prozess. Auch seine Strafe ist fair. Es kann nach dieser Tat nicht alles so weitergehen wie bisher. Es geht hier nicht um Rache, sondern um Recht. Und um das Wissen, dass unser Tun immer auch Konsequenzen hat. Das ist kein archaisches Prinzip, sondern bleibt gegenwärtig bis in die Schuldenkrise hinein, die Europa so erschüttert. Die Berge, die wir angehäuft haben, fallen nun über uns.

Am wichtigsten aber an dieser Geschichte ist das *Zeugnis der Gnade.* Kain darf weiterleben, ja, Gott selbst schützt ihn. So wie auch Adam und Eva weiterleben dürfen und Gott ihnen als Ausstattung für ihr Elend noch Felle machte. So wie Noah weiterleben darf als Beginn einer neuen Menschheit. Und wie Gott aus den zerstreuten Völkern Abraham erwählte und ihn für alle Völker zum Segen setzte.

Dass unter dem NEIN Gottes immer noch sein heimliches JA zu hören ist – das ist die frohe Botschaft dieser Geschichte! Das ist unsere Hoffnung auch heute. Die Geschichte handelt vom Menschen nicht wie wir ihn uns wünschen, sondern wie er ist - in seiner Größe und seinem Elend. Und sie handelt davon, dass Gott den Menschen in seiner Zwiespältigkeit nicht loslässt. Für diese Botschaft brauchen wir alle Kräfte, gerade heute, wo die Menschen in Scharen die Kirche verlassen haben und wir sie nur als Einzelne zurückgewinnen. Dazu bedarf es auch unserer Landeskirchlichen Gemeinschaften. Ich wünsche Euch von Herzen hier in Riesa, dass ihr mit euren Angeboten weiterhin ein Ort der Gnade sein könnt, an dem Menschen nach Hause kommen können, aufatmen und verwandelt werden.

Wie das aussehen kann, erzählte mir neulich ein lieber Bruder. In einem Gottesdienst sei eine Frau nach vorn gekommen. Öffentlich zu reden war sie nicht gewohnt. Doch es war still, als sie aus ihrem Leben erzählte: Von ihrer Kindheit unter einem gewalttätigen Vater. Von ihrer Ehe mit den zahllosen Demütigungen und Schlägen. Von der Scheidung als dem letzten Ausweg aus der Hölle. Und von dem Trost, den sie im Alkohol suchte und der doch nur vergessen ließ. Da lernte sie Christen kennen, die sie nicht verachteten. Sie lernte Gott kennen als den Vater, der mit offenen Armen auf sie wartete und zu dem sie nun kam mit zerrissen Kleidern und verletzter Seele wie eine verlorene Tochter. Endlich, endlich war sie zu Hause. Die Verwandlung ihres Lebens aber beschrieb sie so: *„Ich kann wieder in den Spiegel schauen, ohne mich selbst zu hassen."* Amen.

Von der „Umkehr" Gottes[20]

Zunächst bedanke ich mich herzlich für die Einladung. Als ich zusagte, lag der Termin noch in weiter Ferne. Irgendwann aber beginnt man ernsthaft nachzudenken, auf was man sich da eingelassen hat. Eine wichtige Frage war da schon die Wahl der Texte, die nicht vorgegeben waren und neben dem Thema der Tagung bewusst einen eigenen Schwerpunkt setzen sollten. Zwischen Genesis 1 und Offenbarung 22 war also alles möglich. Solche Freiheit gerät dann schnell zum Problem. Meine Lieblingstexte, die sich sofort vordrängten, wies ich tapfer zurück. Dann meldeten sich Texte, die sich mir als besonders aktuell vorstellten. Auch hier blieb ich standhaft. Schließlich fiel mein suchender Blick auf einige Texte, die etwas bescheiden in der Ecke standen. Auf meine Frage hin stellten sie sich als die „fortlaufende Bibellese" vor. Ich wusste Bescheid. Seit Anfang des Jahres bieten sie uns Texte aus dem 1. Buch Mose an und wer ihnen seither von der Schöpfung an über Sündenfall und Kain und Abel gefolgt war, der befindet sich seit Tagen mitten in der Sintflut. „Wenn schon Sintflut, dann nach uns", dachte ich. Doch als ich dann den Text für den heutigen Tag nachschaute, war ich versöhnt. Endlich kam wieder Land in Sicht. Deshalb entschied ich mich bei meiner Textwahl für die fortlaufende Bibellese.

Zunächst zwei kleine grundsätzliche Vorbemerkungen zum Verständnis dieser Texte.

1. Die *Sintflutgeschichte* gehört bekanntlich zu den Urgeschichten. Sie hält die Erinnerung wach an eine Katastrophe offenbar globalen Ausmaßes, die sich weltweit in über 250 Fluterzählungen widerspiegelt. Insofern drängt sich die historische Frage auf, was damals wirklich geschehen sei, welche Wasserfluten die Erde bedeckten und ob man vielleicht noch Reste der Arche finden könnte. Doch unsere modernen historischen Fragen beschäftigen den biblischen Erzähler nur am Rande. Ihn leitet ein anderes Interesse. Er fragt weniger nach einmaligen Fakten als nach bleibendem Sinn. Er hält sein Ohr an die Vergangenheit, um eine Botschaft für seine Gegenwart zu erlauschen. Ihm geht es um jene elementaren Menschheitsfragen, die – unabhängig vom Wechsel der Bühnenbilder – jeder Generation neu aufgegeben sind. So erlebe ich beim Lesen jener alten biblischen Erzählungen gar nicht so sehr den garstigen Graben der Geschichte, den Lessing einmal beklagte, sondern

---

[20] Bibelarbeit über 1.Mo 8,13-22 am 18. Januar 1999 auf der Tagung der Hauptamtlichen der evangelischen und katholischen Jugendarbeit in Schmochtitz

in ihrem heimlichen Gegenwartsbezug eine erstaunliche Verschmelzung der Zeiten.

2. Noch ein Zweites möchte ich voranstellen. Für viele Alttestamentler lässt die Sintflutgeschichte in ihrer Endgestalt noch deutlich zwei Quellenschriften erkennen - den Jahwisten und die Priesterschrift. Mag sein, dass solche Quellenscheidung in ihren Ergebnissen nicht immer überzeugt; mag sein, dass wir vor einer solchen Zergliederung von Bibeltexten auch eine gewisse Scheu haben. Ich persönlich empfinde es gerade bei der Sintflutgeschichte als Gewinn, den Text nicht als Monolog, sondern als Dialog zu begreifen, als Gespräch zwischen zwei Zeugen. Eigentlich war die Zwei-Zeugen-Regel in der israelitischen Rechtsprechung beheimatet. Aber sie galt offenbar auch dann, wenn es um die Bezeugung der großen Taten Gottes ging. Und bei den Evangelien sind es sogar vier Zeugen!

Ich habe keine Angst, dass dadurch die Bibel einen Autoritätsverlust erleiden könnte. Im Gegenteil. Keiner der großen Gedanken über Gott und die Welt ist im Judentum im Monolog, sondern immer im Dialog gefasst worden. Darin liegt auch eine tiefe Bescheidenheit. Ist doch die Wahrheit allemal größer, als dass sie nur *einer* aussagen könnte. Und wird nicht gerade auf diese Weise das letzte Geheimnis geehrt und gewahrt? In diesem Sinne meinte Martin Buber: *„Ich habe keine Lehre, ich führe ein Gespräch."*

Nun rücken wir heute etwas näher an den Jahwisten heran. Ihm werden die Verse 1.Mo 8, 20-22 zugeschrieben. Es sind die Schlussverse der *jahwistischen* Sintflutgeschichte. Jeder dieser drei abschließenden Verse ist gewichtig und verdient eine eigene Überschrift.

1. Das Ganzopfer Noahs (V. 20)

„Noah aber baute dem HERRN einen Altar und nahm von allem reinen Vieh und von allen reinen Vögeln und opferte Brandopfer auf dem Altar."

Noah entsteigt der Arche, spürt festen Boden unter den Füßen. Es liegt nun ein tiefer Sinn darin, dass das erste Bauwerk, das er errichtet, ein Altar ist, ein Altar für Jahwe. Überhaupt – so vermerken jüdische Ausleger mit ihrem Sinn für hintergründige Zusammenhänge – sei dies die erste Erwähnung eines Altars in der Genesis. Solche formalen Beobachtungen tragen Gewicht, zumal jede Bewegung des Noah noch dadurch an Bedeutung gewinnt, als er Repräsentant einer neuen Menschheit ist. Was er tut, ist also gewissermaßen programmatisch.

Altarbau und Opfer geschehen im Text wortlos und bleiben auch vom Erzähler unkommentiert. Das bietet Raum für die verschiedensten Deutungen. So meinte Gunkel: *„Er opfert, weil Gott, der bisher so schrecklich den Menschen gezürnt hat, auch ihm unheimlich ist, um so den Rest seines Zorns zu stillen."* Das Opfer sei also ein Beschwichtigungsopfer. In ähnliche Richtung weist Procksch: *„Hier wird die Erde kraft der olot (des Ganzopfers) von ihrem Fluche entlastet... das Opfer Noahs ist Versöhnungsmittel..."* Auch G. von Rad schreibt, das Opfer sei *„ein menschliches Bekenntnis zur Versöhnungsbedürftigkeit."*

Einen anderen Akzent setzt hingegen Dillmann: *„Ein Opfer, als Dank- und Bittopfer, ist, wann irgendwo, dann hier nach dem großen Gericht und beim Eintritt in den neuen Lauf der Dinge am Platz."* Schließlich möchte ich noch Cassuto zitieren: *„Wenn ein Mensch aus einer furchtbaren Gefahr gerettet worden ist, ist seine erste Reaktion, dem Dank zu sagen, der ihn bewahrt hat oder geholfen hat zu entkommen."*

Einleuchtend ist mir selbst hier allein der Aspekt der Dankbarkeit. Alles andere wäre mir schon zu sehr verzweckt, als müsse Noah erst noch etwas bei Gott erreichen, der ihm doch eben das Leben neu geschenkt hat. Im Dankopfer – hier bei Noah und auch später im israelitischen Kult – liegt das elementare Wissen, dass wir unser Leben nicht in den eigenen Händen bergen, sondern als Geschenk empfangen, und zwar täglich neu.

Nun hat schon der jüdische Philosoph Maimonides gemeint, dass Gott eigentlich unsere Opfer gar nicht nötig hat, auch nicht unser Dankopfer. Er brauche keine Opfer, um sich etwa besser zu fühlen. Es wird in der Tat auch nirgends im Alten Testament erklärt, wie ein Opfer auf Gott wirkt, auch wenn es hier sehr altertümlich und sehr anthropomorph heißt, Gott *„rieche den lieblichen Duft"*. Im Hebräischen sieht man förmlich das Augenzwinkern des Erzählers, denn der verwendete Ausdruck ist ein schönes Wortspiel mit dem Namen des Noah. Der *„liebliche Duft"* bedeutet eigentlich *„Geruch des Geruhens"* und damit *„Noahduft"*.

Gesprächiger ist das Alte Testament erst dort, wo gesagt wird, welchen Sinn das Opfer für den hat, der es darbringt. Und da wird deutlich: Wir selbst haben solche Dankbarkeit nötig - um nicht zu verhärten; um nicht das Staunen zu verlernen und das Wunder in den täglichen kleinen Dingen. Die Morgenlieder üben solche Genauigkeit ein, helfen unseren trägen Herzen auf die Sprünge – etwa wenn wir singen: *„Dass unsere Sinne wir noch brauchen können und Händ und Füße, Zung und Lippen regen, das haben wir zu danken seinem Segen. Lobet den Herren".*

Nicht Gott braucht unsere Opfer, aber wir selbst brauchen sie – gegen unsere Gedankenlosigkeit und gegen die Selbstverständlichkeit, die unser Leben arm macht. Dankbarkeit aber sucht ihren Ausdruck – in Opfern, in Gesten, in Ritualen - und vor allem im Wort, dem unmittelbaren Ausdruck unseres Selbst. Als das Judentum nach der Zerstörung des Tempels keine Opfer mehr darbringen konnte, trat an deren Stelle das Gebet. *„Dankbare Lieder sind Weihrauch und Widder, an welchen er sich am meisten ergötzt",* heißt es ebenfalls in einem Morgenlied.

Nun möchte ich noch einen Schritt weitergehen. Irgendwo fand ich den schönen Gedanken, dass der Opfernde durch die Hingabe eines Teils seiner Habe ärmer wird. Arm sein aber heißt, ungesichert, bedroht sein. So will das Opfer Ausdruck des Glaubens sein, dass sich der Mensch auch in Armut und Unsicherheit seines Lebens von Gott erhalten weiß. *„Letztlich bekennt ja der Mensch, dass er nicht aus eigener Mächtigkeit lebt, dass er sich nicht selbst gehört, sondern dass er nur leben kann, indem er sich Leben täglich neu schenken lässt."* (Herbert Kosak)

Vertraut man sich solchen Sätzen an, hilft Dankbarkeit zu einem neuen Selbstverständnis. *„Nicht aus eigener Mächtigkeit leben, nicht sich selbst gehören..."*- das sind inhaltsschwere Worte. Liegt vielleicht darin das Programmatische am Opfer des Noahs, von dem ich sprach? Der Gedanke wird unterstrichen, wenn man unseren Text mit einer anderen Urgeschichte kontrastiert – mit 1.Mo 3, also der Sündenfallgeschichte, die ja ebenfalls programmatisch ist. Dort wird der Mensch geschildert als einer, der sich selbst besitzen will und der in solcher „Besessenheit" sein Selbst ins Maßlose vergrößert - nicht mehr Mensch sein will, sondern *„sein will wie Gott"* - also alles erkennen will, um am Ende lediglich zu erkennen, dass er nackt ist und arm.

Indem Noah als erste Tat auf der wiedergewonnenen Erde das Opfer darbringt, verzichtet er auf solche Allmachtsphantasien. Sein Opfer ist ein Bekenntnis zu seinem Menschsein, zu seiner Bedürftigkeit, zu seiner Unsicherheit – und zu seiner Sehnsucht nach etwas, das größer ist als er selbst und dem er sich hingeben kann. Das Programmatische an Noahs Opfer als Repräsentant der neuen Menschheit bestünde dann darin, dass solche Hingabe - hier im liturgischen Akt des Opfers mit den Ritualen des Niederkniens und Anbetens - zum Menschsein grundlegend dazugehört. Dass der Mensch also nicht nur *homo sapiens*, sondern *homo orans* ist – betender Mensch; und dass dieser liturgische Akt als erstes Werk auf der wiedergewonnenen Erde nicht nur eine Begleitstimme, sondern der *cantus firmus* des Leben sein soll.

Nun hat Romano Guardini schon vor Jahrzehnten gefragt: *„Sollte man sich nicht zu der Einsicht durchringen, dass der Mensch des industriellen Zeitalters, der Technik und der sie bedingten soziologischen Strukturen sei zum liturgischen Akt einfach nicht mehr fähig."* Er wäre der letzte gewesen, der diese Frage bejaht hätte. Und wir *dürfen* sie nicht bejahen!

Ich möchte dies noch einmal von einer anderen Seite her betrachten. Mich überraschte vor kurzem in einem Vortrag des Dresdner Wirtschaftswissenschaftlers Prof. Blum die Formulierung *„Sinnstiftung durch Opfer"*. In der Hingabe, im Verzicht, den ich mir auferlege, erfahre ich Sinn. Das ist paradox, aber es stimmt. Alle Liebenden wissen das. Die Hingabe an einen Menschen oder auch an eine gute Sache erlebe ich nicht nur als Verlust, sondern als Gewinn.

Nun steht im hebräischen Urtext bei dem Wort „Opfer" eigentlich „Ganz-opfer". Im Ganzopfer hält Noah nichts zurück; sondern gibt sich selbst. Opfer und Opfernder werden geradezu identisch. Doch was ist der Sinn solcher Selbsthingabe?

Ein anderes Wort beherrscht unser Denken und Fühlen, nämlich Selbstfindung! Es ist eines der Schlüsselworte unserer Zeit. Schon allein sprachlich liegt in dem Wort das Eingeständnis, dass wir unser Selbst nicht haben wie einen Besitz, sondern dass wir es suchen. Und was tun wir nicht alles? Die Wohlstands- und Erlebnisgesellschaft steht ganz zu unseren Diensten für diese Selbstfindung. Die Werbung erinnert uns laufend an unsere ungelebten Möglichkeiten. Doch wird ihr *Angebot* schnell zum *Gebot*, das Versprechen *des* Paradieses wird zur Eintreibung *ins* Paradies. Nach Aussagen von Opaschowski klagen 80 % der 14 bis 19jährigen darüber, dass ihnen die wachsende Zahl der Freizeitangebote den Schlaf raube. *„Im Beruf ist es die Angst zu versagen, in der Freizeit ist es die Angst, etwas zu verpassen."* Schließlich führe die Hektik zur Lähmung: *„Ich könnte alles tun und mache dann nichts."*

Wann kommen wir zu uns selbst, wann finden wir unser Selbst? Was ich auch anfasse, das Verfallsdatum scheint schon aufgedruckt. Nein, wir wollen nicht „opfern", nicht loslassen, nicht verzichten – wir wollen haben! Liegt hier vielleicht ein Grund für den oft beklagten Sinnverlust des modernen Menschen?

Nun hat der Kirchenvater Augustinus in seinen „Bekenntnissen" einmal folgenden interessanten Satz geschrieben: *„Und ich sagte: Jetzt fange ich an! - da ich auch aus mir selber auszog. Hier ist keine Gefahr mehr; denn in mir selber zurückzubleiben, das war die Gefahr."* Dieser Satz beschreibt genial die psychologische Einsicht, dass wir unser Selbst nicht auf direktem Weg finden, sondern merkwürdig „indirekt": im Loslassen. Es gilt ja auch in der zwischenmenschlichen Erfahrung, dass ich einen Menschen verliere, wenn ich ihn besitzen will und gewinne, wenn ich ihn loslasse.

Im liturgischen Akt des Opfers wird der Auszug des Menschen aus sich selbst gefeiert. Liturgie ist Selbstüberschreitung. Ich bleibe nicht bei mir, sondern gehe aus mir heraus, beuge meine Knie und bete an. Und in diesem "Selbstverlust" in Gott hinein werde ich mir neu gewiss, gewinne ich – wie Heinz Schürmann einmal sagte – ein „Oberbewusstsein". Wir brauchen liturgische Formen, die uns helfen, diese Selbstüberschreitung zu feiern. Aus Angst vor bloßem Ritualismus haben wir im protestantischen Raum lange Zeit Zeichen und Symbole gering geachtet und rühmten uns, Kirche allein des Wortes zu sein. Doch das Wort will sich immer verleiblichen. Wir brauchen Rituale, die die Selbstüberschreitung ausdrücken – sei es das Knien, das Beten vor dem Kreuz in Taizé, das Bekreuzigen, das Lesen des Breviers, das Herzensgebet der orthodoxen Kirche. Auch deshalb, weil es eine Formung von außen nach innen gibt, indem uns die äußere Handlung eine innere Haltung einprägt.

Dass der Mensch sich danach sehnt, zeigt die Wiederbelebung der Religion. Nur ist oft schon der Ansatz verkehrt. Was an unthematisierter Religiosität lebt, ist oft gerade nicht der Auszug aus sich selbst, sondern eine Variante der Ichfindung, die mit Ganzhingabe nichts zu tun hat. Neulich schrieb jemand, Surfen sei der Sport des Jahrhunderts. Man surft auf dem Wasser und im Internet. Man surft auch auf der Welle der Religion. Ganzhingabe aber heißt: Wo Surfkunst gewünscht wird, antwortet das Christentum mit dem Angebot eines Tauchkurses; ganz abgesehen davon, dass Religion, die nur der Selbsterbauung oder auch der Selbstbestätigung dient, ihren kritischen, verwandelnden Charakter verliert. Mit der Rückkehr der Religion ist es also nicht getan, sie führt erst in die wirklich entscheidende Frage hinein – nämlich in die Unterscheidung zwischen Gott und den Göttern. Der Zeitgeist ist der des Pantheon, das Athen der vielen Altäre. Noah aber baute einen *Altar für Jahwe*. Es ist der Gott, der sich ebenfalls selbst überschreitet und an den Menschen hingibt, ganz und total. Vor diesem Gott zu knien erniedrigt nicht, sondern erhebt den Menschen aus dem Staub.

2. Die „Umkehr" Gottes (V. 21)

„Und der HERR roch den lieblichen Geruch und sprach in seinem Her-
zen: Ich will hinfort nicht mehr die Erde verfluchen um der Menschen
willen; denn das Dichten und Trachten des menschlichen Herzens ist
böse von Jugend auf. Und ich will hinfort nicht mehr schlagen alles,
was da lebt, wie ich getan habe. "

Dieser Vers enthält eine erstaunliche Erklärung. Gott will die Menschheit nicht mehr vernichten, sondern verschonen, weil *„das Dichten und*
Trachten des menschlichen Herzens böse ist von Jugend an. " Logisch
ist das nicht. Logisch wäre gewesen, den Menschen zu verschonen, weil
er sich gebessert hätte. Seine ganze Schärfe erhält dieser Satz Gottes,
wenn man ihn auf dem Hintergrund von 1.Mo 6,5 liest. Das böse Dichten und Trachten des menschlichen Herzens war dort der Grund für das
Gericht, jetzt aber ist es paradoxerweise Grund für die Bewahrung. Wo
liegt hier die Logik?

Die Logik ist, dass der Jahwist nicht die Geschichte von der Wandlung
des Menschen, sondern von der Wandlung Gottes erzählt. Der Mensch
kann sich nicht wandeln. Da hat eben Gott sich gewandelt! Der Mensch
kann sich nicht bekehren. Da hat eben Gott sich bekehrt! Hier wird zwischen 1.Mo 6,5 und 8,21 der Kampf Gottes in sich selbst beschrieben,
an dessen Ende die Gnade siegt. Das ist bewegend. *Der Jahwist ist der*
erste große Theologe der Gnade!

Man könnte statt Gnade auch Toleranz sagen. Toleranz im eigentlichen
Sinne heißt ja „ertragen", nicht etwa akzeptieren. Westermann meint,
Gott lasse nun das Böse geschehen, er *„ertrage den Menschen mit sei-*
nem Hang zum Bösen, in Geduld. " Gott wandelt sich nicht darin, dass er
gegenüber Gut und Böse nun gleichgültig wäre. Es geht nicht um Toleranz in der Sache, sondern in der Person.

Das alles wirft ein interessantes Licht auf das jahwistische Gottesbild,
über dessen Kühnheit ich staune. Jahwe ist kein Gott der starren Prinzipien, sondern er ist der lebendige Gott, der mit den Menschen eine Beziehung angefangen hat, bei der er selbst nicht der gleiche bleibt. Auch
Gott wandelt sich in dieser Beziehung, so wie auch in jeder echten
menschlichen Beziehung keiner der Partner derselbe bleibt. Auch Gott
macht nun eine Geschichte durch. Man sollte sich deshalb nicht gleich
anmaßen, eine „Biographie Gottes" schreiben zu wollen, wie es der Titel
eines amerikanischen Bestsellers verspricht. Auch wäre es etwas anderes zu sagen, „Gott sei im Werden". Es geht darum, dass Gott sich wandelt - nicht aus Laune, sondern gerade weil er sich treu bleibt, treu in

seiner Zuwendung zum Menschen. So sehr hat Gott sich an den Menschen gebunden, dass er nicht mehr von ihm lassen kann. Lieber hält er den Schmerz aus, den menschliche Schuld ihm zufügt. In diesem Ertragen leuchtet schon etwas von Jes 53 auf: *„Fürwahr, er trug unsere Schuld..."* Walter Zimmerli fragt: *„Heißt das, dass Gott in Zukunft seine heilige Gerechtigkeit beiseite tun wird? Das ist nicht die schwächliche Gnade, die scheinbar gütig ist, während sie im Grund nur müde geworden ist zu strafen. Sondern es ist die Kraft jener Liebe, mit der der Vater des verlorenen Sohnes den Sohn nicht verstößt, sondern auf den Tag der Rückkehr des Sohnes wartet. Wer die Flutgeschichte so gelesen hat, der kann nicht von ihr scheiden, ohne etwas von der Hoffnung vernommen zu haben... : Die Geschichte Gottes mit seiner Welt ist nicht zu Ende. Gott wird nicht ruhen, bis diese Welt, zu der er sein Ja gesprochen, ihm ganz gehört."*

Aber lassen Sie mich noch etwas zu dem Menschenbild des Jahwisten sagen. Was hier über den Menschen gesagt wird, ist so schonungslos pessimistisch, dass es ja fast schon erfrischend ist. Übrigens steht für das *„Dichten und Trachten"* im hebräischen eine Vokabel, die an 1.Mo 2 erinnert, wo Gott - im Staub kniend - den Menschen als Werk seiner Hände bildet. Wenn hier dieselbe Vokabel verwendet wird, geht es also bei dem *„Dichten und Trachten"* genau um jene schöpferische Begabung, durch die der Mensch Anteil hat an der Schöpferkraft Gottes. Doch was er auch „anfasst", scheint ihm unter den Händen zu verderben.

Ist das nicht einseitig? Wird hier nicht der Mensch wieder einmal schlechter gemacht als er ist, vielleicht sogar um Gott größer zu machen? Und wirkt sich ein solcher Satz nicht lähmend aus auf die Verantwortlichkeit und Erziehbarkeit des Menschen? Man sollte doch eher das Gute im Menschen sehen!

Die Argumente dafür sind alt. Für Sokrates war das Böse nur Nichtwissen, dem durch Aufklärung aufzuhelfen ist. Erkennt er das Gute, wird er es auch tun. Ebenso sagt es später Erasmus von Rotterdam, der große Humanist. Er war ins Kloster gegangen im eifrigen Bemühen, den Makel seiner Geburt abzuwaschen, der als unehelicher Sohn eines Priesters an ihm haftete. Und es gelang ihm. So schreibt er: *„Fass du nur den festen Vorsatz zu einem vollkommenen Leben und halte dich an diesen Vorsatz. Der menschliche Geist hat sich selbst niemals energisch ein Gebot gegeben, das er nicht auch erfüllt hätte. Ein großer Teil des Christseins besteht schon darin, dass man von Herzen ein Christ werden will. Was am Anfang unerreichbar erscheint, das wird im Fortgang*

*weniger schwierig, in der Übung leicht und in der Gewöhnung schließ-
lich sogar angenehm.*"

Was würde der Jahwist wohl zu Erasmus sagen? Vielleicht würde er
etwas seinen Kopf zur Seite legen, ihn lange anschauen und sagen: „Ja,
wenn du meinst?" In dieser Frage läge kein Vorwurf, keine Belehrung,
auch kein Spott - höchstens ein leises Erstaunen. Ich denke, der Jahwist
will uns mit diesem Satz überhaupt nichts Neues lehren. Er will höchstens helfen zu verstehen. Er spricht zu denen, die sich schon öfters leid-
voll gewundert haben über ihre eigene innere Widersprüchlichkeit, in
der sie Dinge wollen oder tun, deren Torheit offen zutage liegt. Der Satz
ist für alle, die sich – wie Julien Green – erschrocken fragen, *„was wohl
der Junge von ihm sagen würde, der er mit sechzehn war, wenn er über
sich zu urteilen hätte?"* Und was die schlimmste Erfahrung ist: dass das
Böse oft gar nicht als Böses begann, sondern oft als Gutes bzw. Gutge-
meintes. Zu all denen, die diese Widersprüchlichkeit kennen und die
darunter leiden, redet der Jahwist.

So ist es wohl Augustin ergangen, als er sich wie ein Gefangener fühlte,
*„nicht in fremden Eisen, sondern in der eisernen Fessel des eigenen
Willens."* Man muss sich ja seiner Sünden- und Gnadenlehre nicht unbedingt anschließen. Auch kann man fragen, ob der Begriff „Erbsünde"
glücklich gewählt ist, allzu viele missverständliche Töne schwingen hier
mit. Worin er Recht hat, ist die Unentrinnbarkeit der Sünde. Wir haben
keine Wahl. Sündersein ist ein Grundgesetz menschlicher Existenz,
noch ehe wir uns dazu entschließen. Nein, Augustin hat nichts vom
Jahwisten lernen müssen, was er nicht selbst schon erlebt hatte. Nur –
jetzt verstand er.

Die gleiche Erfahrung finden wir bei Luther. Das erste Jahr im Kloster
hätte der Teufel geschlafen, erzählt er. Dann aber schreckte er ihn auf,
peinigte ihn, verspottete ihn, trieb ihn in die Verzweiflung. Und wäre da
nicht sein treuer Beichtvater Johann Staupitz gewesen, hätte er ihn gar
erwürgt. Bisweilen beichtete er sechs Stunden lang. Nur einmal verlor
Staupitz seine Hiobsgeduld: *„Wenn du erwartest, dass Christus dir
vergibt, dann komm mit einer rechtschaffenen Sünde, die es sich zu vergeben lohnt - Vatermord, Lästerung, Ehebruch - anstatt mit solchem
Humpelwerk und Puppensünden."* Luther lernte, dass es offenbar nicht
genügte, einzelne Sünden zu beichten. Eigentlich müsste er sich selbst
beichten. Und am meisten erschrak er darüber, dass dort, wo er von
ganzem Herzen versuchte, Gott zu lieben, er nur sich selbst liebte.

Der Satz des Jahwisten klingt in meinen Ohren nicht scharf, vielleicht etwas resigniert, aber vor allem barmherzig. Er lädt uns ein, demütig zuzustimmen und selbst barmherziger zu werden mit anderen, aber auch mit uns selbst. Wir sind ja selbst oft unsere schärfsten Richter. Das kommt von dem Idealbild, das wir in uns tragen und das uns bestraft, wenn wir ihm nicht entsprechen.

Ich halte es sogar für gefährlich, sich aus der ernüchternden Wahrheit dieses Verses leichtfüßig davonzumachen. Vor mir steht die Gestalt des Pharisäers. Sein Dichten und Trachten ist nicht böse von Jugend auf, sondern auf Gott gerichtet – ganz und gar. Seine Ethik ist respektabel. Wie hatte Erasmus gesagt? *„Fass du nur den festen Vorsatz zu einem vollkommenen Leben und halte dich an diesen Vorsatz."* Er will – und er kann! Und wer nicht kann, der will eben nicht. Und wer nicht will, der muss eben fühlen. Dankbar ist er schon, doch seine Dankbarkeit entzündet sich am Vergleich: *„Ich danke dir, dass ich nicht bin wie die Zöllner und Sünder."* Das Dankgebet gerät dabei, schon während es über die Lippen geht, zum Richtspruch über andere. Doch damit nicht genug. Da erwischt man eine Frau auf frischer Tat beim Ehebruch. Schon holen sie Steine. *„Meister, Mose hat befohlen, sie zu steinigen – was sagst du?"* Jesus aber schweigt, bückt sich und schreibt in den Sand. Er lässt sie stehen, die hohen Richter. Welch hintergründiger Kontrast. Sie – die Steine umkrallen; er – schreibt in den Sand.

„Wer von euch ohne Sünde ist, der werfe den ersten Stein." Was denn? Wie denn? Will der uns denn auf die gleiche Stufe stellen mit dieser Ehebrecherin? Na ja, ohne Sünde sind wir wohl alle nicht. Da wäre auch Mose gegangen. Und so gingen sie, angefangen bei den Ältesten; die Jüngsten, die noch mit den meisten Illusionen über sich, die gingen zuletzt.

Jesus hatte die meisten Probleme mit diesen geistlichen Perfektionisten. Und er nannte sie Heuchler. Wo liegt das Problem? Wie konnten die, die mit allem Eifer nach Gottes Willen trachteten, ihn am Ende so gründlich verfehlen? Heuchelei ist ein harter Vorwurf! Man braucht lange, um den geheimen Mechanismus zu begreifen: Auf Dauer kann der Pharisäer sein positives Selbstbild nur wahren, wenn er seinen Schatten verdrängt, wenn er sich selbst und andere betrügt. Genau das ist die Heuchelei, an deren Ende eine seltsame Augenkrankheit steht: Ich sehe nicht mehr den Balken im eigenen Auge, wohl aber den Splitter im Auge des anderen. Jesus deckt mit seiner Kritik an den Pharisäern damals und heute einen Verdrängungsmechanismus auf, der immer wieder dort auftritt, wo Menschen ihren Schatten nicht wahrhaben wollen.

Ich denke, es geht dem Jahwisten nicht darum, den Menschen schlechter zu machen, als er ist. Aber ohne diesen Satz aus 1.Mo 8,21 wären wir naiver, auch und besonders unseren Utopien gegenüber; und unseren Versuchen, durch radikalen Eingriffen in soziale und politische Verhältnisse die Welt zu verbessern. Es ist zu spät, erst dann aufzuwachen, wenn unsere Utopien zu Diktatoren geworden sind.

Der Satz des Jahwisten verbindet uns vielmehr alle in einer tiefen Solidarität der Sünde, in der keiner des anderen Richter ist. Und das Befreiende ist, dass wir unsere Schuld nicht ableugnen müssen. Denn der, der uns richten könnte, sagt: *„Wo sind die, die dich verklagen?... So verklage ich dich auch nicht."* Vielleicht hat die Kirche ihre Geschichte, die auch eine Geschichte des Irrtums und der Gewalt war, nur überlebt, weil sie beichten konnte. Auch für kirchliche Mitarbeiter, die gern in Stellvertreterrollen geschoben werden, ist es entlastend, keine Heiligen sein zu müssen. Wie alle anderen sind sie allein auf die Gnade angewiesen und verkündigen damit die Barmherzigkeit des Herrn...

3. Dem Rhythmus vertrauen (V. 22)

„Solange die Erde steht, soll nicht aufhören Saat und Ernte, Frost und Hitze, Sommer und Winter, Tag und Nacht."

„Solange die Erde steht..." Für das große Versprechen Gottes greift der Jahwist zu dichterischer Sprache. Nicht unter dem Fluch der Schuld sollen die Menschen leben, sondern unter dem Versprechen der Gnade. Wenn schon das Innere des Menschen in Unordnung geraten ist, sollen wenigstens die äußeren tragenden Ordnungen des Leben bestehen bleiben. Es ist der Rhythmus von Tag und Nacht, Sommer und Winter, Frost und Hitze, Saat und Ernte. Wort für Wort wird eine verlässliche Welt gebaut, in der der Mensch zu Hause sein kann. Für uns sind diese Rhythmen der Natur nichts anderes als die ausbalancierten Kräfte der Gravitation und der Rotation unserer Erde um die Sonne und um sich selbst. Doch das Staunen über diese stabile Ordnung bleibt, ja wird noch größer, wenn wir an die exakten Bedingungen denken, die erfüllt sein müssen, damit uns die Erde inmitten eines eisigen Weltalls wirklich Heimat sein kann.

Das Versprechen Gottes gilt bis heute. Menschliches Handeln aber ist genauso unberechenbar wie damals. Dass der Mensch selbst jenen großen Rhythmus stören könnte, lag damals noch nicht im Horizont des Erzählers. Das Problem unserer Zeit ist, dass die Mittel perfekter geworden sind, um das Dichten und Trachten unserer Herzens durchzusetzen. Stefan Zweig notierte 1940: *„Niemals hat sich die Menschheit teuflischer gebärdet und nie derart Gottähnliches geleistet. "* Und Hugo Loetscher meinte neulich, es gäbe Epochen, welche nicht nur Angst haben vor dem Untergang, sondern darauf neugierig, wenn nicht gar erpicht sind. Epochen, die ihre Ideen durchgespielt und aufgebraucht hätten, so dass sich der Untergang als Erlösung anbietet. Wenn jemand schon für keine Zukunft auserwählt ist, möchte man wenigstens auserwählt sein für ein großes Finale.

Ich hoffe, dass Hugo Loetscher nicht Recht hat. Und wenn, dass sich Gottes Treue auch gegen den Menschen durchsetzt. Und vor allem wünsche ich mir und euch, dass dieser Rhythmus des Lebens, der hier versprochen wird und die Melodie, mit der Gott uns aufspielt, uns ins Blut gehen mögen und uns – wenn auch noch etwas steif und linkisch – das Tanzen lehren.

Der Turmbau zu Babel[21]

Wir folgen heute noch einmal der fortlaufenden Bibellese. Sie überspringt Noahs übermäßigen Weingenuss, der uns den alten Gottesmann von einer nicht unsympathischen Seite zeigt, aber auch die Völkertafel in 1.Mo 10 und führt uns geradewegs nach Babel, um uns den halbfertigen Turm zu zeigen und die verlassene Baustelle; nicht weil die Fördermittel ausgelaufen wären, sondern wegen logistischer Schwierigkeiten aufgrund von Verständigungsproblemen.

Vor Babel war alles so schön. Die Menschheit war eine große Familie und alle hatten einerlei Sprache. Kein Fremdsprachenunterricht, keine Dolmetscher, keine Wörterbücher. Seit Babel aber ist die Sprache Quelle aller Missverständnisse. Wir quälen uns mit Vokabeln und Grammatik oder warten sehnsüchtig auf Pfingsten – nicht um des süßen Weines willen, den die Passanten vermuteten, sondern um des Geistes willen. Der Wein löst zwar die Zunge, aber er öffnet nicht das Ohr zum Verstehen.

Aber bevor von der *Verwirrung* der Sprachen zu reden ist, sollte man vielleicht erst einmal etwas über das *Wunder* der Sprache sagen. Fragt man Philosophen, erhält man die Auskunft, die gegenwärtige Philosophie sei *„in einem Maß mit der Sprache beschäftigt wie nie zuvor in ihrer Geschichte."* (E. Heintel) Martin Heidegger sagte, der Mensch habe *„sein Dasein in der Sprache"*. In seinem Vermögen zur Sprache scheine sich der Menschen am deutlichsten vom Tier zu unterscheiden. Wer aber nun meine, die Sprache sei eine „Erfindung" des Menschen - vielleicht seine erste entscheidende Tat, die ihn zum Menschen mache - wird bei Heidegger enttäuscht. Nein! Die Sprache gehe dem Menschen voraus, sagt er. Der Mensch solle sich nicht gebärden *„als sei er Bildner und Meister der Sprache, während doch sie die Herrin des Menschen bleibt."* Eine merkwürdige und zugleich interessante Auskunft!

Nun, fragt man Biologen nach dem Wunder der Sprache, wird man nicht viel gescheiter. Versuche mit Menschenaffen, die man längere Zeit in menschlicher Sprache trainierte, brachten wenig Erfolg. Offenbar verlangt Sprache im Gehirn nach einer Art Hardware, ohne die die Software gar nicht verarbeitet werden kann. In der Antike erzählt man sich zwar von einem sehr begabten Papagei, der auf dem Marktplatz von

---

[21] Bibelarbeit über 1. Mo 11,1-9 am 20. Januar 1999 auf der Tagung der Hauptamtlichen der evangelischen und katholischen Jugendarbeit in Schmochtitz

Alexandrien das Trishagion aufgesagt hätte. Ein Dichter habe über diesen seltenen Vogel vor lauter Begeisterung ein Gedicht mit über einhundert Versen verfasst.

Nun ist ja Sprache für den Menschen mehr als das liebenswürdige Plappern eines Papageis, sondern Ausdruck des menschlichen Geistes. Fragt man nun aber, was es um den menschlichen Geist ist, so setzen sich die Probleme fort. Der bekannte Hirnforscher und Nobelpreisträger Eccles meinte: *„Ich glaube, dass das ICH (also der menschliche Geist) irgendwie auf dem Gehirn spielt wie ein Pianist auf dem Klavier."* Das menschliche Gehirn sei also nur ein Instrument, dessen sich der Geist bediene. Es sei Voraussetzung, aber nicht Ursache geistiger und sprachlicher Vorgänge. Diese wären materiell gar nicht zu beschreiben.

Nach meinen bescheidenen Kenntnissen stößt damit die Wissenschaft in der Beschreibung geistiger und sprachlicher Vorgänge zurzeit an Grenzen. Das ruft nicht unbedingt die Theologie auf den Plan, gewissermaßen als Lückenfüller, um dann wieder weggelegt zu werden, wenn sich andere Erklärungen anbieten. Wir sollen Gott nicht in dem suchen, was wir *nicht* erkennen, sondern in dem, *was* wir erkennen. Und da haben wir genug zu staunen. Dennoch möchte ich bekennen, das mich das Wunder der Sprache, so oft ich darüber nachdenke, unwillkürlich an einen der erhabensten Texte der Bibel erinnert - den Prolog des Johannes: *„Am Anfang war das Wort und das Wort war bei Gott und Gott war das Wort. Dasselbe war im Anfang bei Gott."* Bedeutet dies nicht - weitergedacht -, dass der Mensch, nach dem Bilde Gottes geschaffen, nun Anteil hat an dem Wort, das Gott selbst ist? Gott ermächtigt den Menschen zum Wort und scheint gespannt zu sein, wie sich sein Partner dieses Mediums bedient. In 1.Mo 2,19 wird anschaulich erzählt, Gott habe die Tiere dem Menschen zugeführt, um zu sehen, *„wie er sie nennen würde"*. Sprache ist hier ein herrschaftlicher Akt, mit dem der Mensch die Welt zu begreifen beginnt, indem er sich von ihr einen „Begriff" macht.

Aber Sprache dient nicht nur zur Welterfahrung, sondern vor allem zur Selbsterfahrung. Hier beginnt das merkwürdige Gespräch mit der eigenen Seele, das sich etwa in den Psalmen niederschlägt. *„Was betrübst du dich, meine Seele, und bist so unruhig in mir?"* (Psalm 42,6) Deshalb sind die Psalmen so wichtig; denn sie bieten uns für das Gespräch mit unserer eigenen Seele eine Sprache an, bleiben dabei aber nicht stehen, sondern öffnen das Selbstgespräch hin zum Dialog mit Gott.

Doch zurück zur Urgeschichte. Für mich beschreibt die jahwistische Urgeschichte, wie der schuldige Mensch gerade auch sein *„Dasein in der Sprache"* beschädigt. Schon lange vor Babel scheint mir die Verwirrung der Sprache begonnen zu haben; etwa als bei Adam und Eva die Sprache in peinlicher Selbstrechtfertigung und gegenseitiger Beschuldigung ihre Klarheit und Reinheit verliert: *„Die Frau, die du mir gegeben hast."* (1.Mo 3,12) Auch dort, wo Kain - die Demut der Sprache ausnutzend, alles zu tragen, was man ihr auferlegt - in geschickter Täuschung Abel gegenüber seine Mordpläne in eine freundliche Einladung zu einem Spaziergang kleidet oder Gott gegenüber frech ins Gesicht lügt: *„Soll ich meines Bruders Hüter sein?"* (1.Mo 4, 8f.). Lamech gefällt sich seinen Frauen gegenüber in prahlerischer Rhetorik (1.Mo 4,23f.). Das alles gehört für mich schon zur Verwirrung und zum Missbrauch der Sprache und zum Hintergrund für 1.Mo 11.

Ja, und die Leute von Babel? Das auffälligste Phänomen an dieser Geschichte ist der *abgebrochene Dialog* zwischen Gott und Mensch. Zwischen Gott und Mensch gibt es keine Kommunikation mehr. Wir begegnen einer Menschheit, die einsam ins Selbstgespräch vertieft ist. Die Menschen sprechen nur noch zu sich selbst, in einer Art sich wiederholender Selbstaufforderung: *„Wohlan, lasst uns..."* Und auch Gott spricht nur zu sich selbst, wobei sein Selbstgespräch als eine Reaktion auf den Menschen erscheint. Das wird sprachlich auch sehr schön ausgedrückt, indem die beiden Teile der Geschichte spiegelbildlich einander zugeordnet werden. Im Blick auf solche Beobachtungen halte ich es schon für bemerkenswert, dass eine Erzählung, die von der Verwirrung der Sprachen redet, selbst eine so klare und formvollendete Sprache und Gestalt hat!

Der Mensch – begabt mit dem Wort und zur Antwort gerufen – hat die Kommunikation mit Gott abgebrochen; vielleicht nicht einmal bewusst oder willentlich. Der ganzen Geschichte fehlt jedenfalls der scharfe Ton eines kämpferischen Atheismus. Auch der Turm, den man baut, wirkt nicht wie die geballte Faust zum Himmel, eher wie eine ausgestreckte Hand, ja ein versteckter Hilferuf, wenngleich in eine imposante Rhetorik gekleidet. Die Beziehung zu Gott scheint verloren gegangen zu sein, aber nicht wie man einen Schlüssel verliert und ihn dann hektisch sucht, sondern so wie Eheleute einander verlieren, oft undramatisch und ohne Schuldzuweisungen. Man hat sich einfach nichts mehr zu sagen. Und da Liebe bekanntlich nicht nur durch den Magen, sondern auch durch das Ohr geht, ist das der Tod einer Beziehung.

Das scheint der Schlüssel zu 1.Mo 11 zu sein. Und die Geschichte erzählt davon – mehr in Andeutungen und Symbolen - dass mit dem Verlust Gottes ein Mangel entstanden ist, der unbewusst kompensiert werden muss. Der Versuch, Gott zu kompensieren, also die Sonne zu ersetzen, scheint mir das eigentliche Problem.

Vordergründig sieht es ja aus, als handle hier der *neidische* Gott, der dem Menschen seine Erfindung missgönnen würde wie Zeus dem Prometheus. *„Lasst uns Backsteine backen und harten Brand brennen!"* Diese Erfindergabe, den in der Ebene mangelnden Bruchstein durch künstliche Steine zu ersetzen, gehört zur Kreativität, mit der der Mensch Anteil hat an der Kreativität Gottes. Die Menschen tun nichts anderes, als die von Gott geschenkten Gaben einzusetzen. Was ist daran so schlimm? Und dieser kleine Wolkenkratzer – kratzt der wirklich an Gottes Ehre? Hat Gott wirklich Angst, die Menschen könnten den Himmel stürmen? Mit hintergründigem Humor wird erzählt, dass Gott herniederfahren musste, um den Turm zu besehen, so klein war er aus seiner Perspektive. Proksch sagt: *„Nicht weil Gott kurzsichtig ist, sondern weil er riesengroß wohnt und ihr Werk so winzig ist, muss er sich nähern... Der Zug muss also als eine großartige Ironie auf das Tun des Menschen verstanden werden."*

Die Schuld besteht wohl auch nicht darin, dass solche Erfindungen eine Eigendynamik entwickeln. Erst erfindet man, Ziegel zu brennen, dann entdeckt man Asphalt als Bindemittel, dann entwirft man die Stadt, dann den Turm... Eine Idee bringt die andere hervor, Möglichkeiten tun sich auf, an die am Anfang noch niemand dachte. Auch sprachlich drückt sich sehr schön aus, wie ein Ruck durch die Massen geht. Die einzelnen Elemente ihres Planes werden im hebräischen Text durch ein sich aufrechnendes „und" zur Steigerung: *„Wohlan, lasst uns eine Stadt bauen – und einen Turm – und seine Spitze bis in den Himmel – und so werden wir uns einen Namen machen."* Man sieht geradezu, wie der Plan immer höher und höher aufgetürmt wird.

Nimmt man Drewermann zur Hand, wird noch einmal unmissverständlich erklärt: *„Es wird nicht die Technik oder der Fortschritt verurteilt, aber es zeigt sich, dass die menschlichen Erfindungen auf die Beseitigung von Schwierigkeiten gerichtet sind, die ihren Grund letztlich in der verfehlten Beziehung zu Gott haben."* Oder anders gesagt: Mit technischen Mitteln soll ein religiöses Problem gelöst werden.

Nur scheint das religiöse Problem - die verfehlte Beziehung zu Gott, wie Drewermann sagt - so verdrängt zu sein, dass es mit keiner Silbe verbalisiert wird. Merkwürdigerweise scheinen die Menschen bei ihrer Planung des Turmbaus gar nicht an Gott zu denken. Sie scheinen die Gottesfrage hinter sich zu haben. Das lenkt alle Aufmerksamkeit auf den Satz, in dem sie nun - gewissermaßen in „nichtreligiöser" Sprache - selbst ihr Vorhaben beschreiben. *„Wohlauf, lasst uns eine Stadt und einen Turm bauen, dessen Spitze bis an den Himmel reiche, damit wir uns einen Namen machen; denn wir werden sonst zerstreut in alle Länder."* (V. 4)

Der Satz ist chiastisch geordnet, so dass die Stadt mit dem Motiv der Angst vor Zerstreuung zusammengehört und der Turm mit dem Motiv des Sich-einen-Namen-Machens. Stadt und Turm sind also nicht nur technische Vorhaben, sie haben gleichsam einen ideellen Wert, wobei die Ambivalenz in den Motiven auffällt: Angst und Imagepflege. Es ist wichtig, die genannten Vorhaben und Motive etwas näher zu analysieren.

Ich beginne mit dem Stichwort des „Namens" und zitiere zunächst dazu einen längeren Abschnitt von Ingo Baldermann: *„Die umgangssprachliche Wendung, sich selbst einen Namen machen, mit der hier die Schuld der Menschen in ihrem Kern bezeichnet wird, ist nun in der Tat außerordentlich treffend. Denn am Namen wird eigentlich deutlich, wie der Mensch angewiesen ist auf den anderen. Niemand hat sich seinen Namen selbst gegeben: das Kind empfängt den Namen von den Eltern, ohne dass es etwas dazu tun oder daran ändern kann, und auch die besonderen, ehrenden Namen des Amtes und der Würde kann sich niemand selbst zulegen, sie müssen verliehen werden. Der Name steht für meine Person, doch gerade am Namen erfahre ich, dass ich nicht autark existiere, sondern schlechthin angewiesen bin auf die Anrede der anderen."* Dann aber fragt Baldermann weiter: Vor wem wollen sie sich denn einen Namen machen? Welches Publikum gäbe es denn, das sie bewundern soll? Oder wollen sie sich vor Gott beweisen? Davon aber stehe hier nichts. Offenbar wollen sie sich vor sich selbst einen Namen machen! Und so schreibt er weiter: „.... *so wird die Schilderung ihres Planes zu einer prägnanten Schilderung des Phänomens, das Luther als homo incurvatus in seipsum bezeichnet: des Menschen, der – um es mit einer geläufigen, in ihrer Absurdität treffenden Formulierung zu sagen – ‚um sich selbst kreist'."*

Baldermann meint also, im Symbol des „Namen-Empfangens" würde deutlich, dass ich nicht autark aus mir selbst lebe. Auch schon beim Namen findet sich das Ich am Du, das mich bei meinem Namen ruft. Identität wächst von außen nach innen. Da in 1.Mo 11 kein anderes Du als Gott vorausgesetzt ist, verkündigt der Text, dass der Mensch eigentlich seinen Namen, seine Identität durch den Anruf Gottes erfährt. Es ist ja interessant, wie viele biblische Aussagen gerade davon reden, dass Gott unsere Namen kennt, uns ruft und wir uns darüber freuen sollen, dass unsere Namen im Himmel geschrieben sind. Und das alles bedeutet doch die Grundbestätigung: Du bist angenommen. Du bist geliebt. Wir haben einen Namen, ehe wir uns einen Namen gemacht haben. Wir sind geborgen, ehe wir uns eine Behausung geschaffen haben. Wir haben einen Titel, ehe wir uns selbst einen Titel zugelegt haben, nämlich Söhne und Töchter Gottes.

Interessant ist auch, dass die nächste Geschichte – die Berufung des Abrahams (1.Mo 12,1-4) - gerade das Motiv des Namens wieder aufnimmt: *„Ich will dir einen großen Namen machen."* Und jüdische Exegeten erklären den Namenswechsel von *Abram* zu *Abraham* so, Gott habe das „h" aus seinem Namen *Jahwe* in den Namen Abrahams gelegt, so sehr habe er sich mit ihm verbunden. Dabei ist Abraham – welch ein Kontrastprogramm zu 1.Mo 11 – gerade der Mensch, der die schützende Stadt verlassen muss - die Heimat, die Familie, die Verwandtschaft – und am Ende in der Opferung seines Sohnes sogar sich selbst. Denn Isaak – das war seine Zukunft, sein Name, er selbst. Diesem Mann des Exodus, des Auszuges, wird ein großer Name versprochen.

Wo aber der Dialog mit Gott abgebrochen ist, will sich der Mensch selbst einen Namen machen. Luther nannte es, wie Baldermann erwähnt, *„das in sich verkrümmte Herz"*. Sich einen Namen machen – das ist hier aber, hört man genau hin – gar nicht Ausdruck des Hochmutes, sondern des Mangels und der tiefen Sehnsucht nach dem Wort, das man sich nicht selbst sagen kann. Der äußere Hochmut, einen Turm bis an den Himmel zu bauen, offenbart ihre innere Not – ihre Namenlosigkeit und ihre verzweifelte Suche nach Identität.

Die innere Not drückt sich auch in dem zweiten Motiv aus: der Angst vor der Zerstreuung. Die Menschheit will zusammenbleiben. Man sucht etwas Wärme, etwas Geborgenheit, etwas Sicherheit in dieser kalten Welt. Die Einsamkeit lässt sie frösteln. Auch das ist verständlich. Sie suchen Gemeinschaft. Doch Gemeinschaft besteht ja nicht nur darin, dass man einander dauernd bestätigt: Wie gut, dass es dich und mich und uns alle gibt! - sondern – wie der Soziologe Battergay einmal sagte: *„Eine Gruppe hat ihren Ursprung dort, wo sich zwei oder mehr Individuen um eine Mitte Scharen."* Der Dichter Saint-Exupéry sagt es etwas lyrischer: Gemeinschaft entsteht nicht dadurch, *„dass man sich immer tief in die Augen schaut, sondern gemeinsam auf ein Ziel"*.

Doch die Leute von Babel scheinen Mitte und Ziel verloren zu haben. Sie haben ihre eigentliche Mitte - Gott – verloren, daran lässt der Verlauf der jahwistischen Urgeschichte keinen Zweifel - und müssen sich nun künstlich eine Mitte schaffen: Gott ersetzen, aber das alles unbewusst und unausgesprochen. Es ist kein Atheismus des Protestes, keine frontale Gottfeindlichkeit. Und doch ist es bezeichnend, dass die fehlende Mitte etwas Göttliches sein muss. Unter den Bedingungen der Gottesferne müssen sie selbst Gott spielen. Von hier ist es kein weiter Weg mehr zu der Empfehlung Feuerbachs, die Menschen sollten ihre Selbstidentität und Einheit darin suchen, endlich zu wissen und anzuerkennen: *„Das absolute Wesen, der Gott des Menschen ist sein eigenes Wesen."*

Jedenfalls können sie nicht ohne Mitte und ohne Ziel leben. Deshalb geben sie sich selbst eine Mitte: Die Stadt und den Turm, die ihrer Gemeinschaft Halt geben sollen. Wird es gelingen?

Bonhoeffer schreibt in seinem Buch „Gemeinsames Leben" über die Gefährdungen einer erträumten Gemeinschaft: *„Gott haßt die Träumerei; denn sie macht stolz und anspruchsvoll. Wer sich das Bild einer Gemeinschaft erträumt, der fordert von Gott, von dem andern und von sich selbst die Erfüllung. Er tritt als Fordernder in die Gemeinschaft, richtet ein eigenes Gesetz auf und richtet danach die Brüder und Gott selbst. Er steht hart und wie ein lebendiger Vorwurf für alle anderen im Kreis der Brüder... Wo sein Bild zunichte wird, sieht er die Gemeinschaft zerbrechen. So wird er erst zum Verkläger seiner Brüder, dann zum Verkläger Gottes und zuletzt zu dem verzweifelten Verkläger seiner selbst..."*

Bonhoeffer beschreibt hier eine Gemeinschaft, die den Keim des Zerbruchs schon in sich trägt, auch die „Verwirrung" der Sprachen, weil sie nur noch den Modus der Anklage gegenüber den anderen kennt, die einem nie das geben wollen, was man eigentlich sucht. Er fügt deshalb an anderer Stelle den für mich wichtigen Gedanken an, daß nur der zum *gemeinsamen* Leben fähig ist, der auch zum *einsamen* Leben fähig ist. Dann ist Gemeinschaft keine Kompensation der eigenen Mängel oder gar die Flucht vor sich selbst.

Zweifellos gibt es eine Sehnsucht nach Gemeinschaft aus Angst vor der eigenen inneren Leere. Konrad Lorenz bescheinigt in seiner Schrift „Die acht Todsünden der Zivilisation" dem modernen Menschen, daß er nicht in der Lage sei, *„auch nur kurze Zeit mit sich allein zu sein. Sie vermeiden jede Möglichkeit der Selbstbesinnung und Einkehr mit* *ängstlicher Beflissenheit als fürchteten sie, daß die Reflexion ihnen ein geradezu gräßliches Selbstbildnis entgegenhalte."*

Genau genommen begegnet uns hier in 1.Mo 11 nicht die Sehnsucht nach Gemeinschaft, sondern nach der Masse. In der Masse wird das Ich durch das Wir ersetzt. *"Älter ist an der Herde die Lust als die Lust am Ich."* hat Nietzsche scharfsinnig bemerkt. Auch in unserem Text fällt auf, dass das eigentlich agierende Subjekt die Menge ist - die Masse. Die Masse hat ihre eigene Psychologie. Sie übt auf den Einzelnen einen faszinierenden Sog aus. Die eigene Ohnmacht ist aufgehoben in der Macht der vielen. Man partizipiert an dem Energiepotential der Masse, das die eigenen Möglichkeiten weit transzendiert. Die Masse ist stärker als ich selbst, reißt mich mit, befreit mich von meinen Grenzen und meiner eigenen Verantwortung, gibt Geborgenheit und Halt und das Gefühl, einmal nichts geben zu müssen, sondern sich tragen zu lassen. Gerade auch unter der Decke des Individualismus, jenem Kennzeichen unserer Zeit, gibt es eine offene oder heimliche Sehnsucht nach der Masse. Der moderne, mündige Mensch, der so stolz war auf seine Individualität und Freiheit, flieht paradoxerweise in kollektive Verhaltensweisen. Denn die Freiheit der eigenen Lebensgestaltung wird plötzlich sehr anstrengend: Du hast die Wahl, du musst dich entscheiden unter dem unendlichen Angebot von Autotypen, Fernsehprogrammen, Waschmittel, von Normen und Werten. Die sprichwörtlich gewordene Schülerfrage eines New Yorker Kindes „Fräulein, müssen wir heute wieder machen, was wir wollen?" zeigt, wie anstrengend Freiheit sein kann. Freiwillig taucht man dann ein in die Geborgenheit der Masse, unterwirft sich der Herrschaft des „man".

Aber nun müssen wir noch einmal auf die Stelle zu sprechen kommen, an der sich die Urgeschichte mit der Erzvätergeschichte verzahnt. Das krampfhafte Bemühen der Turmbauer zu Babel beschwört genau das herauf, was sie vermeiden wollen. Sie werden zerstreut. Ob ich dieses Gerichtshandeln Gottes *aktiv* verstehe als ein direktes Eingreifen Gottes oder eher *passiv* als ein Dahingeben an die Eigengesetzlichkeit unserer Taten (im hebräischen Wort für Sünde – awon – steckt ja die Strafe schon mit drin) - das sei dahingestellt. Für den Jahwisten enthält die Strafe allerdings auch etwas Gnädiges: Gott hat Angst um den Menschen. Der Turm bedroht ja nicht ihn, sondern den Menschen selbst. *„Nunmehr wird ihnen nichts unmöglich sein."* Baldermann schreibt dazu, dieser Satz gewinne seinen bedrohlichen Klang im Grunde erst im Zeichen des Bestrebens, sich selbst einen Namen zu machen. Erschreckend seien ja noch nicht die unbegrenzten technischen Möglichkeiten als solche; erschreckend seien sie aber in der Hand des *homo incurvatus in seipsum*. *„Denn es wird den Menschen nun auch nichts mehr unmöglich sein im Umgang miteinander: Es wird ihnen nicht unmöglich sein, den anderen, wo er im Wege ist, zu beseitigen, um des Großen Namens willen, den sie sich ja machen wollen. Ein Name wie Auschwitz lässt ahnen, was geschehen kann, wenn nichts mehr unmöglich ist."*

Nun, gewissermaßen als ein Kontrastbild wird uns in Abraham ein Mann des Lassens beschrieben. Ihm wird gerade die Einsamkeit zugemutet, die die Leute von Babel fürchten. Aber in dieser Einsamkeit reift ein Mann heran, dessen einzige Hoffnung, einzige Liebe und einziger Trost – ja dessen einzige Mitte Gott ist. Er wird zum Vater eines neuen Volkes, unter dem Gott wohnen will – nicht in einem Turm, sondern in einem Zelt. Gut – später in einem Tempel - aber das atmet schon etwas vom Geist der Sesshaftigkeit. Das Zelt ist schöner, denn es ist das Symbol des mitgehenden Gottes, der selbst ins Exil mitgeht - die Diaspora, die Zerstreuung, vor der die Israeliten in Babel Angst haben. Auch hier wohnt Gott, lässt hier *"seinen Namen wohnen"*, d.h. bleibt also anrufbar in Gebet und Lobpreis: *„Wie schön ist es, dem Herrn zu danken, deinem Namen, du Höchster zu singen, am Morgen deine Huld zu verkündigen und in den Nächten deine Treue zur zehnseitigen Laute, zur Harfe, zum Klang der Zither."*

Wenn dieser Name unter uns gelobt und geheiligt wird, müssen wir unsere Namen nicht allzu wichtig nehmen; und es wird uns eine Gemeinschaft geschenkt, tiefer und weiter, als wir sie selbst je schaffen könnten. Wir sollten diesen einen Namen – wie die frommen Juden das „Schema Israel" – an unseren Arm binden und an unsere Stirn, damit er unser Denken und Handeln bestimme.

Führung erleben

Ich lasse dich nicht, du segnest mich denn![22]

Liebe Schwestern und Brüder,

die Textwahl für diese Bibelarbeit war mir freigestellt. Ich habe mich dann doch entschieden, mich etwas an das Thema dieser Tage zu halten: *„Ekklesiologische Anmerkungen zu Strukturveränderungen im Spannungsfeld von Kirche und Gemeinde"*. Zu dem beschriebenen Spannungsfeld gehört ja noch ein drittes Stichwort - das meiner eigenen Existenz! Denn äußere Strukturveränderungen verändern auch meine inneren Strukturen. Die Neuvermessung der Regionen und Ephorien zwingt mich, mich selbst neu zu vermessen – meine Zeit, meine Kraft, meine Berufsrolle.

Vor einigen Monaten sendete der NDR einen Film über einen pommerschen Pfarrer an der polnischen Grenze: *„Der Herr der 13 Türme"*. Für ihn sind kleine und kleinste Gottesdienste in seinen 13 Kirchen der Normalfall. Dazu ist er Alleinunterhalter, der das, was noch geschieht, schon selbst in die Hand nehmen muss. In dem Beitrag heißt es dann: *„Wer kann, geht weg."*

Da stellt sich nicht gleich die Frage nach dem Seelenheil im Großen, wohl aber die Frage, wie die eigene Seele heil bleiben kann unter dem heillosen Erwartungsdruck von außen und – oft noch stärker – von innen. Ein solcher Erwartungsdruck kann sich auch in bischöflichem Humor ausdrücken wie bei Axel Noack, der einerseits meinte: *„Macht euch nichts vor. Wir Ossis sind immun gegen Religion"* und zugleich forderte: *„Wir müssen fröhlich kleiner werden und doch wachsen wollen."* Dennoch bejahe ich beide Sätze - gerade in ihrer Widersprüchlichkeit - denn in ihnen liegt auch die Erfahrung, dass Menschen im Widerstand wachsen können.

In diesem Sinne habe ich einen Text gewählt, der von einem Menschen spricht, der gerade in Grenzerfahrungen geformt wurde: 1.Mo 32, 23-33.

Und Jakob stand auf in der Nacht und nahm seine beiden Frauen und die beiden Mägde und seine elf Söhne und zog an die Furt des Jabbok, nahm sie und führte sie über das Wasser, sodass hinüberkam, was er hatte, und blieb allein zurück. Da rang ein Mann mit ihm, bis die Morgenröte anbrach. Und als er sah, dass er ihn nicht übermochte, schlug er ihn auf das Gelenk seiner Hüfte, und das Gelenk der Hüfte Jakobs

---

[22] Bibelarbeit über 1.Mo 32 am 3. Nov. 2009 - Pastoralkolleg Meißen

wurde über dem Ringen mit ihm verrenkt. Und er sprach: Lass mich gehen, denn die Morgenröte bricht an. Aber Jakob antwortete: Ich lasse dich nicht, du segnest mich denn. Er sprach: Wie heißt du? Er antwortete: Jakob. Er sprach: Du sollst nicht mehr Jakob heißen, sondern Israel; denn du hast mit Gott und mit Menschen gekämpft und hast gewonnen. Und Jakob fragte ihn und sprach: Sage doch, wie heißt du? Er aber sprach: Warum fragst du, wie ich heiße? Und er segnete ihn daselbst.

Und Jakob nannte die Stätte Pnuël; denn, sprach er, ich habe Gott von Angesicht gesehen, und doch wurde mein Leben gerettet. Und als er an Pnuël vorüberkam, ging ihm die Sonne auf; und er hinkte an seiner Hüfte. Daher essen die Israeliten nicht das Muskelstück auf dem Gelenk der Hüfte bis auf den heutigen Tag, weil er auf den Muskel am Gelenk der Hüfte Jakobs geschlagen hatte.

„*Ich lasse dich nicht, du segnest mich denn!*" Ich kannte diesen Spruch, noch bevor ich des Lesens oder Schreibens kundig war und auch je etwas von Jakob gehört hatte. Und das kam so: Jeden Morgen, wenn meine älteren Geschwister in die Schule gegangen waren (ich war der Jüngste von sechs Geschwistern), hielt meine Mutter „Stille Zeit". Erst las sie in der Bibel, dann kniete sie nieder - ich als Steppke von vier oder fünf Jahren neben ihr. Sie breitete den Tag vor Gott aus, hielt Fürbitte und dann schloss sie ihr Gebet regelmäßig mit den Worten: „*Ich lasse dich nicht, du segnest mich denn.*"

Das Beten mit meiner Mutter war für mich eine tiefe geistliche Erfahrung. Ich habe dabei gelernt, dass Beten ein Ausschütten des Herzens bei Gott ist, aber bisweilen auch ein Ringen. Jahre später erst habe ich den „Kontext" entdeckt, in dem sich jener kämpferische Gebetsschluss befindet - der Kampf Jakobs am Jabbok. Und da brachen die Fragen auf: Gott als Ringkämpfer oder gar als heimtückischer Dämon, der Menschen hinterrücks anfällt, so wie man früher unzählige Geschichten erzählte von Flussgeistern, die Menschen am Überqueren hinderten? Und wenn dieser nächtliche Angreifer - all meinen Gottesbildern zum Trotz - wirklich Gott war: Warum konnte er Jakob nicht besiegen - zumal schon das „Berühren" (so der hebr. Urtext) des Hüftgelenks zum Ausrenken führte? Warum die merkwürdige Furcht vor der Morgenröte, als würde ihm mit dem ersten Lichtstrahl seine Kraft genommen? Lag die Kraft etwa in seinem Namen, den er Jakob verweigert - ganz wie im Märchen vom Rumpelstilzchen? Ist, was berichtet wird, ein tatsächliches Geschehen oder nur ein Traum? Doch beim Träumen verrenkt man sich kaum die Hüfte, höchstens, wenn man dabei aus dem Bett fällt! So bequem lag Jakob wohl nicht. Und überhaupt: Gesegnet - und doch am Ende hinkend? Es ist jedenfalls das einzige Mal, dass der Segen in der Bibel im Zusammenhang mit einer Verletzung steht. - Fragen über Fragen.

Wir wissen, dass die Kommentare dazu die verschiedensten Vermutungen bereithalten. Am verbreitetsten ist die Vorstellung, Israel habe hier alten, heidnischen Erzählstoff aus seiner kanaanäischen Umwelt aufgegriffen und in die Jakobsgeschichte eingefügt. Damit ließe sich ein doppelter Gedanke verbinden:

Zum einen hätte Israel damit in einem kühnen Handstreich alle Mächte, die man andernorts verehrte oder fürchtete, „enteignet". Es gibt keine Geister oder Dämonen, die uns schaden könnten, denn Jahwe allein ist Herr!

Zum anderen schien der fremde Erzählstoff zumindest auch geeignet, eine Erfahrung zu beschreiben, die Israel selbst mit Gott gemacht hat: Dass nämlich auch der Gott Israels bisweilen fremd und rätselhaft handelte, sich mitunter wie unter einer Maske verbarg. Und dennoch – wenn man nur lang genug mit ihm ringt – gibt er seinen Segen preis!

Das alles bleiben mehr oder weniger plausible Erklärungen, die ich selbst nicht weiter verfolgen möchte. Denn der eigentliche „Auslegungsschlüssel" liegt für mich an anderer Stelle – nämlich dem Kontext, d.h. im Zusammenhang der Jakob-Esau-Geschichte (1.Mo 26 bis 36) insgesamt.

Nach dem Rat Martin Luthers, man solle die Geschichten der Genesis immer und immer wieder lesen, um in ihren Geist einzudringen – er selbst hat ja dreißig Jahre lang Vorlesungen über die Genesis gehalten – sei der Kontext des Abschnittes kurz vergegenwärtigt.

Geschildert wird der leidenschaftliche Kampf zweier Brüder um den Segen ihres Vaters Isaak. Seit seiner Geburt ist Jakob seinem Bruder Esau auf den Fersen. Dem kurz vor ihm geborenen Zwillingsbruder hielt er mit aus dem Mutterleib gestreckter Hand die Ferse fest. Das muss amüsant ausgesehen haben und mit einem liebevollen Scherz nannte man ihn „Jaakov" – der Fersenhalter. Doch aus Jakob, dem "Fersenhalter", wurde – das schwingt im Hebräischen mit - mehr und mehr der "Hinterhältige", der "Betrüger".

Sollte er immer nur der Zweite sein? Sollten die fünf Minuten, die er „zu spät" geboren wurde, ihn sein ganzes Leben lang bestrafen? Das aus

Mesopotamien mitgebrachte Erbrecht bevorzugte eindeutig den Erstge-
borenen. Warum sollte Esaus Leben erfüllt und glücklich und gesegnet
sein und er, Jakob, leer ausgehen? Und außerdem war Esau Jäger, und
Isaaks Gaumen stand auf Wildbret. Deshalb liebte dieser Esau, Jakob
aber wies er spürbar zurück. So blieb er seinem Bruder auf den Fersen,
wie zwei Begebenheiten erzählen.

Das eine ist der Handel mit dem Linsengericht. Gewiss macht Esau in
diesem Augenblick keine gute Figur. Gierig schlingt er das Essen hinun-
ter, verspricht dem Bruder gedankenlos alles, was dieser will. Aber bei
Lichte besehen war es die Ausnutzung einer Notlage, eine Art Erpres-
sung, juristisch sehr anfechtbar.

Die zweite Geschichte aber hat es in sich. Isaak, der Vater, spürt seine
Kräfte ermatten. So will er, bevor er stirbt, seinen Ältesten, den Esau,
segnen. Aber zuvor schickt er ihn auf die Jagd, um sich noch einmal so
richtig an Wildbret zu laben. Während dessen aber überschlagen sich zu
Hause die Ereignisse. Rebekka, die Mutter, stachelt Jakob an, seinen
Vater, ihren eigenen Mann, mit Hinterlist zu täuschen. Sie wolle rasch
ein Festessen bereiten, er solle Esaus Kleider anlegen und mit den
dampfenden Schüsseln in das Zelt Isaaks treten.

Das Drehbuch stammte von Rebekka. Aber Jakob war die Rolle wie auf
den Leib geschrieben. Wer er sei? fragte Isaak misstrauisch. Ich bin
Esau, dein Sohn. Wieso er so schnell zurück sei? Der Herr, dein Gott,
habe ihm Jagdglück beschert. Komm herzu, damit ich dich betaste. Nur
langsam überwindet Isaak seine Zweifel. Es ist ein böses, nicht ganz
ungefährliches Spiel mit dem fast erblindeten Isaak, der seinen Tast-
und Geruchssinn dazunehmen muss, um Gewissheit zu erlangen. Tritt
noch näher heran und küsse mich, mein Sohn. Da roch er den Duft von
Esaus Kleidern. Die Stimme ist Jakobs, aber es fühlt sich an wie Esau
und riecht auch wie Esau – das muss Esau sein. Und so segnete er ihn.

Wunderbar, was der Vater ihm da zuspricht: *„Siehe, der Duft meines
Sohnes ist wie der Duft eines fruchtbaren Feldes, das Jahwe gesegnet
hat. Es gebe dir Gott vom Tau des Himmels und vom Fett der Erde und
Korn und Most in Fülle. Völker sollen dir dienen und Nationen sich vor
dir beugen. Du sollst der Gebieter über deine Brüder sein, und die Söhne deiner Mutter sollen sich vor dir neigen."* (1.Mo27,27.28)

Was hier als Segen zugesprochen wird ist nichts anderes als das, was
auch wir heute als Glück und Erfüllung ersehnen: Reich an Hab und
Gut, reich an Macht und Einfluss. Ein Leben im Haben, im Gewinnen.

Darin will Jakob seine Identität festmachen, das ist etwas nach seinen Träumen.

Das Entsetzen und die Wut waren groß, als die beiden Betrogenen den Schwindel bemerkten. Selbst dem Leser stockt der Atem. Es verwundert, dass Jakob zu einer solchen Tat überhaupt fähig war. Gut, es war Rebekkas Idee. Aber das macht die Sache nicht harmloser, zeigt aber, dass nicht nur das Vater-Sohn-Verhältnis, sondern auch das der Eheleute zerrüttet war. Man erschrickt über die Kälte des Betruges, die freche, unverfrorene Weise seiner Antworten, mit der er selbst den Gottesnamen missbraucht: *„Der HERR, dein Gott, bescherte mir's."* (1.Mo 27,20) Nichts ist ihm heilig. Jakob - ein junger Mann, der in seiner Gier, seiner Habgier nach Leben keine Rücksichten kennt.

Doch dann - auf der Flucht - erlebt Jakob in Bethel einen wundervollen Traum, den ich ihm einfach nicht gönnen kann. Gott hätte ihn besser mit Gewissensbissen und Albträumen und mit Dämonen plagen sollen. Statt dessen – Engel! Jakob, der wahrscheinlich nicht einmal ein Abendgebet gesprochen hatte, sieht den geöffneten Himmel. Es muss ein herrlicher, erhebender Anblick gewesen sein, wie die Engel auf und absteigen, leicht und anmutig. Und dann die Worte, die Gott spricht! Kein Vorwurf! Keine Bußpredigt! Keine Aufforderung, den geprellten Bruder wenigstens fair zu entschädigen. Stattdessen wird Jakob mit "Süßigkeiten" überhäuft. Fast meint man, Gott mache sich zum Komplizen des Betrügers.

Doch ob es mir schmeckt oder nicht: *"Jakobs Traum von der Himmelsleiter"* ist ein Zeichen von Gottes freiem, souveränem Handeln. Er besagt: Für Gott ist kein Ort zu fern und keine Nacht zu dunkel, auch kein Mensch zu schuldig, als dass er nicht wirken kann. Diese gnädige Zuwendung Gottes zu dem schuldigen Jakob ist ein frühes Zeugnis von Gottes Barmherzigkeit, die für jeden Menschen glaubt und liebt und hofft.

Auf keinen Fall aber ist dies eine Rechtfertigung seiner Schuld. Das zeigt sich schon an einer ersten Korrektur. Der Segen, den Jakob im Traum erhält, klingt anders als die Worte Isaaks. Nichts mehr von Wohlstand und Macht. Es ist die alte Verheißung an Abraham, die Jakob hört: Verheißung des Landes und reichlicher Nachkommenschaft – aber vor allem Segensträger für alle Menschen auf der Welt; und dass Gott bei ihm sein und ihn nicht verlassen will. So wird hier schon die bisherige Vorstellung von Glück und Segen gewissermaßen ins Feuer gehalten und umgeschmiedet.

Es folgen die Jahre bei Laban, seinem Onkel. In ihm findet Jakob - was Verschlagenheit und Raffinesse betrifft - seinen Meister. Jakob, der bisher andere listenreich ausgetrickst hat, wird nun selbst Opfer des Betruges - und dies gerade im intimsten Bereich, nämlich seiner zärtlichen und leidenschaftlichen Liebe zu Rahel. Denn in der Hochzeitsnacht findet er nicht Rahel im Bett, sondern deren ältere Schwester Lea, von der es in alten Übersetzungen hieß, sie habe "blöde" Augen. Solche Bosheit muss er ertragen; diesmal nicht von der Schwiegermutter, sondern vom Schwiegervater eingefädelt, der ihm an Schlitzohrigkeit haushoch überlegen ist.

Noch einmal muss er sieben Jahre ohne Lohn dienen. Keine Spur davon, dass ihm die Völker zu Füßen liegen! Er selbst muss schuften wie ein Sklave. Er hat zwar viele Söhne, bedingt durch den seltsamen Gebärwettbewerb seiner beiden Frauen und deren Mägde. Die meisten davon schenkt ihm ausgerechnet Lea. Wunderbar, wie hier die „Ungeliebte" still rehabilitiert wird. Aber nichts nennt er wirklich sein Eigen. Nur durch List kommt er zu einer eigenen Viehherde. Und nur durch Flucht kann er sich aus der Umarmung seines Schwiegervaters befreien, die ihm die Luft zum Atmen nimmt. Ist das Leben, ist das Segen?

Jakob flieht zurück in die Heimat. Nach Jahren der Trennung wird er Esau wiedersehen. Wie wird dieser ihm begegnen - mit offenen Armen oder mit geballter Faust? Angst steigt auf, wie sie in „Schwellensituationen" nach uns greift. Doch sollte er, der sich in Kämpfen, Niederlagen und Siegen durchs Leben „geschlagen" hat, nicht auch diese Krise meistern?

Jakob bereitet jedenfalls das in seinem Ausgang völlig ungewisse Treffen mit seinem Bruder mit diplomatischem Geschick vor. Er hat allen Grund zur Vorsicht, denn Esau zieht ihm mit vierhundert Mann entgegen - offenbar in feindlicher Absicht. Fieberhaft arbeitet sein Gehirn. Zunächst teilt er das Volk und die Herden in zwei Lager und spricht: *„Wenn Esau über das eine Lager kommt und macht es nieder, so wird das andere entrinnen."* (1.Mo 32,9). Dann betet er, erinnert Gott an dessen Verheißungen, erfleht Rettung und Hilfe. Er ist sicher, dass Gott sein Gebet erhört. Vorsichtshalber aber sendet er Esau noch Geschenke entgegen (im hebr. „Segensgeschenke" als wollte er seinem Bruder zurückerstatten, was er damals gestohlen hat). So tut Jakob alles, was in seiner Macht steht. Die Dunkelheit und Einsamkeit der Nacht umgibt ihn. Und da plötzlich *„rang ein Mann mit ihm..."* (V. 25).

V. 25: Man hat eher an einen heimtückischen Überfall zu denken als an einen fairen Ringkampf. Jedenfalls bleibt die Identität des nächtlichen Angreifers lange Zeit im Unklaren. *„Ein Mann"* - das lässt alles offen und vor allem Raum für eigenes Nachdenken. So schreibt Ingo Baldermann: *„Es ist die Schuld vom Anfang, die hier über Jakob herfällt, die aber zugleich die Möglichkeit in sich birgt, als Gesegneter aus ihr hervorzugehen; und in eins damit erweist sich die unheimliche Gestalt zugleich als der Gott, dessen Verheißung den Jakob geleitet hat...* "

Man kann also an die Schatten der Vergangenheit denken, die Jakob verdrängt hat, aber nie abschütteln konnte und die ihn jetzt einholen und bedrängen Das bedeutet: Es kann keine Versöhnung mit Esau geben, ohne dass Jakob zu seiner schuldhaften Vergangenheit steht und sie verarbeitet. Er ist vor diesem Schatten der Vergangenheit immer geflohen - bis in die letzten Minuten kluger Vorbereitung hinein, um ja ohne Schmerzen aus dieser Krise hervorzugehen! Gott sollte ihm dabei helfen. Gott hilft wohl auch, aber anders: Er zwingt ihn zur Auseinandersetzung "mit sich selbst".

V.26: *"Und als er sah, dass er ihn nicht übermochte* " Der Kampf zieht sich offenbar lang hin. Die Kämpfenden sind ineinander geschlungen, man hört ihren keuchenden Atem. Merkwürdig, dass der Fremde Jakob nicht besiegen kann, obwohl schon eine Berührung reicht, ihm die Hüfte zu verrenken! In V. 28 spricht er Jakob sogar den Sieg zu. Am Boden liegen und mit letzter Kraft den Gegner festhalten - das ist doch kein Sieg, jedenfalls kein strahlender! So wird von Kampf und Sieg in unserer Erzählung in merkwürdig schwebenden Aussagen gesprochen.

Oder will der Fremde Jakob gar nicht besiegen? Will er ihm gar nicht das Rückgrat brechen, sondern ihm den Rücken stärken - nur anders, als es Jakob sich vorgestellt und erbeten hatte?

V.27: Man muss nicht unbedingt an einen Flussdämon denken, dessen Kraft im Morgengrauen verlischt. Man kann es auch so verstehen: Den Gott Abrahams, Isaaks und Jakobs darf keiner sehen, ohne dass er stirbt (2.Mo 33,20). In diesem Sinne würde das Drängen des Angreifers zum Aufbruch zu Jakobs Schutze dienen. Aber auch folgende Erklärung leuchtet ein: *„Es darf über diesem Konflikt nicht Tag werden. Der Augenblick muss festgehalten, der Sieg muss in der Abgeschiedenheit errungen werden, der 'Mann' und wir allein, ohne Zuschauer."* (A.B. Davidson) Dann wäre der nächtliche Kampf gewissermaßen die „Dunkelkammer", in der ein neues „Jakobbild" entwickelt wird und kein Licht darf zu früh einfallen. Wie dem auch sei: Jakob will nicht zurückbleiben ohne Segen.

Segen - das ist ja das große Thema seines Lebens. Für ihn hat er Kopf und Kragen riskiert, hat er gelogen und gekämpft. Auch dieser Kampf soll nicht ohne Segen zu Ende gehen. Wenn er schon kämpfen musste und verletzt zurückbleibt, wenn er schon mit den Schatten der Vergangenheit gerungen und seine Schuld ihn zu Boden geworfen hat - dann muss ihm dies doch zum Guten dienen!

V.28: Nun verstand Jakob Segen bisher immer „materiell" Wie hatte sein Vater Isaak ihm zugesprochen? *„Gott gebe dir vom Tau des Himmels und von der Fettigkeit der Erde und Korn und Wein die Fülle. Völker sollen dir dienen und Stämme sollen dir zu Füßen fallen..."* (1. Mo 27,29f.) Das war Segen im „Haben", Segen in Ansehen und Macht!

Jetzt aber ist das Eisen glühend und der Segensbegriff wird endgültig umgeschmiedet. Der Engel Gottes fragt ihn: *Wie heißt du?* Eine merkwürdige Frage mitten in dieser Nacht. Das ist keine Frage nach den Personalien, sondern die Frage nach ihm selbst. Denn der Name ist das Wesen. Wie heißt du? bedeutet also: Wer bist du? Wer bist du *wirklich?* Denn alle Flucht war doch bisher die Flucht vor sich selbst. Doch Gott stellt ihn. Vorher wird es auch keine Versöhnung mit Esau geben. Du musst dir selbst begegnen, den Schatten deines Lebens und deinen Lebenslügen. „Wie heißt du? *Ich bin Ja-akob – der Fersenhalter, der Hinterhältige, der Betrüger."* Jetzt ist es raus. Es ist die Beichte seines innersten Wesens. Und dann hört er: *„Du sollst nicht mehr Jakob, Betrüger heißen – sondern Israel – Gotteskämpfer."* Jakob darf sein bisheriges Wesen ablegen wie ein altes Kleid; Gott hält ihm ein neues Gewand hin. Vielleicht ist es noch etwas zu groß, aber er wird hineinwachsen.

Es wird deutlich: Segen heißt nicht gierig immer mehr zu haben, sondern *Segen heißt, sich selbst verwandeln zu lassen.* Der neue Name steht für eine neue Identität. Jetzt erst kommt der Segen zum Ziel, da er sein Innerstes erreicht hat. Was ihn zum Segensträger für die Völker macht, ist nicht äußerer Reichtum – den hat übrigens Esau auch erlangt, was detailliert und liebevoll berichtet wird (1.Mo 36) - sondern dass er Zeuge ist der erfahrenen Gnade, die allemal bedeutet, aufzubrechen aus sich selbst, weil er seine Existenz nicht mehr in sich selbst gründet – diesem *"in sich verkurvten Herzen"* (Martin Luther).

„Und Jakob fragte ihn und sprach: Sage doch, wie heißest du?" Die Frage ist gewiss neugierig, aber auch verständlich; dennoch wird sie wie ein unberechtigter Zugriff abgewehrt. In einer Zeit magischen Umgangs

mit Gottheiten ist diese Abwehr verständlich. Später wird Gott Mose seinen Namen kundtun: *„Jahwe - d.h. ich will für euch da sein - das ist mein Name."* (Ex 3,14). Mehr nicht - aber auch nicht weniger. Diesen Namen kann und soll man nicht beschwören oder missbrauchen, man kann und soll ihm aber vertrauen. Den Namen verweigert Gott, nicht aber den Segen: *„Und er segnete ihn daselbst."*

Längst weiß Jakob, dass es Gott ist, der ihm begegnet war - äußerlich zwar als Feind, doch unter der abweisenden Maske mit dem Gesicht eines guten Freundes. Was bleibt, ist das Staunen darüber, in dieser Begegnung nicht umgekommen zu sein, sondern noch zu leben und zu atmen. Zu groß ist dieses Wunder, als dass er es begreifen könnte; doch einen „Begriff" muss er sich dennoch davon machen. So nennt er den Ort „Pniel" - Angesicht Gottes.

Mit tiefem Sinn wird gesagt: *„Und als er an Pniel vorüberkam, ging ihm die Sonne auf".* Es ist ein Sonnenaufgang wie jeden Morgen. Doch heute erlebt ihn Jakob nicht nur äußerlich, sondern im Inneren. In ihm selbst ist es hell geworden, als wäre er aus einem dunklen Zimmer ins Freie getreten. Äußerlich aber sieht man ihm den Kampf noch an: *„Und er hinkte an seiner Hüfte."* Er hinkt, d.h. es geht nicht mehr so weiter wie bisher, nicht mehr der alte Trott, nicht mehr die krummen Touren. Jakob - ein „angeschlagener", behinderter und dennoch ein gesegneter Mann.

V.33: In dem Brauch, das Muskelstück auf der Hüfte nicht zu essen, bleibt für die „Kinder Israel" die Erfahrung ihres Stammvaters gegenwärtig. Denn diese Erfahrung gehört nicht nur ihm allein, sondern dem ganzen Volk, das - wie Jakob - angeschlagen und hinkend durch die Zeiten geht, und doch in einzigartiger Weise Zeuge für Gottes Barmherzigkeit und Segen ist.

Eine aus diesem Volk, die Jüdin Maxie Wander, eine – wie es schien - verlorene Tochter Abrahams, schrieb aus dem Krankenhaus: *„Und wenn Dich das Leben grausam packt, dann schimpf nicht, schreie nicht, halt's aus und warte geduldig, bis sich in Dir was Gutes rührt. Wie willst Du ein Mensch werden ohne Schmerzen? Mir scheint, im Moment ist mir Gott näher als Dir. Du willst ihn vielleicht mit dem Kopf erfassen, über den Verstand, er aber zeigt sich Dir ganz woanders... Ich merke, wie schwer es mit den Worten ist, und wie leicht sich etwas einschleicht, das wie Anmaßung klingt! Worte drücken nicht annähernd aus, was ich empfinde, was mit mir geschieht. Aber ich fange ja gerade erst an zu leben. Sei unbesorgt, liebe Barbe, ich bin weder übergeschnappt noch* *eine Heilige geworden, ich hab nur gut reden, weil ich ungestört mit mir allein bin und nichts zu tun hab, als in mich hineinzuhorchen. "*

Wie willst du ein Mensch werden ohne Schmerzen? Der Gestaltwandel unserer Kirche lässt uns nicht unverletzt. Wir erleben ihn als Bedrohung, als Scheitern, als Frustration. Wir erleben ihn auch als Nein Gottes. Aber vielleicht können wir darunter auch sein Ja hören – die Verheißung, die seine eigentliche Sprache ist. Das ist keine Verheißung für die uns bekannte und vertraute Gestalt der Kirche. Es gibt keine Verheissung, dass es mit der Volkskirche wieder bergauf geht; verdankte sie sich doch geschichtlicher Verhältnisse ganz eigener Art. In diesem Sinne meinte Bonhoeffer: Wir kennen *„Gottes Plan nicht. Es mag sein, dass die Zeiten, die nach menschlichem Ermessen Zeiten des Einsturzes sind, für ihn die großen Zeiten des Bauens sind. "*

Darum schließt die Verheißung durchaus auch Gestaltwandel ein, auch das Vertrauen, Gott selbst im Scheitern und in Umbrüchen historisch gewachsener Kirchenformen am Werk zu sehen.

Mir ist solches verheißungsorientierte Denken wichtig. Es wird weitergehen, auch hinkend, denn Jakob ging die Sonne auf! Wenn auch *uns* die Sonne aufgeht, hören wir *„mehr als die Dinge aus sich heraus sagen, denn (der Glaubende) hört auf die Verheißung Gottes und was sie von der Wirklichkeit sagt: dass die Welt eine Werdewelt ist. Und eben darum begnügt er sich nicht mit dem geschlossenen Horizont der Realität. "* (Ernst Lange)

Geleitet leiten[23]

Das Thema Ihres Ephoralkollegs spricht von einer Balance, die bindet und zugleich befreit. Wer „geleitet" leitet, dem wird das Leiten nicht abgenommen, doch kann er es immer wieder abgeben und in stärkere Hände legen. Das bewahrt auch vor einer letzten Einsamkeit, die Leiten mit sich bringt. Und es bewahrt mich vor mir selbst - der eigenen Selbstüberschätzung.

Das sind die allerersten Gedanken, mit denen ich mich auf die Suche nach geeigneten Texten begeben habe. Natürlich ist das Thema "Leiten" in allen wichtigsten Traditionen des Alten Testamentes gegenwärtig - und es ist von einem Ringen gekennzeichnet zwischen Versuch und Irrtum. Man denke hier nur an die Entstehung und Geschichte des Königtums, aber auch an die Messiaserwartung mit ihrer Korrektur aller bestehenden Verhältnisse. Denn am Ende wird ein Messias vor Augen gestellt, der - selbst aller eigenen Macht entkleidet - arm und sanftmütig auf einen Esel reitet und sich allein auf Gott gründet, von dem er sich leiten lässt. Doch je mehr seine eigene Macht abnimmt, um so größer wird der Radius seines Wirkens - bis hin zu den entferntesten Inseln, die auf seine Rechtsprechung warten.

In diesen geistlich-theologischen Versuchen Israels, über rechtes Leiten nachzudenken, gibt es einige ganz wichtige Perlen. Eine davon ist die *Josephsgeschichte*, die ich der heutigen Bibelarbeit zugrunde legen möchte. Sie gehört zur israelitischen Weisheit. Und in der Tat hat Leiten immer auch mit Weisheit zu tun, da hatte Salomo recht, auch wenn das Alter ihn dann nicht vor Torheit schützte. Wer sich mit der Weisheit Israels beschäftigt, kann nur ein Hohelied auf sie anstimmen.

Weisheit bedeutet in biblischer Sicht zunächst „*Lust am Denken"*. Damit hat sie natürlich auch mit Wissen zu tun; der neuzeitliche Widerspruch zwischen Glauben und Wissen ist ihr fremd. Israel wusste noch, dass der Glaube das Wissen und das Wissen den Glauben braucht und – wenn sich beide Partner verlieren – sich die Dinge leicht falsch entwickeln. Denn *Glaube ohne Denken* wird beschränkt, selbstgerecht, eng, fanatisch, hart. *Wissen ohne Glauben* dagegen wird aufgeblasen, kalt, berechnend, maßlos. Sehr schön sagte einmal Erhard Eppler: „*Wir haben das Wissen und die Fähigkeiten Gottes: Wir verfügen über den Bauplan des atomaren Feuers und den genetischen Code. Aber uns*

---

[23] Bibelarbeit am 10. Sept. 2013 - Pastoralkolleg Meißen

mangelt es an der Güte und Weisheit unseres Schöpfers." Glaube und Wissen sind für die alttestamentliche Weisheit deshalb wie zwei Flügel, und nur mit beiden kann man sich in die Lüfte erheben.

Weisheit ist in biblischer Sicht aber auch *„die Kunst zu leben"*. Sie ist *mehr* als Wissen, denn sie ist die Fähigkeit, das Wissen so einzusetzen, dass es dem Leben dient. Liest man etwa die Sprüche Salomos, wird dies in alle Lebensräume hinein angewandt - die Privaträume ebenso wie die Räume des öffentlichen Lebens; die Kunst, eine Familie oder ein Unternehmen zu führen ebenso wie die Kunst, einen Staat zu lenken. Von Fleiß und Faulheit ist da die Rede, von Liebe und Haß, von Reden und Schweigen, von Krieg und Frieden, von Reich und Arm – und immer wieder von Recht und Gerechtigkeit. Als Lebenskunst ist Weisheit auch Leitungskompetenz - für das eigene Leben oder für das Zusammenleben.

Obwohl die Weisheit Israels ohne Berührungsängste mit der Weisheit der sie umgebenden Völker und Religionen umgehen kann, schöpft sie ihr innerstes Wesen doch ganz aus den Quellen des Jahweglaubens: *„Die Furcht des Herrn ist der Anfang der Weisheit."* Weisheit ist hier ein Beziehungswort. Die Weisheit Israels lebt also wesentlich aus der Gottesbegegnung, aus dem hier ergehenden Wort der Freiheit, aber auch der gesetzten Grenzen. Sie akzeptiert diese Grenze. Sie will weder das Dogmatische noch das Ethische selbstherrlich an sich reißen, sondern läßt es sich gesagt sein, was dem Menschen gut ist und was der Herr von ihm fordert. Sie beginnt also mit einer Art Dezentrierung des eigenen Ichs. Nicht mehr der Mensch steht in der Mitte, sondern Gott selbst.

Mit dieser Dezentrierung beginnt für sie das *geleitete* Leiten. Sich *nicht* leiten zu lassen, hieße für den alttestamentlichen Weisen, sich von der Sonne loszuketten. In der Furcht des Herrn *verlässt* sich der Mensch auf den Herrn im doppelten Sinne des Wortes: Er zieht aus sich selbst aus, um seine Mitte in Gott zu finden. Alle Leitungskompetenz ist dann nur verliehene und geliehene Leitungskompetenz und muss auch immer wieder bereit sein, sich selbst zu relativieren.

Nun komme ich auf die Josephsgeschichte zu sprechen, von der es in einem Kommentar heißt: *"Die schönsten und tiefgründigsten Auslegungen der Josephsgeschichte stammen von Autoren, die sich um Literarkritik und Quellenscheidung wenig gekümmert haben."*

Ich lese die Geschichte selbst immer wieder mit allerhöchster Spannung. Interessant, wie in einer höchst delikaten Konfliktgeschichte Charaktere geformt werden, ohne dies absichtsvoll zur Schau zu tragen; wie jedes

Kapitel in sich einen geschlossenen Spannungsbogen beschreibt und doch die Spannung an das nächste Kapitel weitergibt und der Bogen erst ganz am Ende zur Ruhe kommt; und wie in der uralten Form des Mitleidens und Mitfreuens mit dem Helden "Bildung" geschieht - Bildung durch Vorbild. Nicht zu ermessen ist der Verlust, wenn solche Geschichten nicht mehr erzählt werden...

Und in dem allen ist eine interessante Theologie eingewoben - nämlich wie in aller Widersprüchlichkeit des Lebens noch Gottes Spuren zu finden sind, und wie in einer um sich greifenden Säkularisierung überhaupt noch von Gott gesprochen werden kann.

1. Leitung als Sinnfindung - das "prophetische" Amt

Wir erfahren im Auf und Ab des Geschehens, wie Joseph zu einem Leiter heranreift. Ein solcher Mensch wird nicht über Nacht geformt. Das Leben selbst ist seine Schule, in der ihm nichts geschenkt wird. Gott erzieht Joseph und Joseph erzieht seine Brüder.

Nun, setzen wir damit ein, dass Rahel nach langem Ringen schwanger wird und einen Sohn zur Welt bringt - Joseph. Wir erleben die Nöte einer Patchworkfamilie mit all den Fragen und Problemen um meine, deine, unsere Kinder. Joseph wird in einen Konflikt hineingeboren, der älter ist als er selbst und dessen Dramatik sein Leben bestimmen wird. Jakob tut, was er und überhaupt Eltern nie tun dürfen: Er zieht Joseph, den Sohn der geliebten Rahel, allen anderen Söhnen vor, überschüttet ihn mit Zärtlichkeiten und Süßigkeiten und - damit ja alle Welt seinen Lieblingssohn schon von Ferne erkennen soll - kleidet er ihn in einen bunten Rock. Im Hebräischen bezeichnet das Wort ein Prinzengewand, und damit wird ein Zeichen der Macht gesetzt. Wir begegnen dem hebräischen Wort dann nur noch einmal bei den Söhnen Davids. Dieses Kleid wird ihm zur zweiten Haut und seinen Charakter prägen.

Natürlich verletzt Jakob damit seine anderen Söhne und schafft ein unheilvolles Konfliktpotential. Und irgendwie verletzt er auch Joseph, den er noch dazu in die Sonderrolle eines Informanten drängt, die wiederum dessen Charakter verformen muss. Joseph muss wohl stolz und überheblich geworden sein, sich seinen Brüdern entfremdet haben, sonst hätte nicht eine solch bittere Wurzel und solch tödlicher Hass wachsen können.

Vielleicht war es dumm von ihm, diese beiden merkwürdigen Träume zu erzählen – von den Garben auf dem Feld und von Sonne und Mond und den Sternen, über die sich ja selbst Jakob nur wundern konnte. Doch die Rabbiner sagen: *„Ein ungedeuteter Traum ist wie ein ungeöffneter Brief."*

Nachdem die Spannung beschrieben und aufgebaut wurde, sucht der Konflikt eine Lösung. Es wird eine kriminelle Lösung, „tatort-reif". Aus dem Tötungsplan wird der Verkauf als Sklave - nur scheinbar die humanere Lösung. Denn Sklave in Ägypten zu sein bedeutet Tod auf Raten. Der bunte Rock wird in Blut getaucht – und Jakob hält ihn erstarrt in seinen Händen.

So wird aus der Konfliktgeschichte eine Schuldgeschichte. Joseph wird zum Opfer. Nicht nur hier, sondern auch später im Haus des Potiphars – eine Geschichte, in der so ganz nebenbei sexuelle Aufklärung geschieht, ohne peinlich und schamlos zu werden. Aber nicht nur um Aufklärung geht es, sondern um Orientierung angesichts eruptiv aufbrechender Leidenschaft und Triebe - eben um Weisheit als Lebenskunst.

Es ist eine echte Versuchungsgeschichte. Potiphars Weib bedrängte Joseph hart, heißt es. Was andere sich nicht zweimal sagen lassen würden, weist Joseph zurück - doch nicht in geheuchelter Keuschheit. Sein eigentliches Argument ist Gottesfurcht: Ehebruch wäre Unrecht vor Gott. Daneben aber steht auch das Argument menschlicher Anständigkeit Potiphar gegenüber, geschenktes Vertrauen nicht zu enttäuschen.

All das wird Joseph scheinbar schlecht gelohnt. Das unerfüllte Begehren von dessen Frau schlägt in Hass um. Er landet im Gefängnis. Doch Gott war mit ihm, heißt es immer wieder. Gott identifiziert sich mit dem Opfer. Er tröstet ihn, hilft ihm, öffnet ihm den Weg aus dem Gefängnis zu einer wahrlich traumhaften Karriere.

Die Rede, dass Gott mit ihm war, ist übrigens die einzige religiöse Sprache in der Geschichte. An keiner Stelle werden offenbare "Wunder" berichtet. Deshalb sprach man schon von einem "wunderlosen Realismus" (Gerhard von Rad), der hier walte. Und doch hat sich die Rede von Gott damit nicht verflüchtigt, sondern ist dichter geworden als je zuvor, ja intensiver noch als die Sprache des Wunders. Denn das Wunder spricht von Gott im Modus des Außergewöhnlichen. In der Josephsgeschichte aber wohnt Gott nicht nur im Besonderen, sondern auch im Alltäglichen. Gott begleitet den Alltag, wirkt und webt mit vielen Fäden und Unterfäden ein wunderschönes Muster, über das der Erzähler und Leser nur staunen kann.

Theologisch heißt das: Gott ist *verborgen gegenwärtig*. Überall treffen wir auf ihn – auch in den dunkelsten Erfahrungen. "Geleitete" Leitung sucht sich in dieser Gewissheit zu gründen. Sie versucht, durch den Horizont zu schauen und selbst noch im Gegenwind den Hauch des Heiligen Geistes zu spüren.

Weil Gott mit ihm war, wird Joseph vom Sklaven zu Pharaos rechter Hand – ein Aufstieg fast zu schön, um wahr zu sein. Er heiratet die Tochter des obersten Priesters, die ihm zwei Söhne schenkt und deren Namen er mit seiner eigenen Biographie verbindet: Ephraim – das heißt *„Gott hat mich wachsen lassen im Land meines Elends"*. Und Manasse *„Gott hat mich vergessen lassen all mein Unglück und mein ganzes Vaterhaus"*. Die Söhne werden ihn gewiss später immer wieder nach der Bedeutung ihrer Namen fragen. Dann wird er ihnen von seinem so seltsam verschlungenen und doch so überaus reichen Leben erzählen, dessen eigentliches Subjekt Gott war – denn so segnet keine andre Hand!

Die Namen erzählen aber auch, wie Joseph mit erfahrener Schuld umgeht. *Gott hat mich vergessen lassen all mein Unglück und mein ganz es Vaterhaus.* Vergessen heißt ja hier nicht, dass Joseph sich nicht mehr erinnern kann. Vergessen heißt, dass er sich sehr wohl noch daran erinnern kann, aber die Erinnerung ihn nicht mehr schmerzt. Er sieht wohl noch die Brüder oben am Rand der Zisterne sitzen und seinen Tod beratschlagen. Er spürt wohl noch die Schläge und Tritte auf dem Sklavenmarkt in Ägypten, als er aller Würde beraubt wie ein Stück Vieh verkauft wurde. Und gewiss hört er noch das Gekreische der Frau, die ihn in einem seltsamen Umschwung der Gefühle der versuchten Vergewaltigung anklagt. Und noch immer schmeckt er das muffige Brot im Gefängnis.

Dieses Vergessen war Heilung der Erinnerung. Es ist der Mut, auch die bitteren Erinnerungen in sein Leben zu integrieren. Vergangenes ist ja nie wirklich vergangen, auch wenn ich es verdränge. Es hat immer eine heimliche und oft unheimliche Gegenwart, die uns beflügeln, aber auch lähmen kann. Joseph ist mit seiner Vergangenheit versöhnt. Sie kann ihn nicht mehr zerstören.

Nun aber sagt Joseph, Gott habe ihn nicht nur sein Unglück, sondern auch sein Vaterhaus vergessen lassen – also sein Glück, auch all das Gute. Das ist merkwürdig. Auch dies bedeutet wiederum nicht, dass er alle Bilder seiner Kindheit aus dem Gedächtnis getilgt hat: Die Nähe zum Vater, auch seine verwöhnende Liebe, für die er einen bitteren

Preis zahlen musste. Vergessen heißt hier, dass ihn die "gute alte Zeit" und das Glück vergangener Tage nicht zur Flucht aus der Gegenwart werden kann. Er hätte nicht die Kraft gefunden, sich dem Leben zuzuwenden, und die Gegenwart – so trostlos sie auch gewesen ist – anzunehmen, wenn er immer nur an der Vergangenheit festgehalten hätte. Er wäre in Selbstmitleid zerflossen über all den Verlust, den er erlitten hat. Auch die gute Erinnerung kann eine Form werden, das Leben zu verpassen, wenn sie der Gegenwart und ihren Herausforderungen die Kraft entzieht. Und so muss er auch die gute Zeit seines Lebens innerlich abschließen, um weitergehen zu können.

So sehen wir Joseph, das Opfer von Unrecht und Gewalt, getröstet und versöhnt mit seinem Weg. Hier mag das Wissen gewachsen sein, für das Bonhoeffer jene bekannten Worte fand:

„Ich glaube, dass Gott aus allem, auch aus dem Bösesten,
Gutes entstehen lassen kann und will. Dafür braucht er Menschen,
die sich alle Dinge zum Besten dienen lassen.
Ich glaube, dass Gott uns in jeder Notlage soviel Widerstandskraft
geben will, wie wir brauchen. Aber er gibt sie nicht im voraus, damit
wir uns nicht auf uns selbst, sondern allein auf ihn verlassen.
In solchem Glauben müsste alle Angst vor der Zukunft überwunden
sein."

2. Leitung als Versöhnung - das "priesterliche" Amt

Dann aber begegnet er seinen Brüdern wieder. Und nun werden wir Zeuge eine langwierigen Prozesses. Nach meiner christlichen Lebenseinstellung hätte man doch mit Recht erwarten müssen, dass Joseph seine Brüder umarmt und zu ihnen gleich den berühmt gewordenen, großzügigen Satz sagt: *„Ihr gedachtet es böse mit mir zu machen, aber Gott gedachte es gut zu machen."* Stattdessen steht aber an dieser Stelle: *„Und er sah sie an und erkannte sie, aber er stellte sich fremd gegen sie und redete hart mit ihnen."*

Es ist nicht leicht, Josephs Absicht zu erkennen. Meine These ist, dass er nicht aus Rache handelt; die hat er nicht nötig. Hier geht es um den anderen Teil der Vergebung: *Er, das Opfer, ist mit seiner Vergangenheit versöhnt. Doch wie kommen die Täter mit dem Geschehenen zurecht?* Welche Bedingungen müssen erfüllt sein, dass auch sie Vergebung erfahren können, sich mit sich selbst und ihrer Tat versöhnen und wieder in den Spiegel schauen können, ohne sich selbst zu hassen? Auch sie müssen die Vergangenheit aufarbeiten, um zur Versöhnung bereit zu sein – mit Joseph und auch mit sich selbst. Echte, heilende Versöhnung kann es nur da geben, wo sie auf das freie Eingeständnis der Schuld trifft.

So führt Joseph die Brüder in die Krise, bringt sie in Grenzsituationen, in denen sich ihr innerstes Wesen offenbaren soll, um zu erfahren, ob sie sich gewandelt haben. Sie werden die Vergangenheit nicht abschließen können ohne den Mut zur Selbstbegegnung.

In der ersten Begegnung unterstellt Joseph seinen Brüdern, sie seien Kundschafter, verhört sie förmlich, befragt sie nach ihrer Herkunft und ihrer Familie; erfährt dabei auch insgeheim, wie es seinem Vater und seinem Bruder Benjamin geht. Als sie auf Joseph zu sprechen kommen, sagen sie: *Der eine ist nicht mehr.* Statt zu beichten, verschleiern und verdrängen sie. Die Brüder haben für ihre Schuld keine Sprache mehr. Wie sollen sie dann aber die Sprache der Vergebung und Versöhnung verstehen? So ist es zu früh, dass sich Joseph ihnen zu erkennen gibt!

Um in die Tiefenschichten vorzudringen, muss die Vergangenheit wiederholt werden. Indem er einen der Brüder ins Gefängnis werfen lässt, wiederholt er die Szene von damals, als sie Joseph in die Zisterne warfen. Er lässt Simeon vor ihren Augen fesseln, will ihn als Geisel zurückbehalten, damit sie ja auch wiederkommen mit dem anderen Bruder - Benjamin - den er so gern sehen möchte. Das geheime Ziel dieser Prüfungen scheint nur eins zu sein: *Wer sind die Brüder heute? Sind sie andere geworden?*

Dass ihnen Joseph das Geld wieder in die Säcke legen lässt, ist ein Zeichen dafür, dass sie seine Gäste waren – bei den Brüdern aber erhöht es den Schrecken. Jakob zu Hause ist entsetzt, dass der Fremde seinen Sohn Benjamin sehen will. Alles – nur das nicht! Die Wende bringt erst der Beschluss des Juda, sich feierlich für Benjamin zu verbürgen. Es ist ein Zeichen dafür, dass die Brüder zusammenrücken, indem einer sich für den anderen einsetzt.

Die Rückkehr in den Palast des Joseph zeichnet ein wahres Seelengemälde. Ihr Redeschwall gleich an der Haustür verrät nur ihre Angst. Schnell wollen sie die Sache mit dem Geld aufklären. Und dann kommt das große Festmahl: Geheimnisvolle Andeutungen, die Tische gedeckt nach der Ordnung der Geburt. Dicht geht die Erzählung an der Enthüllung entlang. Joseph sieht Benjamin, rennt in seine Privatgemächer, um sich auszuweinen. Jedenfalls scheint dieses Festmahl die beste Gelegenheit zur Versöhnung zu sein. Sie geschieht nicht.

In scharfem Kontrast zu dem festlichen Mahl am Abend steht die Szene am nächsten Morgen. Kaum haben sie die Stadt verlassen, werden sie eingeholt, umzingelt und inspiziert. Ein besonders wertvoller Becher des Joseph wird gesucht. Im Gefühl ihrer Unschuld setzen sie selbst die Todesstrafe für den Täter an und die Leibeigenschaft für alle Brüder.

Der Becher wird gefunden – ausgerechnet bei Benjamin. Mit dem gestohlenen Becher schafft Joseph wiederum eine Situation, die der von damals ähnlich ist: Benjamin ist gefährdet. Jetzt redet Juda – und es ist der Höhepunkt dieser Prüfungsgeschichte. Er redet – beherrscht und zugleich durchbebt von innerer Bewegung. Juda bittet darum, anstelle Benjamins die Strafe der Versklavung tragen zu dürfen.

Jetzt kann Joseph nicht mehr an sich halten. Die Worte Judas haben ihm gezeigt, dass die Brüder andere geworden sind. Unter Tränen gibt er sich zu erkennen. Und er tröstet sie mit dem Trost, mit dem auch er getröstet wurde – nämlich dass er in all dem schmerzvollen Geschehen doch die Hand Gottes erkannte, die alle Wirrnis menschlicher Schuld zu einem gnädigen Ende geführt hat. Gott habe Joseph nach Ägypten vorausgeschickt - und zwar zur Erhaltung und Rettung der ganzen Familie, auf der Gottes Verheißung liegt. Die Schuld der Brüder bleibt, sie wird damit nicht bagatellisiert, aber sie können alles in einem neuen Licht sehen.

Noch einmal Dietrich Bonhoeffer: *„Ich glaube, dass Gott aus allem, auch aus dem Bösesten, Gutes entstehen lassen kann und will. Dafür braucht er Menschen,die sich alle Dinge zum Besten dienen lassen. In solchem Glauben müßte alle Angst vor der Zukunft überwunden sein."*

Solches Wissen sagt man mit Furcht und Zittern und oft erst in der Rückschau. Denn wir leben unser Leben vorwärts, verstehen aber können wir es oft nur rückwärts (S. Kierkegaard).

Auf etwas weist noch einmal Claus Westermann hin. *„Über das Ja zu seiner Schuld hinaus ist der ältere Bruder nun zu einer Tat bereit, die Verschuldetes wiedergutmachen will. Er will statt des bezichtigten Benjamin freiwillig die Strafe auf sich nehmen, damit der Vater das geliebte Kind wiederbekommt... Es kommt nicht dazu, weil die Versöhnung Josephs mit seinen Brüdern dieses Opfer überflüssig macht. Aber die Bereitschaft zu diesem Opfer weist deutlich über die Josephsgeschichte hinaus. Hier zum erstenmal ist der Gedanke gedacht: Es ist möglich, dass einmal für das Heilsein der Gemeinschaft ein einzelner mit der Hingabe seiner selbst eintreten muß. Hier war es noch nicht notwendig, es könnte einmal notwendig werden. In der Ferne* *tauch die Gestalt des Gottesknechtes auf, von dem der unbekannte Prophet im Exil sagt: Die Strafe liegt auf ihm, auf dass wir Frieden hätten."*

Für Westermann weist die Geschichte damit auf Jes 53, wo der eine – der unschuldige Gottesknecht – sein Leben einsetzt zur Versöhnung der vielen. Er stirbt als Opfer und als Täter zugleich. Und am Kreuz vertritt er sie beide – Opfer und Täter – und ringt um sie: Die Opfer, die sich nun mit ihren Feinden versöhnen dürfen und die Täter, die frei sein dürfen, auch frei von ihrem Hass auf sich selbst. Er stirbt für beide, um beide zu versöhnen.

In diesem Sinne erzählt Ulrich Eibach folgendes Beispiel: Eine Frau berichtet, dass sie aufgrund schweren Missbrauchs durch den Vater nie das „Vaterunser", insbesondere nicht das „Wie auch wir vergeben unseren Schuldigern" beten konnte, wenigstens solange nicht, wie der Täter nicht ein offenes Geständnis ablegt und sie um Vergebung bittet. Eines Tages habe sie im Traum eine „Christuserscheinung" gehabt. Christus habe zu ihr gesagt: *„Ich bitte dich stellvertretend für den Täter um Vergebung, denn ich habe stellvertretend für ihn die Strafe für seine Sünde erlitten!"* Seit diesem Geschehen könne sie das Vaterunser wieder beten.

3. Leitung als begrenztes Mandat - das "königliche" Amt

Es gibt am Ende noch eine rührende Szene. Die Brüder Josephs aber fürchteten sich, als ihr Vater gestorben war, und sprachen: Joseph könnte uns gram sein und uns alle Bosheit vergelten, die wir an ihm getan haben. Darum ließen sie ihm sagen: Dein Vater befahl vor seinem Tode und sprach: So sollt ihr zu Joseph sagen: Vergib doch deinen Brüdern die Missetat und ihre Sünde, dass sie so übel an dir getan haben. Nun vergib doch diese Missetat uns, den Dienern des Gottes deines Vaters!

Aber Joseph weinte, als sie solches zu ihm sagten. Es heißt: *"Und seine Brüder gingen hin und fielen vor ihm nieder und sprachen: Siehe, wir sind deine Knechte. Joseph aber sprach zu ihnen: Fürchtet euch nicht! Stehe ich denn an Gottes statt? Ihr gedachtet es böse mit mir zu machen, aber Gott gedachte es gut zu machen, um zu tun, was jetzt am Tage ist, nämlich am Leben zu erhalten ein großes Volk. So fürchtet euch nun nicht; ich will euch und eure Kinder versorgen. Und er tröstete sie und redete freundlich mit ihnen."*

Stehe ich denn an Gottes statt? Das ist noch einmal die Dezentrierung, der sich dann auch das Königtum in Israel zu beugen hatte gegen alles Gottkönigtum, das überall im Alten Orient vorherrschte. Diese Abwehr hat sich in einem großartigen Rechtstext niedergeschlagen. Im Deuteronomium finden wir ja eine Art Verfassung, die bereits den Gedanken einer Ämterteilung zwischen Priester, Richter, Prophet und König denkt. Bewusst an letzter Stelle genannt gelten ihm folgende Worte:

Wenn du in das Land kommst, das dir der HERR, dein Gott, geben wird, und es einnimmst und darin wohnst und dann sagst: Ich will einen König über mich setzen, wie ihn alle Völker um mich her haben so sollst du den zum König über dich setzen, den der HERR, dein Gott, erwählen wird. Du sollst aber einen aus deinen Brüdern zum König über dich setzen. Du darfst nicht irgendeinen Ausländer, der nicht dein Bruder ist, über dich setzen.

Nur dass er nicht viele Rosse halte und führe das Volk nicht wieder nach Ägypten, um die Zahl seiner Rosse zu mehren, weil der HERR euch gesagt hat, dass ihr hinfort nicht wieder diesen Weg gehen sollt Er soll auch nicht viele Frauen nehmen, dass sein Herz nicht abgewandt werde, und soll auch nicht viel Silber und Gold sammeln. Und wenn er nun sitzen wird auf dem Thron seines Königreichs, soll er eine Abschrift dieses Gesetzes, wie es den levitischen Priestern vorliegt, in ein Buch schreiben lassen.

Das soll bei ihm sein und er soll darin lesen sein Leben lang, damit er den HERRN, seinen Gott, fürchten lernt, dass er halte alle Worte dieses Gesetzes und diese Rechte und danach tue. Sein Herz soll sich nicht erheben über seine Brüder und soll nicht weichen von dem Gebot weder zur Rechten noch zur Linken, auf dass er verlängere die Tage seiner Herrschaft, er und seine Söhne, in Israel. (5.Mo 17,14-20)

Am Ende aber wird Joseph ein Zeuge der Hoffnung. *Und Joseph sprach zu seinen Brüdern: Ich sterbe; aber Gott wird euch gnädig heimsuchen und aus diesem Lande führen in das Land, das er Abraham, Isaak und Jakob zu geben geschworen hat.* Joseph wird zum Zeugen der Hoffnung, die größer ist als er selbst und deren Erfüllung er selbst nicht erleben wird. Auch das gehört zum Leitungsamt - weiter blicken, durch den Horizont blicken, verheißungsvoll denken.

Woran ist Saul gescheitert?[24]

Auch heute geht es zunächst nicht um einen bestimmten Text, sondern um eine Gestalt - um König Saul. Man hat Saul als den Typos des vor Gott zerbrechenden Gesalbten bezeichnet, dessen Sturz in Nacht und Verzweiflung der Erzähler mit tiefer Anteilnahme begleitet. Er stolperte in sein Leitungsamt wie „Hans im Glück", lediglich auf der Suche nach seinen Eselinnen. Doch der Goldklumpen drückte ihn von Anfang an. Erwähltsein war für ihn kein Privileg, sondern eher Last. Für Saul scheint mir das zu gelten, was Conrad Ferdinand Meyer über Martin Luther sagte: *„Sein Geist ist zweier Zeiten Schlachtgebiet. Mich wundert nicht, daß er Dämonen sieht."*

Das „Schlachtgebiet" ist die Wende von der Richterzeit zur Königszeit - eine wilde, gärende, oft überschäumende Zeit, in der die Begeisterung mehr galt als der nüchterne Plan. Diese Wildheit lässt Martin Luther raten, man solle sich nicht am Handeln der Richter, nur an ihrem Glauben orientieren.

Dennoch sieht Claus Westermann gerade auch in dieser Epoche etwas Gutes: *"Für die Kirche in unserer Zeit scheinen die Richtergestalten des Alten Testamentes den Hinweis zu geben, dass es immer wieder Taten in der Kraft des Geistes Gottes ohne die Sicherung durch eine Institution geben muss. Darüber hinaus warnen diese Geschichten von den Richtern überhaupt davor, den Institutionen der Kirche zuviel zuzutrauen."*

Idealisieren wird man diese Zeit dennoch nicht. Da gibt es die Bedrohung von außen durch die Philister, die das von den Ägyptern hinterlassene Machtvakuum zu ihren Gunsten füllen wollen. Jeder Widerstand endete für Israel katastrophal. Und da gibt es die Bedrohung von innen durch die Auflösung von Glaubens- und Lebensgrundlagen. Immer wieder lesen wir den Stoßseufzer: *"Zu der Zeit war kein König in Israel; jeder tat, was ihn recht dünkte."* (s. Ri 21,25)

Zunächst möchte ich kurz einige Szenen beschreiben, die zum Königtum Sauls führten.

In 1.Sam 9,15 heißt es: *„Der Herr hatte Samuel das Ohr aufgetan."* Mit Samuel erreicht die Richterzeit noch einmal eine glanzvolle Höhe. Doch er ahnt die Zeitenwende. Und er besitzt die Größe, diese für Israel ganz

---

[24] Pastoralkolleg Marienberg 12.09.2013 in Meißen unter dem Thema „Geleitet leiten"

und gar fremde Institution des Königtums aufzunehmen und gründlich neu zu definieren. Es ist klar, dass hier allein Gott berufen muss, weil er allein die Herzen kennt. Und das geschieht gleich auf dreifache Weise. Umso schmerzlicher ist dann das Scheitern.

a) 1.Sam 9,16: *"Morgen um diese Zeit will ich einen Mann zu dir senden aus dem Lande Benjamin, den sollst du zum Fürsten salben über mein Volk Israel, dass er mein Volk errette aus der Philister Hand. Denn ich habe das Elend meines Volkes angesehen und sein Schreien ist vor mich gekommen."* Der Wortlaut erinnert an die Offenbarung Gottes aus dem Dornbusch. Eine große „Verheißung" wird ausgesprochen wie für einen neuen Exodus.

Die Erhebung zum König geschieht zunächst in einem seelsorgerlichen Gespräch zwischen Samuel und Saul, ein Geschehen ganz im Verborgenen. Die so entscheidende Frage nach der Qualifikation für dieses Leitungsamt stellt Saul selbst: *„Bin ich nicht ein Benjaminiter und aus einem der kleinsten Stämme Israels und ist nicht mein Geschlecht das geringste unter allen Geschlechtern des Stammes Benjamin?"* (1.Sam 9,21)

Als Saul von Samuel wegging, gab Gott ihm ein anderes Herz. Der Geist Gottes kam über ihn und er geriet in Verzückung. Das sind ekstatische Erfahrungen, auf denen aber kein besonderes Gewicht liegt. Interessant ist, dass er seinem Oheim in Gibea nichts von dem Königtum erzählt. Ist es Unsicherheit, Bescheidenheit, auch das Wissen darum, dass das Amt ein „Kleid" ist, das ihm viel zu groß erscheinen muss?

b) In einem nächsten Schritt folgt dann die öffentliche Proklamation des Königs. Auch das geschieht ganz und gar durch Gott selbst aufgrund eines Losentscheides. Das Los fiel erwartungsgemäß auf Saul, doch als man ihn suchte, fand man ihn nicht (1.Sam 10,21). Er hatte sich bei dem Tross versteckt. Als er schließlich gefunden wird, jauchzte das ganze Volk und sprach: Es lebe der König! Nur einige ruchlose Leute sprachen. Was soll der uns helfen? Und sie verachteten ihn und brachten ihm kein Geschenk. Aber Saul tat, als hörte er's nicht. Auch das macht diesen jungen Mann sympathisch.

c) In 1.Sam 11 folgt dann der Sieg über die Ammoniter, die die Stadt Jabesch bedrohen. Hier handelt Saul noch ganz im Stil der alten Richtergeschichten. Er hört von der Not, der Geist Gottes kommt über ihn, er ruft den Heerbann ein.

Nach dem Sieg über die Ammoniter finden wir wieder einen feinen Zug an dem zukünftigen König: *„Da sprach das Volk zu Samuel: Wer sind die, die gesagt haben: Sollte Saul über uns herrschen? Gebt sie her, die Männer, dass wir sie töten. Saul aber sprach: Es soll an diesem Tag niemand sterben; denn der Herr hat heute Heil gegeben in Israel."* (1.Sam 11,12) Dann wird das Königtum erneuert. Samuel ist zufrieden und legt sein Amt sogar nieder (1.Sam 12).

So halten wir als Summe fest: Saul, bestimmt nach den Kriterien Gottes, der das Niedrige erwählt; ein bescheidener, demütiger Mann, der nicht unbedingt die Öffentlichkeit sucht, hat aber dann doch, durch Gottes Geist bewegt, mutig und entschlossen gehandelt. Das alles macht ihn uns sympathisch und man wünscht ihm viel Glück und viel Segen in seinem neuen Amt.

Doch dann folgen Ereignisse mit einer unheilvollen Dynamik.

In 1.Sam 13 wird ein Kampf gegen die Philister beschrieben, die nach einer Provokation Jonathans zu einem Großangriff übergehen mit einer Übermacht, die Angst und Schrecken verbreitet. Die Israeliten verkrochen sich in *Höhlen und Klüften und Felsen und Gewölben und Gruben* heißt es in der langen Aufzählung aller Zufluchtsorte, um die Not zu beschreiben. Saul selbst lagerte in Gilead, wohin ihn Samuel gesandt hatte, damit er dort sieben Tage warten soll. Er würde dann den Willen Gottes erfahren.

Sieben Tage warten, Tage voller Angst. Und je länger sich die Zeit hinzieht, umso mehr macht die Angst „Beine": Das Volk beginnt wegzulaufen. Saul steht unter Handlungsdruck und spricht schließlich:

„Bringt mir her das Brandopfer und die Dankopfer. Und er brachte das Brandopfer dar. Als er aber das Brandopfer vollendet hatte, siehe, da kam Samuel. Da ging Saul ihm entgegen, um ihm den Segensgruß zu entbieten. Samuel aber sprach: Was hast du getan? Saul antwortete: Ich sah, dass das Volk von mir wegzulaufen begann und du kamst nicht zur bestimmten Zeit, während doch die Philister sich schon in Michmas versammelt hatten. Da dachte ich: Nun werden die Philister zu mir herabkommen nach Gilgal, und ich habe die Gnade des HERRN noch nicht gesucht; da wagte ich's und opferte Brandopfer. Samuel aber sprach zu Saul: Du hast töricht gehandelt und nicht gehalten das Gebot des HERRN, deines Gottes, das er dir geboten hat. Er hätte dein Königtum bestätigt über Israel für und für. Aber nun wird dein Königtum nicht

bestehen. Der HERR hat sich einen Mann gesucht nach seinem Herzen, und der HERR hat ihn bestellt zum Fürsten über sein Volk; denn du hast das Gebot des HERRN nicht gehalten." (1.Sam 13,9-14)

Die Reaktion Samuels wirkt überzogen, vielleicht spielt hier auch gekränkte Eitelkeit mit. Hat Samuel sein Leitungsamt wirklich abgegeben oder klebt er noch an seinem Stuhl? Ist Saul nur ein König von Samuels Gnaden, der in jedem Moment den Nachfolger "abmahnen" kann? Ist es noch das alte Misstrauen gegen die neue Institution? Oder sieht Samuel - jenseits von allen subjektiven Empfindungen - eine ungute Entwicklung voraus, wie sie in den anderen Völkern ringsumher zu sehen war? Denn was Saul getan hatte, war ein klarer Fall von Amtsanmaßung. Saul hatte sein Mandat überschritten und in ein fremdes Amt eingegriffen. Er war zwar der König, aber er war kein Priester!

Die „Bibel mit Erklärung"[25] meint: Die sieben Tage seien eine Probe für Saul. Ein Widerstand, an dem der Mensch wachsen und Vertrauen lernen soll. Und dann heißt es: Die Leute laufen weg. Saul sieht sich immer mehr in seiner Position geschwächt. Angst befällt ihn, er beginnt an Gottes Hilfe zu zweifeln und will sie sich durch eigenmächtig vollzogene Opfer herbeizwingen. Das sei ein deutlicher Abfall von Gott und eine Absage an die alte Glaubenserfahrung und das Bekenntnis: *„Der Herr wird für euch streiten und ihr werdet stille sein."* (2.Mo 14,14) Und dann wird Samuels harte Entscheidung gerechtfertigt. *„Für die zunächst unverständlich erscheinende Härte, mit der Sauls Handlung als töricht bezeichnet wird, hat Samuel also einen schwerwiegenden Grund: Er sieht in der Handlungsweise Sauls den Versuch, Gott zum Handlanger des Königtums zu machen. Damit wird schon bei dem ersten König Israels gezeigt, welche Gefahr ein selbstherrliches, machtpolitisch ausgerichtetes Königtum ist."*

Der Verfasser des biblischen Berichtes schreibt nichts über die Reaktion Sauls. Ohne Zweifel aber müssen Samuels Worte Saul unter Druck gesetzt haben. Das Königtum war ja jetzt sein neues Lebenskonzept, das Samuel nun wegnimmt und zerreißt.

Es folgt dann schließlich noch jene Geschichte in 1.Sam 15, die wohl am meisten Fragen aufwirft. Samuel hatte Saul einen delikaten Auftrag gegeben. Er sollte an den Amalekitern eine Strafexpedition durchführen;

---

[25] Evangelische Haupt-Bibelgesellschaft zu Berlin und Altenburg, 1989

und zwar im Sinne eines Bannvollzuges, der alle treffen sollte - Mensch und Vieh gleichermaßen. Es fällt uns schwer, in diesem Auftrag noch Gottes Auftrag zu erkennen. Vielleicht können wir uns helfen, dass wir hier Israel in einer sehr frühen Phase seines Glaubens begegnen; auch dass Israel die Bannpraxis nicht erfunden hat, denn sie begegnet uns auch bei den Nachbarvölkern. Und natürlich sehen wir auch, dass das Alte Testament hier nicht stehenbleibt, sondern weiterschreitet...

Nun, am Ende hat Saul seine „Hausaufgaben" erfüllt – bis auf ein paar Tiere: Die besten Tiere hat er verschont – warum nicht? Samuel aber hat dafür kein Verständnis. Für ihn wird wiederum der Ungehorsam Sauls offenbar - seine Eigenmächtigkeit, seine Selbstherrlichkeit! Und er erneuert die Verwerfung: *"Gehorsam ist besser als Opfer und Aufmerken besser als das Fett von Widdern... Weil du des Herrn Wort verworfen hast, hat er dich auch verworfen, dass du nicht mehr König seist."* (1.Sam 15,22.23)

Nun kann man sich über solche Härte wiederum wundern. Statt Vorwürfe hätte Samuel ja auch Saul loben können, weil dieser endlich anfängt, mit einem grausamen Kriegsbrauch zu brechen. Doch sind beim Lesen dieser Geschichte wieder ein paar Zwischentöne zu hören, die stutzig machen:

Was war sein eigentliches Motiv für die Sonderbehandlung des Viehes? War er zu „human"? Davon kann keine Rede sein, denn die Menschen werden ohne Skrupel getötet. War er zu religiös? Will er vielleicht Gott ein besonderes Opfer bringen - richtig festlich und schön?

Saul selbst sagt: *"Ich fürchtete das Volk und gehorchte seiner Stimme."* (1.Sam 15,24) Sein Motiv war wieder der „Volkswille". Das kommt uns bekannt vor. Schon in der ersten Geschichte (1. Sam 12) ging es darum, dass er um des Volkes willen das Opfer darbrachte. Immer ist es der Druck der Mehrheit, der ihn zum Handeln zwingt – die Stimmung und die herrschenden Verhältnisse, die nun einmal so sind, wie sie sind und die man doch anerkennen müsse.

Genau betrachtet scheint mir das Herz Sauls weder beim Volk, noch bei Gott, sondern bei sich selbst zu sein. Er will seine Beliebtheit nicht verlieren. Das wird noch einmal eindrücklich deutlich in der ergreifenden Szene, als Saul sich an Samuels Rock hängt und diesen anfleht, ihn doch vor dem Volk zu ehren (1.Sam 15,27). Dafür spricht er auch noch schnell ein Schuldbekenntnis. Doch das ist eher Reue als Mittel zum Zweck, damit er vor dem Volk nicht bloßgestellt wird! Sein liebstes

Möbelstück ist das "Spieglein an der Wand - wer ist der Schönste, Mächtigste, Beliebteste im ganzen Land."

Von Samuel aber heißt es, er habe die Nacht über auf Knien vor Gott zugebracht. Offenbar bricht es ihm selbst das Herz. Aber er weiß: Der König sollte dem Volk als Vorbild im Gehorsam gegenüber Gott vorangehen. Saul hingegen lässt sich vom Volkswillen treiben, achtet das Ansehen beim Volk höher als das Ansehen bei Gott. Es ist seine Sucht zu gefallen, die doch nur eine krankhafte Suche nach sich selbst ist.

Zur Krankheit wird sie, als das Volk ihn fallenlässt. Sicher war das Geplärr der Frauen und ihr makabrer Vergleich töricht: *"Saul hat 1000 erschlagen, aber David 10.000."* Das Volk hat einen neuen Helden, das ist alles.

Keiner aber ahnt, wie das neue Volkslied auf Sauls Innenleben wirkt. Bei einem gesunden Selbstwertgefühl hätte er sich sogar mitfreuen können, dass in Israel die Helden noch nicht ausgestorben sind, wie jener junge David zeigt. Es müsste ihn nicht bis ins Innerste treffen.

Stattdessen löst das Erlebnis eine tiefe Krise aus. Saul hat gegen solches Vergleichen keine Abwehrkräfte mehr. Das strahlende Bild von sich, das er sorgfältig gepflegt und poliert hat, war matt geworden. Er ärgert sich, und Ärgernis ist auch in diesem Fall nichts anderes als *„unglückliche Bewunderung"* (S. Kierkegaard) Am anderen Tag kam der böse Geist von Gott über Saul. Saul stürzt in eine Depression von Minderwertigkeitsgefühlen und Selbstmitleid - wohl das schlimmste Gift für eine Seele. Und weil er die Möglichkeit dazu hatte, schlägt seine Depression in Aggression um. In der Gewalt bricht ein Gefühlsstau los. Der beste Weg, so scheint ihm, ist, den ungeliebten Rivalen zu beseitigen. Wie so oft geschieht jetzt Gewalt nicht aus Stärke, sondern aus jämmerlicher Angst. Ein widersinniger Kampf beginnt, der Sauls beste Kräfte und Jahre verzehren wird. In dieser Treibjagd auf der Suche nach David handelt Saul wie ein gejagtes Tier, blind und taub für alle Argumente. Doch noch einmal gibt es für ihn einen wachen Augenblick, als David in unbegreiflicher „Feindesliebe" Sauls Leben verschont:

„Als nun David diese Worte zu Saul geredet hatte, sprach Saul: Ist das nicht deine Stimme, mein Sohn David? Und Saul erhob seine Stimme und weinte und sprach zu David: Du bist gerechter als ich, du hast mir Gutes erwiesen; ich aber habe dir Böses erwiesen. Und du hast mir heute gezeigt, wie du Gutes an mir getan hast, als mich der HERR in deine Hände gegeben hatte und du mich doch nicht getötet hast. Wo ist jemand, der seinen Feind findet und lässt ihn mit Frieden seinen Weg

gehen? Der HERR vergelte dir Gutes für das, was du heute an mir getan hast!" (1.Sam 24,17ff.)

So viel zu dem Saul des Alten Testamentes. Im Nachdenken über das tragische Scheitern dieses ersten Königs Israels fiel mir dann noch der „Saul" des Neuen Testamentes ein – „Saulus", „Paulus". Zwischen beiden gibt es eine vergleichbare Erfahrung, denn auch Paulus erlebte einmal eine radikale Infragestellung seiner selbst, als die Korinther ihn mit den „Superaposteln" verglichen.

Statt törichter Lieder auf den Straßen flatterten Briefe bei ihm ein. Keine freundlichen Briefe, vielmehr von Anfang bis Ende Kritik: Kritik an seiner Person, Kritik an seinem Apostelamt, Kritik an seinem Dienst. Man distanziert sich von ihm, hält ihm seine Schwächen und sein Versagen vor. Vor allem habe man inzwischen andere Apostel kennen gelernt, deren Auftreten und Ausstrahlung und vor allem geistliche Vollmacht einfach neue Maßstäbe gesetzt hätten!

Solche Kritik tut weh. Das lässt auch einen Apostel nicht kalt, wenn er verglichen wird und der Vergleich gegen ihn ausfällt. Das macht traurig und drückt nieder. Hinzu kommt, dass Paulus die Gemeinde in Korinth gegründet hatte.

Doch wenn Paulus ehrlich in sich hineinhorcht, dann haben die Korinther mit ihrer Kritik ja sogar Recht. Er kennt seine Schwächen selbst am besten. Er weiß selbst um die Krankheit, die ihm hart zusetzt und die er wie einen Pfahl in seinem Fleisch erleidet. Und wie sehr hatte er zu Gott gefleht! Aber ihn hatte nur ein Wort erreicht: *„Lass dir an meiner Gnade genügen, denn meine Kraft kommt in Schwachheit zur Vollendung."* Nun, davon wissen die Korinther nichts. Sie sehen nur das, was vor Augen ist. Was soll er ihnen antworten?

Er setzt sich hin und schreibt. Seine Sätze sind ein Zeugnis dafür, was Paulus unter „Gnade" versteht - also gewissermaßen angewandte Rechtfertigungslehre:

„Dafür halte uns jedermann: für Diener Christi und Haushalter über Gottes Geheimnisse. Nun fordert man nicht mehr von den Haushaltern, als dass sie für treu befunden werden. Mir aber ist's ein Geringes, dass ich von euch gerichtet werde oder von einem menschlichen Gericht; auch richte ich mich selbst nicht. Ich bin mir zwar nichts bewusst, aber darin bin ich nicht gerechtfertigt; der Herr ist's aber, der mich richtet. Darum richtet nicht vor der Zeit, bis der Herr kommt, der auch ans

Licht bringen wird, was im Finstern verborgen ist, und wird das Trachten der Herzen offenbar machen. Dann wird einem jeden von Gott sein Lob zuteilwerden." 1.Kor 4,1-5

1. „Mir ist`s ein Geringes, dass ich von euch gerichtet werde."

Zunächst mag dieser Satz arrogant klingen. Er bedeutet doch: Es macht mir nichts aus, was ihr über mich denkt. Das kann zwar Ausdruck eines gesunden Selbstwertgefühles sein, aber eben auch Ausdruck einer Überheblichkeit, die den anderen von oben herab wissen lässt, dass seine Meinung gar nicht gefragt ist.

Nun wäre es nicht nur arrogant, sondern geradezu unklug, nicht auf das zu hören, was andere von uns halten. Das hat ja auch einen geistlichen Aspekt. Wenn Gott auch durch Brüder und Schwestern zu mir spricht, warum sollte ich deren Urteil nicht ernst nehmen? Und hat nicht auch eine Gemeinde wie Korinth das Recht, ihren Apostel zu beurteilen? Paulus sollte nicht gleich jede Kritik als Angriff deuten.

Man kann das auch noch viel grundsätzlicher sagen. Ist es nicht so, wie Martin Buber sagte, dass der Mensch sein ICH am DU findet? Der Mensch wird, so belehren uns auch Psychologen, von außen nach innen geformt. Er braucht die Anerkennung, die Liebe, die Zuwendung anderer. Solche äußere Bestätigung stützt die eigene Mitte. Das gilt in besonderer Weise für ein Kind, aber wohl auch für Erwachsene. Das Selbstbewusstsein eines Menschen wächst von außen nach innen: Ich bin das, was ich für andere bin. Das gilt so tief, dass Mängel, die hier entstehen, ein Leben lang Unsicherheit verursachen. Das alles passt jedenfalls nicht zusammen mit dem Satz: „Es macht mir nichts aus, von euch gerichtet zu werden."

Paulus würde dem Gesagten gewiss grundsätzlich zustimmen, doch lehnt er es offensichtlich ab, seinen Wert *ganz und total* von außen bestimmen zu lassen. Und das nicht aus gekränkter Eitelkeit oder arroganter Überheblichkeit, sondern weil hier Gefahren lauern. Wer seinen Selbstwert *nur* von außen bestimmen lässt, wird leicht abhängig und unfrei. Er fragt dann nur noch danach, was andere über ihn denken oder sagen, ob sie ihm zustimmen oder ihn ablehnen. Dann schaue ich bald dort, bald dahin und verrenke mir förmlich den Hals. Hinzu kommt die Erfahrung, dass Menschen mich ganz unterschiedlich beurteilen und dass ich es nicht jedem recht machen kann. Ich finde auf diesem Weg keinen Frieden.

Auf ganz anderer Ebene begegnet uns dieses Phänomen in der Politik. Ständige Politbarometer markieren den Beliebtheitsgrad von Politikern. Die Gefahr besteht, sich nun abhängig zu machen von Stimmen und Stimmungen. Wer gewählt oder wieder gewählt werden will, muss sein Image pflegen. Am Ende steht eine Gefälligkeitsdemokratie, die alle vier Jahre neue Versprechungen abgibt.

Wenn Paulus es ablehnt, seinen Selbstwert nur von außen bestimmen zu lassen, kann man nun vermuten, dass er stattdessen seinen Halt in sich sucht – eben wie ein Mensch, der ganz in sich selbst ruht. Merkwürdig ist nur, dass er auch darauf verzichtet.

2. „...auch richte ich mich selbst nicht. Ich bin mir zwar nichts bewusst, aber darin bin ich nicht gerechtfertigt"

Geht das denn? Wenn ich schon nicht auf das Urteil anderer achte – dem Urteil über sich selbst kann doch gar keiner entfliehen. Immer sind wir doch irgendwie im Gespräch mit uns selbst. Und dieses Selbst in uns ist sehr unruhig, vergleicht uns ständig mit anderen und fragt: Wer bin ich eigentlich? Solche Selbstwahrnehmung ist nötig und wichtig. Auf diese Weise lernt ein Mensch seine Gaben, aber auch seine Grenzen erkennen. Auch lernt er, sich selbst realistisch einzuschätzen, ohne überheblich zu werden oder in Minderwertigkeitsgefühle zu versinken.

Wie kommt Paulus dazu zu sagen, er richtet sich nicht selbst? Misstraut er der eigenen Urteilskraft? Ahnt er, dass es auch hier zahllose Fehlerquellen geben kann?

In der Tat: An dem einen Tag fühle ich mich gut, meine vielleicht, der Größte zu sein, bin überzeugt von mir, und am nächsten Tag fühle ich mich ziemlich elend und klein. Heute läuft alles blendend und morgen alles schief. Wer bin ich denn, der von heute oder der von morgen? Ist mein „Ich" abhängig von der Tagesform?

So komme ich, wenn ich in mich selbst hineinhorche, aus dem Stimmengewirr nicht heraus. Auch mag die innere Stimme uns das Leben mitunter schwerer machen als andere; sind wir uns selbst oft doch die schärfsten Richter.

Nun schreibt zwar Paulus, er habe sich nichts vorzuwerfen. Nach eigenem Urteil wäre er also gerecht und könnte durchaus zufrieden sein. Doch er tut es nicht: „Ich bin mir zwar nichts bewusst, aber darin bin ich nicht gerechtfertigt." Denn auch jetzt, da der innere Richter mit ihm zufrieden ist, gibt es eine Gefahr. Paulus kannte sie, denn bevor er Christ wurde, war er Pharisäer. Der Pharisäer ist sich keiner Schuld bewusst: Er dankt Gott, dass er nicht so ist wie dieser Zöllner da. Er spricht sich selbst gerecht. Er braucht keine Vergebung, auch keine Barmherzigkeit. Und das macht ihn stolz und hart. Er, der selbst keiner Barmherzigkeit mehr bedarf, ist auf Dauer auch nicht mehr bereit, anderen Barmherzigkeit zu gewähren. So wird er mehr und mehr zum Verkläger, ja zum Richter über die anderen.

3. „Der Herr ist's aber, der mich richtet. Darum richtet nicht vor der Zeit, bis der Herr kommt."

Paulus will seinen Selbstwert also *weder allein von außen noch allein von innen* bestimmen lassen, sondern gewissermaßen von *oben*. Gott ist sein Richter und unser aller Richter, sagt er den Korinthern. Er appelliert also an die höchste Instanz.

Nun finden wir es ja in der Regel problematisch, von Gott als Richter zu sprechen. Martin Luther hat Gott deswegen gehasst, weil er in seiner Klosterzeit nur diesen richtenden Gott kannte. Dieses Gottesbild hat Gewissen geknechtet bis in die Kinderzimmer hinein. Als Kinder sangen wir das Lied: *„Pass auf, kleines Auge, was du siehst. Denn der Vater in dem Himmel schaut herab auf dich, drum pass auf, kleines Auge, was du siehst."* Wir sprangen dabei auf dem Sofa und trällerten das Lied vor uns hin. Ich wundere mich, dass ich diesen Gott dann doch lieben gelernt habe - wahrscheinlich deswegen, weil an eben diesem Sofa meine Mutter sich jeden Morgen hinkniete und Gott ihr Herz ausschüttete. An ihrem Beten habe ich beten gelernt und erfahren, dass Gott mehr ist als der große Aufpasser, sondern der liebende Vater.

Grundsätzlich wird man dennoch auf diese Seite Gottes nicht verzichten können, so wenig wie man auf irdische Gerichte verzichten kann. Ein Richter spricht Recht und er bestraft Unrecht. Das muss sein, und es wird jeder bestätigen, dem selbst Unrecht widerfahren ist.

Für Paulus hat der Gedanke an das Gericht Gottes in diesem Sinne nichts Erschreckendes, sondern Tröstliches. Denn er weiß: Dieser Gott ist nicht nur mein Richter, er ist auch mein Anwalt. Wenn ich vor diesem Richter einmal offenbar werde, werde ich mich schämen - nicht weil er mir meine Sünden und Defizite vorhält, sondern weil ich mich in seinem Licht plötzlich selbst erkennen werde. Ich werde mich schämen wegen der Härte und Ichsucht meines Herzens. Doch stelle ich mir dann vor, dass dieser Richter uns, die wir am liebsten im Boden versinken möchten, trösten wird. Er wird das Gute deutlicher sehen als das Schlechte. Er wird es selbst bei denen sehen, die wir schon abgeschrieben haben. Das meint wohl Paulus, wenn er sagt: „*... dass jeder von ihm* – nein, nicht die Strafe, sondern - *sein Lob empfangen wird.*"

Freiheit ergreifen

Die Botschaft vom befreienden Gott[26]
Eine Einführung in das Buch Exodus

Die diesjährige Bibelwoche beschäftigt sich mit Texten aus dem Buch Exodus - sieben Texte, jeder in seiner eigenen Schönheit und Schwere, die wie eine Landschaft vor uns liegen und die es zu erkunden gilt. Dieser Vortrag kann nicht von Ort zu Ort ziehen, sondern lediglich eine Art Luftaufnahme bieten aus größerer Entfernung. In diesem Sinne möchte ich ein paar übergeordnete Gesichtspunkte beleuchten, die sich auf verschiedene exegetische und hermeneutische Zugänge zu den Texten beziehen.

Schaut man sich in der Literatur um, so findet man im wesentlichen drei Perspektiven.

Da ist zunächst - nach wie vor - die *historisch-kritische Fragestellung*: Wie sind die Texte entstanden? Was wissen wir über den historischen Hintergrund? Hier ist die Forschung in einem merkwürdigen Wandel begriffen.

Da ist zweitens die *religionskritische Fragestellung*, der es um die besondere Gottesoffenbarung geht, die dem Volk Israel inmitten einer polytheistischen Umwelt gegeben wurde.

Und natürlich gehört zur Beschäftigung mit dem Buch Exodus auch die *sozialkritische Interpretation*, wie sie vor allem in der Befreiungstheologie praktiziert wird.

Zuvor jedoch ein paar allgemeine Bemerkungen.

Ich finde es gut, dass die Textwahl für die Bibelwoche in diesem Jahr auf das Buch Exodus gefallen ist, zumal unsere Predigtordnung nur zwei Texte aus diesem Buch anbietet: Die Berufung des Mose 2.Mo 3,1-10(11-14) in der Epiphaniaszeit und die Fürbitte des Mose 2.Mo 32,7-14 am Sonntag Rogate. Für Juden und Christen gehört das Buch Exodus jedoch zu den zentralen Texten der Bibel mit einer kolossalen Wirkungsgeschichte. Gerade die Texte der Exodusgeschichte überspringen mit Leichtigkeit den *„garstigen Graben der Geschichte"* (Lessing) und verschmelzen mit gegenwärtigen Erfahrungen. Es ist vor allem die urmenschliche Sehnsucht nach Freiheit, die in diesen Texten dekliniert

---

[26] Vortrag auf dem Pfarrkonvent in Flöha 15. Nov. 2001

wird und deren Erlangung hier als Prozess beschrieben wird mit Widerstand, Kampf, Scheitern, Ratlosigkeit - und Lobpreis!

Schon allein die Erzählung solcher Befreiung schafft eine Wirklichkeit. *„Wo man Geschichten von Befreiung erzählt, geschieht – wenigstens ansatzhaft – Befreiung. Zumindest gilt: Wo man aufgehört hat oder wo man damit aufhören muss, solche Geschichten zu erzählen, da dürfte auch die Freiheit in höchster Gefahr sein."* (Erich Zenger) Angesichts dessen kann man durchaus die Klage über den Verlust der großen Erzählungen verstehen, den man der Postmoderne attestiert. Denn immer stand in Israel solche Erinnerung im Dienste der eigenen Lebensbewältigung. Vielleicht entspricht deshalb dem beklagten Verlust der großen Erzählungen auch der Verlust an Verheißung. In diesem Sinne schreibt Hartmut Bährend: *„Die Postmoderne kennt keine Vergangenheit mehr, sie hat aber auch die Zukunft verloren. Sie ist voller Bewegung, aber ohne Orientierung, weil sie nur an der Gegenwart orientiert ist. Sie weiß von Erlebniskultur, Fitnessstrategien und Abenteuergeist, aber sie hat keine Geschichte mehr bei sich. Und dahinter sitzt der Keim der Resignation."*

Doch nun zu den drei beschriebenen exegetischen und hermeneutischen Fragestellungen.

1. Historisch-kritische Auslegung

Die Pentateuchforschung, einst Glanzstück der kritischen Bibelwissenschaft, ist das derzeit wohl schwierigste und kontroverseste Feld alttestamentlicher Exegese. Wer in den sechziger und siebziger Jahren Theologie studiert hat, fühlt sich beim Lesen neuerer Kommentare durchaus verunsichert. Denn das klassische Vierquellenmodell verliert mehr und mehr seine Überzeugungskraft. Es greift am ehesten noch in der Genesis und in der ersten Hälfte von Exodus, von wo aus es auch entwickelt wurde. Danach lässt es uns weitgehend im Stich. Sieht man genau hin, war der Konsens der Anhänger des Quellen-Modells seit jeher im Detail sehr gering. Was auf die Quellen J(ahwist), E(lohist) und P(riesterschrift) aufgeteilt wurde, war nicht selten vom Geschmacksurteil des jeweiligen Exegeten abhängig; ebenso gab es gravierende Differenzen über Entstehungszeit, geistige Heimat und theologische Programmatik.

Wenn die Differenzen bei den Vertretern des gleichen Modells so gravierend waren, dann musste früher oder später das Modell insgesamt infrage gestellt werden, ohne dass bereits ein Konsens in anderer Richtung in Sicht wäre. Wirkliche Gewissheit in den Entstehungsfragen des Pentateuch wird es auch in Zukunft nur schwer geben. So bleibt auch als Konsequenz, dass umstrittene Arbeitshypothesen nicht sofort und unbesehen zur Grundlage der Verkündigung gemacht werden dürfen.

Drei Punkte kristallisieren sich für mich in der gegenwärtigen Pentateuchforschung heraus:

- Der Pentateuch bleibt ein *vielstimmiges* Werk, das die Handschrift vieler Zeugen trägt. Man mag beklagen, dass wir die Überlieferung nicht aus *einer* Hand haben, eher aber sollte man es bewundern. Hier drückt sich nicht nur eine großartige Integrationsleistung aus, verschiedene Stimmen in einem Chor erklingen zu lassen, sondern auch ein Grundmuster hebräischen Denkens, dass die großen Taten Gottes - ähnlich wie im Gerichtswesen – immer auf zweier oder dreier Zeugen Mund beruhen soll. Das heißt auch: Keiner der Zeugen maßt sich an, das letzte Wort zu haben, sondern ist offen für das Zeugnis des anderen, ja tritt mit den anderen in den Dialog - einen Dialog, der immer auch den Leser ins Gespräch zieht.

- Zu beobachten ist der Trend, dass der Pentateuch später angesetzt wird als bisher angenommen, im Wesentlichen erst in *nachexilischer* Zeit. Auch hier kann man beklagen, dass wir die Ereignisse nicht aus *erster* Hand haben. Positiv gewendet aber bedeutet das einen Umgang mit Geschichte, der uns eher abhandengekommen ist. Geschichte ist für Israel nicht nur das, was einmal in der Vergangenheit *war*, sondern das, was noch in Gegenwart und Zukunft *wirkt*. Hier passiert eine eigenartige Verschmelzung der Zeiten: Die Vergangenheit geht ein in die Gegenwart und in die Zukunft.

An der Feier des Passafestes wird das sehr deutlich: Jeder solle daran teilnehmen, als sei er selbst mit aus Ägypten ausgezogen. Aus diesem Grund konnten und durften jene Erfahrungen gar nicht archiviert, sondern mussten je und je neu aktualisiert, interpretiert und vergegenwärtigt werden. So haben wir in den Texten nicht nur die Geschichte, sondern auch die Überlieferungsgeschichte, ja noch die Wirkungsgeschichte, in der jene alten Erfahrungen gewissermaßen ihren Mehrwert entfalten. Dabei waren es vor allem die Krisenzeiten, etwa das babylonische Exil, die auf die Heilsgeschichte zu hören lehrten, weil der Blick zurück wichtig war für den Blick nach vorn.

- Es gibt immer wieder Forscher, die aus der späten Abfassung der Mosebücher den Schluss ziehen, dass diese historisch wertlos seien und eher eine absichtsvolle literarische Fiktion. So ist Alberto Soggin der

Auffassung: *„... die Antwort ist, dass es sich um eine Art prophetische Parabel handelt, die den Exodus aus der babylonischen Gefangenschaft darstellen will.“* Die Not des babylonischen Exils werde in die graue Vorzeit projiziert, um aus solcher Projektion Hoffnung zu schöpfen für die Zukunft. Wir könnten also den Erzählungen kein historisches Wissen entnehmen, sondern nur über die Zeit, in welcher sie entstanden seien.

Rainer Stahl hingegen meint, dass in Religion und Theologie nichts einfach erfunden wird, sondern immer an lange Traditionsprozesse angeknüpft werde. In der Tat urteile jeder selbst, ob eine Fiktion, auf das dürre Erdreich des Exils ausgestreut, wirklich so viel Keimkraft besessen hätte, dass aus ihr Hoffnung und neue Zukunft gewachsen wäre. Vielmehr ist es die in der Stunde der Not erinnerte Geschichte und die Erfahrung des mitgehenden Gottes, die je und je neu ihre Kraft entfaltet.

Es gibt deshalb überhaupt keinen Grund zu einer historischen Enteignung der Texte. Natürlich: Wir haben es nicht mit den reinen Fakten zu tun, sondern mit verkündigter, interpretierter, oft in der Sprache des Rühmens gefasste Geschichte. Aber wo gibt es denn wirklich objektive Geschichtsschreibung? Mir scheint, dass sich die Theologie aus mancher Hyperkritik vergangener Zeiten langsam herauslöst und sich endlich den Standards der Altertumswissenschaft annähert, die froh wäre, wenn sie in anderer Hinsicht auch nur annähernd eine solche Quellenlage zur Verfügung hätte, wie sie die Bibel bietet.

Was im Blick auf das Buch Exodus historisch zu sagen ist, das wurde bereits in der Kontroverse zwischen Martin Noth und Siegfried Hermann abgeklärt. Berühmt wurde Noth's überlieferungsgeschichtliche Reduktion der Mosegestalt, bei der historisch eigentlich nur zweierlei übrig blieb: dass Mose verheiratet war – und zwar mit einer ausländischen Frau- , und dass er gestorben ist. Über dieses historische Minimum hinaus meinte Noth nichts mehr sagen zu können.

Herrmann jedoch drängte die Überlieferungsgeschichte aus ihrer beherrschenden Stellung heraus. Gegen Noth vertrat er die These, dass *nicht Überlieferung Geschichte schaffe, sondern Geschichte schaffe Überlieferung.* Im Ergebnis kam er wieder zu einer viel stärker historisch profilierten Mosegestalt, was nach Noth kaum noch erwarten war: *„Jene im Pentateuch durchgehaltene dominante Überlieferung, die Mose von Ägypten ausgehen lässt, zum Führer in der Wüste macht, am Gottesberg zum Mittler erhebt und ihn schließlich vor den Toren Palästinas auf dem Gipfel des ostjordanischen Nebo sterben lässt, ist mit den Schicksalen* *einer von Ägypten gekommenen Gruppe durchaus vereinbar. Es sollte einer durchlaufenden Mose-Überlieferung über eine von Ägypten bis Palästina an seiner Seite agierende Gruppe geglaubt werden."*

Natürlich meint Herrmann nicht, dass die biblischen Erzählungen lediglich historische Berichte seien. Die Faktizität allein beweist ja ohnehin nicht die damit verbundene Glaubensperspektive. Ähnlich heißt es in dem schönen Kommentar des Rabbiners Benno Jacob, dass es nicht ausreiche, den historischen Kern zu erfassen, sondern den damit verbundenen Sinn, den die Thora ausdrücken wolle, nämlich die religiösen Gedanken und Absichten, nach denen sie die Erzählung so und nicht anders gestaltet hat.

Zum Abschluss dieses Punktes möchte ich gern kurz eine Deutung Martin Bubers vorstellen, die gewissermaßen einen „entmythologisierten" Umgang mit einem Exodustext darstellt, ohne dessen Geheimnis zu zerstören. Buber bezieht sich auf 2.Mo 24,10, wo erzählt wird, dass Mose und die 70 Ältesten auf den Gottesberg steigen und dort Jahwe „sehen". Freilich wird nicht gesagt, wie Jahwe aussieht, sondern nur, wie es *„unter seinen Füßen"* aussieht. *„Wie ein Werk aus saphirnen Fliesen, wie der Kern des Himmels an Reinheit."* (Martin Buber).

Bubers Interpretation dieser Stelle mutet fast rationalistisch an: *„Sie sind wohl vor Morgengrauen durch zähen niederhängenden Wolkendunst gewandert, und in eben dem Augenblick, da sie das Ziel betreten, zerreißt, wie es mir selber einmal widerfuhr, das dicke Gewölk und vergeht, bis auf ein noch verharrendes, aber schon durchglänztes Wolkengebild; genug, die saphirne Nähe des Himmels überwältigt die Hirten, die noch nie zu kosten, nie zu ahnen bekommen haben, was das Spiel des frühen Lichtes über den Gipfeln der Berge erschließt. Eben dies aber nehmen die Vertreter der befreiten Stämme als das wahr, was unter den Füßen ihres thronenden Mäläch (Königs) ist, und indem sie sehen, was ihm entstrahlt, sehen sie ihn. Er hat sie mit seiner großen Macht durchs Meer und durch die Wüste geführt und auf Adlerflügeln zu diesem Berg seiner Kundgebung gebracht; er hat mit ihnen hier den Blutbund, den Königsbund geschlossen; er hat sie zu sich zum Mahl geladen; und nun, da sie bei ihm angelangt sind, gibt er in den Herrlichkeiten seines Lichtes sich selbst zu sehen, sichtbar werdend und unsichtbar bleibend. Die Netzhaut ihrer Augen fängt nichts anderes auf, als was auch die unsere aufzufangen vermag; sie aber sehen den Offenbarer."*

Die biblischen Menschen bekommen – wenn wir Buber recht verstehen – genauso wenig etwas „Überweltliches" oder „Übernatürliches" zu sehen wie die Menschen unserer Gegenwart. Nur weil sie von ihrem Gottesglauben erfüllt sind, verdichtet sich in bestimmten offenbarungsträchtigen Augenblicken für sie ein bestimmtes Naturphänomen zu einem "Bild" von Jahwe, der über der Saphirglocke des Himmelsgewölbes thront.

Diese Art der Interpretation wird noch deutlicher in einem Abschnitt aus seinem 1943 erschienen Roman *„Gog und Magog"*. Da sagt die tragende Gestalt des Romans, der „heilige Jude", zu dem Rabbi von Lublin: *„Für viele Eurer Schüler, Rabbi, zerfallen die Begebenheiten der Welt in solche, die sie natürlich, und solche, die sie wunderbar nennen. Ich aber, und wohl noch etwelche andern, wir kommen immer mehr zur Einsicht, dass es diesen Unterschied in Wahrheit nicht gibt. Ich kann nicht daran glauben, Gott irre unseren armen Verstand mit Künsten, die dem Gang der Natur widersprechen. Vielmehr scheint es mir, dass wir, wenn wir Natur sagen, die Schöpfungsseite dessen, was geschieht, meinen, und wenn wir Wunder sagen, seine Offenbarungsseite, oder auch das eine Mal, was man die machende Hand Gottes nennt, und das andere Mal, was wir seinen zeigenden Finger nennen. Es ist aber dasselbe Geschehen. Der eigentliche Unterschied scheint mir darin zu bestehen, dass wir den Finger oft schwerer wahrnehmen als die Hand. Wunder heißt unser Empfang der ewigen Offenbarung. Und wer kennt die Grenzen der Natur, da sie doch Gottes ist!"*

Hier wird dem Wunder nichts genommen, ja die Bibel leitet selbst zu solcher Interpretation an, wenn sie z.B. den Durchzug durch das Schilfmeer durch einen starken Ostwind geschehen lässt; der Glaube aber sieht durch den Stab des Mose links und rechts sich die Wasserwälle aufrichten und erhebt Gott in der Sprache des Rühmens.

2. Religionskritische Auslegung

Die Exodusgeschichte hat eine merkwürdige Doppelbödigkeit, die sich uns erst im Blick auf die religiöse Kulisse Ägyptens erschließt. In unseren Bibelwochentexten gibt es eine Schlüsselaussage, die sich in den folgenden Kapiteln geradezu leitmotivisch wiederholt. Da spricht Mose zum Pharao: *„So spricht Jahwe, der Gott Israels: Lass mein Volk ziehen, dass es mir ein Fest halte in der Wüste."* (2.Mo 5,1) Hintergrund dieser Aufforderung ist, dass es in Ägypten nicht möglich war, Jahwe kultisch zu verehren. Ganz Ägypten galt als Heiligtum des ägyptischen Staatsgottes. Wenn Israel seinem eigenen Gott opfern will, dann muss es ägyptischen Boden verlassen. Freiheit hat hier also zunächst die Bedeutung von Religionsfreiheit für dieses Sklavenvolk.

Der Pharao antwortet: *„Wer ist Jahwe, dass ich ihm gehorchen müsse und Israel ziehen lasse? Ich weiß nichts von Jahwe, will Israel auch nicht ziehen lassen."* (2.Mo 5,2; 7,5; 7,17; 8,6!, 8,18). Damit ist das religiöse Thema der nächsten Kapitel angeschlagen, die, von dieser Frage herkommend, als Offenbarungsgeschichte zu lesen sind. Jahwe, der unbekannte Gott, macht sich bekannt, offenbart sich in der Rettung seines Volkes. Deshalb ist es wichtig, neben der Außenseite – dem Kampf gegen das Unterdrückerregime des Pharao – unbedingt die Innenseite dieses Kampfes zu sehen, nämlich den Kampf gegen die Götter Ägyptens – allen voran den Pharao, der sich selbst als Gottkönig verstand. Paradoxer Ausdruck dieses Machtkampfes ist, dass die Magier Ägyptens sich veranlasst sehen, bei den Wundern, die Mose tut, mitzuhalten. Sie wollen es dem neuen Konkurrenten zeigen, wer die größeren Kräfte hat. Schließlich galt Ägypten als das Land der Magie und der okkulten Kräfte. Doch schon in 2.Mo 8,15 heißt es: *Da sprachen die Zauberer zum Pharao: „Das ist Gottes Finger."* An Jahwe erfahren die Götter Ägyptens ihre Ohnmacht.

Doch dieser Machtkampf scheint mir eher wie eine Maske, die Gott benutzt, um sie – so schnell wie möglich – wieder abzusetzen. Denn seine Macht besteht nur vordergründig darin, mit den heidnischen Göttern seine Kräfte zu messen oder durch Zaubertricks zu imponieren. Diesen Eindruck muss man ja bisweilen gewinnen und auch G. von Rad klagt einmal, die Darstellung des Mose verzerre diesen fast in das Bild eines Magiers. Doch wo dies geschieht – etwa in der Berufungsgeschichte 2.Mo 3 und 4 – muss man wohl zwischen den Zeilen lesen:

- Die *Schlange* wurde als Gottheit verehrt, sie war die Schutzgottheit des Pharao selbst - man sah ihren Kopf an seiner Krone hervorragen. Der Stab wird zur Schlange, vor der Mose flieht, doch ohne Angst soll er sie packen. D.h. *Jahwe wird stärker sein als die Gottheiten Ägyptens.*

- *Aussatz* galt als Zeichen des Todes. Dazu kommt, welch überaus große Bedeutung der Tod und die Totenwelt in der Religion Ägyptens einnehmen. Die Aussage der aussätzigen und dann geheilten Hand ist: *Jahwe ist Herr über Leben und Tod.*

- Dasselbe gilt für die *Verfärbung des Nilwassers.* Auch der Nil galt als Gottheit und alljährlich trat der Pharao an den Nil heran und warf einen Brief in den Fluss mit der Bitte, die Flussgottheit möge auch dieses Jahr wieder gnädig das Land überschwemmen. *Die Verwandlung des Wassers in Blut zeigt, dass Gott stärker ist.*

Das sind offenbar mehr als ein paar billige Tricks, um später das ungläubige Volk in Staunen zu versetzen. Gott spricht vielmehr zu den Menschen in einer Sprache, die ihnen vertraut war. Aber – wie gesagt – das alles erscheint mir als Maske. Diese Machterweise sind gewissermaßen Gottes fremdes Werk. Sein eigentliches Werk hingegen ist, dass er all seine Macht dazu einsetzt, sein unterdrücktes Volk zu retten. Gottes Macht wird offenbar in seinem Einsatz für ein ohnmächtiges Sklavenvolk. Das ist die eigentlich revolutionäre Aussage der Exodusgeschichte. So beschämt er die Supermacht Ägyptens und alle menschliche Stärke.

Hier sind gerade aus der Dornbuschgeschichte wichtige Einsichten zu gewinnen. Zur Interpretation könnte Bubers Unterscheidung der Schöpfungsseite und der Offenbarungsseite hilfreich sein. Als Naturphänomen wird der Dornbusch – der *sine* - gern identifiziert mit dem Diptam, einem Strauch, dessen Blätter Öl absondern, die sich bei starker Sonneneinstrahlung auch einmal entzünden können. Jedenfalls gibt es im Vorderen Orient auch andere Geschichten von brennenden Dornbüschen. Doch der Busch ist nur Aufhänger, auch das physikalische Geschehen. Das ist die Schöpfungsseite.

Doch was ist die Offenbarungsseite? Die rabbinische Auslegung betont, dass der Dornbusch als niedrig und unbrauchbar galt. Diese Erkenntnis diente nun zu verschiedenen Assoziationen. Rabbi Elieser schreibt: *„Wie der sine [Dornbusch] der niedrigste aller Bäume auf der Welt ist, so waren auch die Israeliten niedrig und den Ägyptern untertan.“* Israel identifiziert sich also zunächst selbst mit solcher Niedrigkeit. Erstaunlich aber ist, dass auch Gott sich damit identifiziert, sich also nicht aus einer stolzen Dattelpalme, sondern eben aus diesem niedrigen Dornbusch offenbart. *„Der Heilige, gelobt sei er, sagte: Ich bin bei ihm in der Not. Sie befinden sich in der Unterjochung und ich bin desgleichen im sine, an einem engen Ort.“* Und Philo von Alexandrien fügt hinzu: *„Der brennende Busch war ein Symbol des unterdrückten Volkes, das brennende Feuer ein Symbol des Unterdrückers.“* Dass aber der brennende Dornbusch nicht *verbrannte*, hätte Mose bereits den Trost gegeben, dass Israel nicht untergehen werde.

Gott identifiziert sich mit seinem leidenden Volk. Diese Interpretation wird dann durch das nachfolgende Wort nur noch bestätigt: *„Ich habe das Elend meines Volkes in Ägypten gesehen und ihr Geschrei über ihre*

Bedränger gehört; ich habe ihre Leiden erkannt. Und ich bin hernieder gefahren, dass ich sie errette aus der Ägypter Hand... " Und zugleich verbindet sich dies mit der Offenbarung seines Namens – Jahwe, mit dem er sich anrufbar macht und zuspricht: *„ Ich will mit euch sein. "*

Das ist Jahwe, der Gott von Ägypten her, der sich der Schwachen erbarmt und der Sklaven in die Freiheit führt. Merkwürdig aber ist nun jene Intoleranz Jahwes, die in 2.Mo 34 vom Einreißen der Altäre und Ausstoßen der Kanaanäer spricht und die durchaus als religionsgeschichtliches Unikum erscheint. Denn die damaligen Kulte waren untereinander tolerant, gehörte doch der Polytheismus zu ihrem Wesen.

Doch hier geht es nicht nur um eine ängstliche Identitätswahrung. Hilfreich in diesem Zusammenhang sind einige Ausführungen Baldermanns.
„ Was ist der Grund für solche Eifersucht, die für den Treuebruch entsetzliche Vergeltung ankündigt und auch - so wird erzählt - vollstrecken lässt? Hat es der Schöpfer Himmels und der Erden nötig, auf die ohnehin fragwürdigen Götter so eifersüchtig zu sein? Diese vermeintliche Eifersucht Gottes hat immer wieder dazu dienen müssen, jede Intoleranz zu rechtfertigen, wenn es um Dinge des Glaubens ging.... Die Glut dieses Kampfes, der das ganze Alte Testament durchzieht, ist so lange nicht zu verstehen, wie man darin nur das Gebaren der Eifersucht sieht. Was müsste das wohl für ein Gott sein, der sich dadurch zu solchem Ingrimm hinreißen ließe - ein getreues Spiegelbild aller Eifersucht und Rechthaberei der Theologen! Es muss in der Bibel wohl um etwas anderes gehen, um einen tatsächlich unversöhnlichen Gegensatz wie zwischen Feuer und Wasser, um einen Kampf um den Menschen auf Leben und Tod.

Man muss zunächst einmal versuchen, die Physiognomie jener anderen Götter deutlicher zu erkennen, vor denen Israel in den Zehn Geboten gewarnt wird... Es ist ein Name, mit dem sie sich immer wieder verbindet, der des 'Baal', und ein Bild, in dem diese Verehrung immer wieder Gestalt gewonnen hat, das Bild des jungen, kraftstrotzenden Stieres... Was in ihnen [den Baalen] gesucht und verehrt wird, ist aber immer das gleiche: Es sind die Geheimnisse der Fruchtbarkeit und Stärke, der biologischen Kraft, Potenz, Vitalität und in alledem die Kraft unwiderstehlicher Aggression, die die Feinde zittern macht. Diese Faszination aber schafft sich ihr eigenes Medium: Am drastischsten lässt sie sich im Bilde vergegenwärtigen. Das ist der Hintergrund des alttestamentlichen Bilderverbotes...

Das eindrücklichste und eindeutigste Bild des Baalischen, das Bild des kraftstrotzenden Stieres (dessen Faszination der alttestamentliche Erzähler zu zerstören versucht, indem er es als 'Goldenes Kalb' disqualifiziert), wird in den Heiligtümern der Stämme Israels, in Bethel und in Dan, aufgestellt. Dabei macht es keinen wesentlichen Unterschied, wenn dieser Stier nicht als Bild Gottes selbst, sondern nur als sein Thronsitz und Reittier angesehen wurde; dieser Thronsitz soll eben all die Eigenschaften zeigen, denen die Verehrung gilt. Es macht später auch keinen großen Unterschied, wenn jetzt Götter in den Gesichtskreis Israels treten, die nicht dem Boden Kanaans, sondern der kultivierteren vorderasiatischen Religiosität entstammen; sie tragen andere Namen, aber immer wird in ihnen auch das Baalische erkennbar: Es geht immer wieder um die Verehrung der biologischen Mächte der Fruchtbarkeit, verbunden mit der Faszination der unwiderstehlichen Kraft militärischer Selbstdurchsetzung. Dies ist die Physiognomie des Baal, und sie hat bis heute nichts von ihrer Faszination eingebüßt; wer sich den Blick dafür schärfen lässt, wird sie überall erkennen.

Aus der Faszination der baalischen Mächte aber erwächst seit alters die unheimliche Bereitschaft, Menschenopfer darzubringen. Man kann darin geradezu das Feldzeichen der baalischen Mächte erkennen; und dies eben ist es, womit sich die Gotteserfahrung der Bibel so wenig verträgt wie das Feuer mit dem Wasser. Man kann nicht den Gott Israels verehren und zugleich die biologische und militärische Kraft; man kann nicht die Macht der Selbstdurchsetzung anbeten, sei es in ihren antiken oder in ihren modernen Attributen, und zugleich dem Gott der Bibel angehören wollen. Das Baalische nimmt dem Menschen sein Menschsein; und so geht es in dem Kampf zwischen Gott und Baal eben nicht um Eifersucht und Selbstbehauptung Gottes, sondern sein 'Eifer' ist etwas ganz anderes: seine Leidenschaft für den Menschen."[27]

Von daher fällt auch ein neues Licht auf die Plagengeschichten – wahrlich eines der eigenartigsten Erzeugnisse israelitischer Erzählkunst. Gottes Parteinahme für die Opfer wird in ihnen als Kampf gegen die Täter beschrieben, wobei gar nicht der Gedanke im Mittelpunkt steht, dass nun die Ägypter etwas von dem spüren sollen, was sie den Israeliten angetan haben. Vielmehr geht es darum, dass Gott die Rettung seines Volkes gegen alle Widerstände von Menschen und Mächten durchsetzt. In diesem Glauben hat selbst die Verstockung des Pharao etwas Tröstliches an sich, denn auch sie ist ein Zeugnis von Gottes Herrschaft:

---

[27] Ingo Baldermann, Bibel Buch des Lernens S. 65

„Wenn (Gottes) Macht hinter der Realität steht, dann bedeutet dies, dass die Macht des Pharao begrenzt ist..." (Jürgen Kegler)

Mit allem ist das Thema „Gott und Gewalt" gegeben, das in den Exodustexten durchaus positiv bestimmt wird. Menschen erfahren Gott gewaltig und gewalttätig und rühmen ihn darüber: *„Ross und Mann hat er ins Meer gestürzt."* Von unserer christlichen Tradition her neigen wir natürlich zur Friedlichkeit und fordern sie auch in Konflikten ein. Doch richtig beschreibt Renate Kersten in dem Gemeindeheft zur Bibelwoche die Möglichkeiten, aber auch die Grenzen dieser Haltung: *„Was aber, wenn sich die Konfliktparteien nicht einigen können? Was, wenn die Macht ganz ungleich verteilt ist und eine Seite sich weigert, der anderen auch nur zuzuhören? Es ist leicht, an Gandhi und Martin Luther King zu erinnern, wenn Angst und Bedrohung fern sind."* Friedfertigkeit, eingeklagt von jenen, denen es gut geht, kann von den Opfern schnell als zynisch empfunden werden. Jesu Worte der Feindesliebe sind gewiss kein Gebot, das Unrecht verschleiern will. Es setzt das Wissen um Recht und Unrecht vielmehr voraus und damit auch das Wissen, dass Gott sich mit der Sache der Leidenden identifiziert und ihr Anwalt wird.

Bemerkenswert ist, dass trotz des Mirjamliedes und des gewaltigen Hymnus in 2.Mo 15 als Antwort des geretteten Volkes im Judentum folgende Legende entstand: *Als die Engel über dem Wunder am Schilfmeer in den Siegesgesang Israels einstimmen wollten, verwehrte Gott es ihnen und sprach: Meine Geschöpfe sinken ins Meer und ihr wollt ein Lied anstimmen?*

Eine Verherrlichung von Gewalt ist damit ausgeschlossen, vielmehr soll sich Israel daran erinnern, dass die eigene Befreiung anderen Menschen Leid gebracht hat.

3. Sozialkritische Auslegung

Sozialkritische Bibelauslegung fragt nach den Impulsen, die biblische Texte im Blick auf die Veränderung der Gesellschaft geben. Gegen die historisch-kritische oder religionskritische Exegese erhebt sie mitunter den Vorwurf, dass sie die Texte analysiere und seziere und damit oft auch entschärfe. Die Exodusgeschichte scheint nun wie kaum ein anderer biblischer Text für eine sozialkritische Auslegung geeignet zu sein. Michael Walzers Buch *„Exodus und Revolution"* stehen stellvertretend dafür. Welche Gedanken spielen hier eine Rolle?

Israel reift in Ägypten zum Volk. Aus willkommenen Gästen werden mit der Zeit billige Arbeitskräfte, die in das Fronsystem des Pharao eingegliedert werden. Pharao - übersetzt „*Großes Haus*" - wird immer mehr zum „*Haus der Knechtschaft*". Israel erlebt also seine Geburt als Volk in innerer und äußerer Entfremdung – heimatlos, rechtlos, würdelos, Opfer von Willkür und Gewalt. Hier wird es auch das erste Mal mit der Bedrohungslüge konfrontiert, dass ihre große Zahl als Hebräer den Ägyptern gefährlich werden könnte, mit der dann psychologisch raffiniert alle Gegenmaßnahmen gerechtfertigt werden: „Ägypter, wehrt euch!"

Als Volk befreiter Sklaven ist nun Israel zu einer neuen Sozialgestalt gerufen, die sich schon in der Mannageschichte abbildet. Dort heißt es: *Wie viel jeder auch sammelte, keiner hatte zu wenig und keiner hatte zu viel.* (2.Mo 16,18) Hier erscheint eine Demokratie des Besitzes, die später in dem für Israel ganz eigentümlichen Bodenrecht weitergeführt wird, das das Gelobte Land immer nur als Leihgabe Gottes definiert hat.

Die Lernerfahrungen Ägyptens schlagen sich später auch in der Rechtsüberlieferung Israels nieder, wenn angemahnt wird, sich ein Herz für die Schwachen zu erhalten, weil man ja selbst in Ägypten schwach war. Die Erfahrung des gnädigen und barmherzigen Gottes sollte alle Bereiche der Kultur und Gesellschaft prägen, auch den Bereich der Wirtschaft und der Politik.

Genau dieses Anliegen verfolgt die sozialkritische Lesart der Exodusgeschichte. Übrigens wird in diesem Sinne mehr und mehr auch die Landnahme Israels vom Exodusgeschehen her verstanden.

So meint der katholische Alttestamentler Norbert Lohfink, Israel sei vor der Landnahme ein Volk von Brüdern und Schwestern gewesen. Nun stoße die nomadische Struktur Israels zusammen mit der städtischen Struktur Kanaans und deren feudalem, auf Ausbeutung beruhenden System. Die Zerstörung dieser Städte sei nun vor allem als Widerstandsbewegung gegen diese ausbeuterischen Strukturen zu verstehen.

"Die Archäologen sprechen jetzt für die Zeit des Übergangs von der Spätbronze zur Eisenzeit, etwa um das Jahr 1200 v.Chr. (es ist die Zeit, in der Israel in Palästina präsent wird) von einer massiven "De-Urbanisierung" (Entstädterung). Vorher waren die vielen Städte typisch für Palästina gewesen. Es waren die kanaanäischen Stadtstaaten, die in den Ebenen lagen und jeweils ihr Umland bis hinauf ins Gebirge beherrschten. Sie zerfallen jetzt, brennen nieder und werden nicht wieder aufgebaut oder verlieren doch erheblich an Bevölkerung. Dagegen ent-

stehen jetzt überall, vor allem auch im Hügelland und im Gebirge, dörfliche und unbefestigte Siedlungen. Sie sind offenbar keinem städtischen Zentrum mehr dienstbar. Dieser Vorgang, so sagt die plausibelste Erklärung, ist ein großer gesellschaftlicher und wirtschaftlicher Neubeginn. Er deckt sich weitgehend mit der Entstehung Israels... Ein alles in Bewegung setzender Auszug aus der bisher dominierenden Stadtkultur mit ihrer feudal organisierten städtischen Gesellschaft fand statt. Im Zeichen des neuen Gottes Jahwe... machte man sich daran, anders zu leben. Anderswo - nicht mehr in Städten, sondern in freien, ungeschützten Dörfern. Denn man begann, sich gegenseitig zu vertrauen. Auf andere Weise - nicht mehr in harter gesellschaftlicher Hierarchie, sondern in freier Brüderlichkeit, wo einer so viel wert war wie der andere und keiner über den anderen thronte. Nur einer thronte: der Gott, der ihnen die Freiheit geschenkt hatte. Zivilisatorisch war das in manchem notwendigerweise ein Rückschritt... Freiheit, Gleichheit, Brüderlichkeit forderten ihren Preis. Aber sie selbst und die Freude an dem neuen und einzigen Gott, der so etwas schenkte, wurden von diesen Sippen, die sich zu den 12 Stämmen zusammenschlossen, offenbar als entschieden höhere Werte empfunden als alles, was bisher die 'Stadt' mit ihren Göttern zu bieten hatte. Das ist der Anfang Israels. Deshalb hat Israel seinen Ursprung erzählt als einen Auszug aus den Städten in die Freiheit."

Richtig an dieser Sicht ist, dass der Glaube für Israel nie ein Rückzug in den Bereich des Privaten bedeutete, sondern eine die Gesellschaft gestaltende Kraft hatte. In dem oben erwähnten Buch Michael Walzers heißt es: „*Der Exodus ist ein Vorbild für messianisches und chiliastisches Denken und auch eine stetige Alternative dazu – ein weltlicher und historischer Bericht von ‚Erlösung'.*" Die Geschichte dränge zur Wiederholung. Und in der Tat ist die Wirkungsgeschichte gerade des Exodus sehr vielfältig – seien es die großen diakonischen Bewegungen des 19. Jh. oder die amerikanische Bürgerrechtsbewegung oder auch die lateinamerikanische Befreiungstheologie. Man kann nicht davon lesen, dass Gott die Leiden seines unterdrückten Volkes hört und sieht und „erfährt" (2.Mo 3,7), und selbst taub und blind bleiben für menschliches Leid heute. Deshalb gehört in diese Bibelwoche auch das soziale Evangelium.

Doch sollte dies m.E. mit Augenmaß geschehen. Heinz Zahrnt hat schon vor 20 Jahren der Befreiungstheologie einige Sätze ins Stammbuch geschrieben, die noch heute lesenswert sind. Ich will diese kurz darstellen und mit eigenen Überlegungen ergänzen.

- Die große Gefahr sei, so Zahrnt, dass die neuentdeckte gesellschaftspolitische Dimension der Bibel zu ihrem alleinigen und ganzen Inhalt werde. Die Preisgabe des christlichen Propriums sei weitgehend dort geschehen, wo der Inhalt des Christentums lediglich auf die Verbesserung und Humanisierung der Welt reduziert würde. Zahrnt vermutet, dass damit an die Stelle der traditionellen Gottesbeweis heute so etwas wie ein *soziologischer* Gottesbeweis trete: Man versucht den Beweis für die Wahrheit des christlichen Glaubens durch den Nachweis seiner Brauchbarkeit für die Gesellschaft zu erbringen. Eine solche Politisierung der Religion sei eine Verarmung und zerstöre überdies das Religiöse. Kirche verliere in dem Streben nach gesellschaftlicher Kompetenz dann schnell ihre religiöse Kompetenz – einer der Gründe auch für den Auszug breiter Massen aus der Kirche. Religiöse Nahrung werde dann woanders gesucht. Wenn die Bibel nur noch unter dem Gesichtspunkt verhört wird, was sie zur Bewältigung der gesellschaftspolitischen Aufgaben beizutragen hat, kann sie ihre eigentliche Kraft nicht entfalten. Der Mensch sei zwar, wie Aristoteles sagte, ein politisches Wesen, aber er darf nicht auf Politik und Wirtschaft reduziert werden. Weltverbesserungsprogramme gäbe es woanders auch, vielleicht auch bessere. *Das Evangelium bleibe nur Evangelium, wenn es eine eigene, besondere Botschaft bleibt, die sonst nirgendwo zu hören ist und die dem Menschen etwas zu sagen hat – auch unter Absehen aller Weltprobleme und ihrer Verbesserung.*

- Ein weiteres Problem sei in der Befreiungstheologie die Verbindung von Gerechtigkeit und Gewalt, die sich gern auch auf die Exodustradition beruft: *„Ross und Mann hat er ins Meer gestürzt..."* Es heißt, eine Theologie, die Gerechtigkeit will, müsse unter Umständen auch Gewalt bejahen. Sie brauche also auch die Fähigkeit, Gerechtigkeit durchzusetzen. Hatte doch schon Blaise Pascal gemeint: *„Die Gerechtigkeit ist ohnmächtig ohne die Macht."*

Der Unterschied zu der Befreiung aus Ägypten aber ist, dass dort allein Gott das handelnde Subjekt ist, nicht der Mensch. Nach Hans Strauß soll gerade der große Hymnus in 2.Mo 15 dazu helfen, *„die ganze Exodus- und darüber hinaus die Landnahmeüberlieferung inhaltlich je anders als unter dem Gesichtspunkt der exklusiven Urheberschaft Jahwes hinsichtlich aller dieser Geschehnisse zu verstehen und weiterzugeben."*

Vor allem gibt es schon im Alten Testament die Tendenz, dem Menschen das Schwert aus der Hand zu nehmen, weil es den Menschen auf Dauer überfordert. Die Gefahr ist ja offensichtlich, dass man die Gewalt dort, wo sie als Mittel zum Zweck zumindest für kurze Zeit zugelassen wurde, am Ende nicht mehr losbekommt, wie auch die Erfahrung mit den „säkularen Heilslehren" des vergangenen Jahrhunderts zeigen. Man begnügt sich dann nicht mehr, Zeichen des Reiches Gottes aufzurichten, sondern nimmt das Reich Gottes selbst in die Hand. Gerade dort, wo man nicht nur *Vorletztes*, sondern *Letztes* will – Endlösung, Erlösung - bleibt ein Trümmerfeld der Menschlichkeit.

Stattdessen rät Zahrnt zur Bescheidenheit, nicht gleich den Samen der Gerechtigkeit über den Acker der ganzen Welt zu tragen, so dass ihn der Wind davonträgt, sondern sich zu begnügen, einige Hektar gründlich zu bestellen. Er sei tief misstrauisch, ob die Welt sich wirklich ändern würde, wenn zur Abwechslung einmal die Christen in den Machtzentralen säßen. All das sind Argumente für ein begrenztes politisches Mandat und schützt uns vor einer naiven Besserwisserei.

- Zahrnt meint schließlich, das Alte Testament habe gegenwärtig in Kirche und Theologie eine Bedeutung gewonnen wie vielleicht noch nie in ihrer Geschichte. Manchmal habe er fast den Eindruck, das Alte Testament werde heute nicht mehr vom Neuen, sondern umgekehrt das Neue vom Alten Testament her gelesen. Über die Wiederentdeckung des Alten Testamentes und damit auch des Jüdischen im Christentum kann man ja nur dankbar sein. Und doch darf man den Paradigmenwechsel zwischen beiden Testamenten nicht übersehen.

Der Paradigmenwechsel bahnt sich ja schon im Alten Testament selbst an, nämlich an der Stelle, dass das Alte Testament auch (nicht nur!) ein Buch des Scheiterns ist. Israel ist selbst gescheitert an jenem Experiment einer gerechten Gesellschaft nach dem Willen Gottes. Schon die Propheten erkannten das dahinter liegende anthropologische Problem: *„Kann denn ein Mohr seine Haut wechseln und ein Panther sein Fell? So wenig könnt ihr, die ihr gewohnt seid, Böses zu tun, Gutes tun."* (Jer 13,23) Sie wollten damit sagen: Die Entfremdung des Menschen geht tiefer, als dass sie durch soziale oder politische Reformen oder gar Revolutionen aufgehoben werden könnte. Denn die Strukturen des Bösen sitzen im Inneren des Menschen. Der wirkliche "Pharao", dem wir dienen, ist die Macht der Sünde.

Und so ist das Neue Testament das Buch eines zweiten Exodus und Christus ein zweiter Mose. Die Errettung aus Ägypten wird zur Vorahnung der Erlösung in Christus. Das Passa feiern wir in der Verkündigung des Todes und der Auferstehung Christi und in der Vorfreude auf sein Kommen als Eucharistie. Und zum Berg der Gottesoffenbarung, dem Sinai, tritt nun im neuen Bund Golgatha. Und das Gelobte Land ist nicht die Erwartung einer besseren Welt, sondern Gottes ewiges Reich.

Man nenne dies nicht eine Vergeistigung oder Verflüchtigung - eher ist es eine Vertiefung. Man sage auch nicht, all das wäre eine Flucht aus dieser Welt und habe keine geschichtsprägende Kraft mehr. Vielmehr schärft es das Auge für die wichtige Unterscheidung zwischen dem Vorletzten und dem Letzen, zwischen den uns gegebenen Möglichkeiten und unseren Grenzen.

Deshalb muss befreiungstheologische Auslegung schon aus der inneren Dynamik des Alten Testamentes, aber vor allem im Lichte der Christusoffenbarung tiefer gehen als politische und soziale Programme.

Zehn Gebote für den Mann[28]

Mein Referat beinhaltet eigentlich nur ein paar Vorbemerkungen. Der Hauptteil passiert ja dann in den Gruppen heute Nachmittag, wenn es um die Gebote konkret geht.

Zunächst habe ich mich über das Thema gewundert, und zwar in doppelter Hinsicht. Ich dachte, vielleicht will die Männerarbeit mit dem Thema „Zehn Gebote für den Mann" all jenen Versuchen nicht nachstehen, die Welt geschlechtergerecht aufzuteilen. Oder sie hat sich von dem TV-Comedian Mario Barth inspirieren lassen, der ja grundsätzlich davon ausgeht, dass Männer und Frauen anders denken und sprechen und ticken. Deshalb hat er ein Wörterbuch herausgegeben: *„Deutsch-Frau, Frau-Deutsch"*, das ratlosen Männern im täglichen Umgang mit dem anderen Geschlecht eine kleine Übersetzungshilfe an die Hand geben will.

Dennoch muss ich sagen, dass die Männerarbeit mit dem Thema theologisch haargenau richtig liegt. Denn die zehn Gebote waren von Anfang an gerade für den Mann gedacht. Sie sind in der Tat an den freien, erwachsenen, israelitischen Mann gerichtet. Nicht zuerst an die Frau – hier denkt die Bibel in alten Zeiten streng patriarchalisch - auch nicht an das Kind, auch wenn Eltern gern die Gebote gewissermaßen als „himmlische Verlängerung" ihres pädagogischen Zeigefingers nutzen. Oft sind die Gebote in diesem Sinne gebraucht worden. Noch in Luthers Katechismus diente das vierte Gebot vor allem der Stärkung elterlicher Autorität. Gemeint aber ist bei dem Gebot *„Du sollst Vater und Mutter ehren..."*, dass der erwachsene israelitische Mann sich seiner alten Eltern annimmt, ihnen Würde und Schutz gibt auch in Schwachheit, auch im Sterben. Wenn die Gebote an den erwachsenen Mann gerichtet waren, dann sprechen sie den Menschen in seiner Stärke an, entgegen der landläufigen Meinung, Religion sei nur etwas für Schwache, die eben eine Krücke brauchen, weil sie selbst nicht recht laufen können. Nein, hier wendet sich Gott an den Menschen genau dort, wo er stark ist. Wer stark ist, kann Verantwortung übernehmen. Wer stark ist, kann Schwache tragen. Wer stark ist, braucht aber auch Grenzen, damit er seine Macht nicht ausnutzt und sein Glück nicht dort sucht, wo er das eines anderen zertritt.

Dass sich die Zehn Gebote an den erwachsenen Mann und Vater richten, finde ich wichtig auch im Blick auf die Erziehung unserer Kinder. Denn

---

[28] Referat zum Lausitzer Männertag am 1. März 2008

das heißt: Die Erziehung in der Familie fängt bei den Eltern an. Irgendjemand hat den schönen Satz geprägt: Erziehung hilft nichts, die Kinder machen ja doch alles nach! In der Tat: Wichtiger als ständige Appelle ist das eigene Vorbild. Deshalb beginnt Erziehung bei der Selbsterziehung der Eltern. Wir reden viel über Normen und Werte - fast zu viel, aber Normen und Werte werden personal vermittelt. Wenn Kinder erleben, dass auch die Eltern nicht einfach Herren ihres Lebens sind und nicht einfach tun und lassen, was sie wollen, sondern sich an Gottes Maßstäben orientieren, dann ist Erziehung kein Machtkampf zwischen Eltern und Kindern. Gemeinsam richten sie sich auf den aus, der ihres Lebens Grund und Mitte ist. Fulbert Steffenski sagte: *„Lehren heißt zeigen, was man liebt."* Zeigen, was man liebt und glaubt und hofft, auch was man ehrt und fürchtet und wovor man die Knie beugt. Ich selbst bin dankbar, dass ich einen Vater und eine Mutter hatte, die mir das vorgelebt haben.

Noch in einer anderen Hinsicht habe ich mich gewundert und gefragt: Ist das Thema „Gebote" wirklich aktuell? Gebote erinnern an Fremdbestimmung, doch wir leben im Zeitalter der Selbstbestimmung. Ein der deutschen Sprache kaum mächtiger Sizilianer will in Deutschland beichten gehen. Der gewissenhafte Pfarrer fragt ihn zuerst, ob er die Zehn Gebote kenne, worauf der Sizilianer antwortet: „Ich sie lernen wollen, Hochwürden, aber haben gehört munkeln, dass man sie will aufheben."

Wir haben ja in der Tat in den letzten Jahrzehnten vieles abgeschafft, was uns einengt. Wir sind verliebt in den Gedanken individueller Freiheit, die wir in einem für frühere Generationen unvorstellbaren Maße besitzen. Das Leben ist viel weniger vorgezeichnet als früher. Wir sind zum „Autor" unserer selbst geworden. Wir wählen längst nicht mehr nur Autos oder Waschmittel, sondern auch Lebensstile: Wir können eine Familie gründen und fünf Kinder großziehen oder in gleichgeschlechtlicher Partnerschaft leben, wir können eine Ausbildung machen oder uns der Welt und ihrer Hektik verweigern, wir können uns einem Guru anschließen oder Mormone werden. Da lässt sich keiner gern reinreden. Im Zuge dieser Freiheitsbewegung sind fast alle verpflichtenden Texte verblasst, auch die Zehn Gebote.

Dennoch meine ich, dass die Männerarbeit auch an dieser Stelle mit dem gewählten Thema genau richtig liegt. Das Lebensgefühl der Freiheit ist ja durchaus zwiespältig. Es strengt nicht nur an, sondern macht auch orientierungslos. Symptomatisch ist die Frage eines Kindergartenkindes. „Tante, müssen wir heute wieder das tun, was wir wollen?"

Ernster ist das Beispiel eines Jugendlichen, der in einem christlichen Jugendhaus mit ein paar Verhaltensregeln konfrontiert wurde und der erzählte, das sei er nicht gewöhnt. Bei seinen Eltern hätte er immer tun und lassen können, was er wollte. Er hatte also die allergrößten Freiheiten – aber er sagte das eher traurig, als spürte er, dass dies eine Freiheit ohne Liebe war. Er spürte, dass sich seine Eltern gar nicht für ihn interessierten und deshalb ließen sie ihn machen, was er wollte. Es war Gleichgültigkeit, die ihn ohne Normen und Werte aufwachsen ließ. Und er hätte sich so gern gewünscht, dass da jemand gesagt hätte: „Das ist gut für dich und das nicht." Wir sind Gott nicht gleichgültig, deshalb gab er uns das Leben und die Gebrauchsanleitung dazu.

Der Freizeit- und Kulturforscher *Opaschowski* meint deshalb: „*Mehr als je zuvor suchen die Menschen heute nach Orientierung und mehr Verbindlichkeit im Umgang miteinander.*" Wir sind überinformiert, aber unterorientiert. Doch jede Kultur brauche ihre Spielregeln, ihre Normen, Rücksichtnahmen und Höflichkeiten, die soziales Zusammenleben erst ermöglichen. Auf dem Büchermarkt ist diese Sehnsucht nach Maßstäben für gelingendes Leben unübersehbar. Es gibt einen wahren Boom an Ratschlägen. Und viele orientieren sich an Mose – zumindest was die Zehnerzahl anbetrifft. Da findet man Bücher wie „*Zehn Gebote für gelassene Frauen*", „*Zehn Gebote für erfolgreiche Unternehmensführung*", „*Zehn Gebote für Manager*". Und vor kurzem hat die katholische Kirche „*Zehn Gebote für Autofahrer*" herausgegeben, weil jährlich 1,2 Millionen Menschen auf der Straße ihr Leben lassen würden. „*Das ist eine traurige Wahrheit und zugleich eine große Herausforderung für Gesellschaft und Kirche,*" sagte Martino, Vorsitzender des Päpstlichen Rats für Migranten und Reisende. Das Dokument empfiehlt, im Straßenverkehr stärker christliche Werte zu pflegen. Nun hat der Vatikan selbst am allerwenigsten damit Probleme. Im kleinsten Staat der Erde sind gerade einmal um die tausend Fahrzeuge zugelassen und nirgends darf man schneller als 30 km/h fahren…

Viele dieser neuen Gebote schmiegen sich wie sanfte Hügel in unsere Wohlfühllandschaft, zielen auf das eigene Glück und dienen der eigenen Lebensoptimierung. Doch können sie den Sinai ersetzen? Können sie Mose ersetzen? Opaschowski selbst hat ein Buch geschrieben mit dem Titel „*Das Mose-Prinzip*". Nur, schaut man dann hin, was er als zehn Gebote deklariert, liest sich das so – etwa das erste Gebot: „*Werde dein eigener Unternehmer*", oder: „*Mach dein persönliches Wohlergehen zum wichtigsten Auswahlkriterium. Und kauf nur das, was du wirklich willst.*"

Von welchem Berg kommt uns Orientierung? Am allerwenigsten von den Müllbergen, den Schuldenbergen oder Waffenbergen, die wir angehäuft haben und die über uns zu fallen drohen. In einem Rausch der Freiheit sind wir maßlos geworden. Doch von allen Seiten hören wir mahnend: „Schluss mit lustig!" – nicht nur von Peter Hahne. Der jüdische Philosoph Hans Jonas beklagte schon in den 70er Jahren das Dilemma eines Wertepluralismus. Und er forderte eine Ethik, die nicht nur das eigene Leben, sondern das Überleben der Menschen insgesamt sichert.

Das war ein erstes, etwas ausführliches Vorwort. Dem möchte ich nun ein zweites hinzufügen. Ich möchte nämlich betonen, dass für die Bibel die Gebote nicht im Zentrum stehen. Man hat ja manchmal den Eindruck, als würde das Christentum auf seine Ethik reduziert, und als sei es eigentlich nur noch als Garant von Normen und Werten nützlich. Man kann aber biblisch nicht über die Gebote reden, ohne an den Sinnzusammenhang zu erinnern, in dem die Gebote stehen. Denn die Gebote sind eingewurzelt in eine Geschichte, und ohne diesen Wurzelboden sind sie wie Blumen, die man abschneidet und in eine Vase stellt. Wer vom Judentum oder Christentum nur ein paar Lebens*regeln* haben will, wird enttäuscht; sie stellen vielmehr die Frage nach dem Lebens*sinn*.

Wie sehr der geschichtliche Zusammenhang zu den Geboten gehört, zeigt sich ja schon im ersten Satz. Im Kleinen Katechismus Martin Luthers beginnen die Gebote bekanntlich mit den Worten: *„Ich bin der HERR, dein Gott. Du sollst keine anderen Götter haben neben mir."* Luther zitiert hier etwas verkürzt. Denn im Alten Testament heißt es ausführlicher: *„Ich bin JHWH (hier steht nicht einfach Herr, sondern der heilige Gottesname), dein Gott, der dich aus Ägypten geführt hat, aus dem Sklavenhaus. Du sollst keine anderen Götter haben neben mir."*

Gern möchte ich nun drei Sinnzusammenhänge herausarbeiten.

1. Die Befreiung Israels aus Ägypten.

Erinnern wir uns: Die Stämme Israels waren als Gäste nach Ägypten gekommen, dann aber sind sie Sklaven geworden. Israel wächst als Volk heran unter den schlimmsten Bedingungen einer Diktatur. Der neue Pharao hat ein schlechtes Gedächtnis, an Joseph und seine Brüder will und kann er sich nicht mehr erinnern.

Stattdessen spielt er sich auf als Herr und Gesetzgeber. Liest man die biblischen Texte, spürt man, wie sehr er der Geschichte seinen Willen aufdrücken möchte. Er erlässt Gebote, verfügt über Menschen und Schicksale, bestimmt über Leben und Tod. Pharao spielt Gott, nein, spielt es nicht nur, sondern *ist* es auch im Sinne der ägyptischen Religion. An ihm sehen wir, wie gefährlich es ist, wenn Menschen sich selbst oder durch andere zu Gott gemacht werden. Dann droht die allergrößte Gefahr für den Menschen und die Menschlichkeit. Unter der Herrschaft Pharaos wird jetzt alles deformiert, was ehemals gut aus Gottes Hand hervorging: Der Mensch, geschaffen und geadelt als Ebenbild Gottes, wird zum Sklaven und in den Staub getreten. Menschliche Arbeit, mit der er an der Arbeit Gottes teilhaben sollte, wird in den Lehmgruben des Pharao zum Sklavendienst. Macht und Stärke, zum Schutze der Schwachen von Gott verliehen, wird zur Unterdrückung und Gewalt. Und Leben wird unter einer fadenscheinigen Bedrohungslüge „Die Juden sind unser Verderben!" dem Tode preisgegeben: „Die hebräischen Jungen – werft sie in den Nil!" Eine Umwertung aller Werte geschieht: Gutes wird zum Bösen und das Böse zum Guten. Das „Haus der Knechtschaft", wie es im ersten Gebot heißt, ist gebaut aus Lüge, Gewalt und Mord.

Und alle gehorchten – bis auf ein paar Frauen, die *Gott* mehr gehorchten als dem Pharao. Gerade das schwache Geschlecht! Ihnen zum Gedächtnis werden sogar die Namen genannt – *Pua* und *Schifra*, die beiden Hebammen, die sich dem Tötungsbefehl des Pharao verweigern; *Jochäbäd*, die Mutter des Mose, die ein Schilfkörbchen flicht mit dem Namen „Arche" – nur an zwei Stellen kommt das Wort im Alten Testament vor - und *Mirjam*, die da zuschaut und das Körbchen bewacht. Und schließlich die *Tochter des Pharao*, die sich in aller Kälte und Unmenschlichkeit ein Herz bewahrt hat am ägyptischen Königshof.

Im Kontrast zu diesem selbsternannten Gott steht nun die Offenbarung Gottes aus dem Dornbusch, der wir auch den Gottesnamen verdanken und mit dem die Gebote beginnen: *„Ich bin JHWH."* Ausgerechnet aus einem Dornbusch offenbart sich Gott, der niedrig und nutzlos ist – so niedrig und nutzlos wie Israel selbst. Hier soll Israel die Erkenntnis gewinnen, wie tief sich Gott herabbeugt, um sein Volk zu retten. Es soll wissen, dass Gott barmherzig ist und auf der Seite der Leidenden steht. Das Bild wird dann durch das nachfolgende Wort nur noch bestätigt: *„Ich habe das Elend meines Volkes in Ägypten gesehen und ihr Geschrei über ihre Bedränger gehört; ich habe ihre Leiden erkannt. Und ich bin hernieder gefahren, dass ich sie errette aus der Ägypter Hand."* Und zugleich verbindet sich dies mit der Offenbarung seines Namens – JHWH, für den es keine bessere Übersetzung gibt als die von Martin

Buber: *„Ich will für euch da sein – das ist mein Name."* Dieses Versprechen – zu Sklaven gesprochen – gibt ihnen ihre menschliche Würde zurück.

Dieser Name – wie gesagt - steht als Überschrift über den „Zehn Worten": *„Ich bin JAHWE, dein Gott, …"* Dieser Gott der Befreiung gibt nun seine Gebote, die nichts anderes sein können als Worte der Freiheit. Deshalb heißt es bei den Rabbinern: *„Ein Duft des Himmels durchzog die Lande, ein Geruch nach Honig und Wein, Jasmin und Lindenblüten, von Flieder und Rosen. Denn Gottes Gebote sind schön – und riechen auch so."* Die Gebote beginnen nicht mit einer Forderung, sondern mit der Erinnerung an Gottes Heilstat. Schade, dass Luther das weggelassen hat. Sie beginnen mit dem göttlichen ICH, das den Menschen nicht klein macht, sondern das ihm königliche Würde verleiht und aus dem Staub erhebt. Schade auch, dass dort, wo der Gottesname JHWH steht, Luther nur von HERR redet, was den Sinn doch verdunkelt und Nietzsche dann sagen lässt: „Wo ein Herr ist, ist auch ein Hund." Aber die Gebote fangen ja nicht diktatorisch an „Ich bin der HERR, dein Gott…", sondern: *„Ich bin JAHWE - „Ich bin für euch da."* Das ist ein Satz der Liebe, der Treue, der Erwählung, der Freiheit.

Es gibt dazu eine schöne jüdische Auslegung: *"Es kam einmal ein Mann in eine Provinz und sagte zu den Einwohnern: Ich will euer König sein. Da antworteten die Einwohner: Hast du denn uns etwas Gutes getan, das dich berechtigen würde, unser König zu sein? Was tat er? Er baute eine Mauer. Er errichtete eine Wasserleitung. Auch führte er Kriege für sie. Dann sprach er wieder: Ich will euer König sein! Jetzt antworteten die Einwohner: Ja, ja! So tat auch der Allgegenwärtige. Er führte Israel aus Ägypten, spaltete für sie das Schilfmeer, stritt für sie. Erst dann sprach er zu ihnen: Ich will euer König sein! Und darauf antworteten sie: Ja, ja...!"*

So haben die Gebote ihren Grund in dem Gott der Befreiung und der Barmherzigkeit. Und mit dem Recht, das sie setzen, begründen sie eine Ethik der Barmherzigkeit und der Freiheit. Israel soll aufatmen. Ihre Neugeborenen sollen nicht mehr getötet und die Fronarbeit im fremden Land soll beendet werden. Noch waren sie nicht im Land der Freiheit, aber sie sind auf dem Weg dorthin.

Warum aber wehrt Gott nach dieser Selbstvorstellung die Verehrung anderer Götter so schroff ab – und zwar in einer Intoleranz, die uns erschrecken lässt! Man versteht diese Leidenschaft Gottes gegen andere

Götter nicht, wenn man sie nicht als *Leidenschaft für den Menschen* begreift.

Wir sahen es an Pharao, wohin es führt, wenn Menschen Gott spielen. Dasselbe gilt aber auch für die anderen falschen Götter. Ich möchte das gern an der Geschichte vom „Goldenen Kalb" verdeutlichen. Welch niedliches Tierchen – und welches Theater macht Mose! Nun, eigentlich müsste man besser „Jungstier" übersetzen. Denn darum ging es - um einen jungen, kraftstrotzenden Stier, ein Gottesbild, das man übrigens im ganzen Alten Orient kennt und das in Kanaan als „Baal" verehrt wurde. Warum ging von diesem Stierbild eine solche Faszination aus? Was suchte und verehrte man in ihm? Es war immer das gleiche: Der Stier stand für Potenz – sexuelle Kraft und Fruchtbarkeit; und für Aggression – militärische Durchsetzungskraft, die die Feinde erzittern ließ. Ungezügelte Sexualität und Aggression wird hier verehrt und vergöttert. Der Stiergott hat also seine eigene Ethik. Er macht die Welt zur Arena und das Leben zu einem Kampf. Er ist der Gott der Starken, die die Macht haben und damit auch das Recht. Er ist ein Gott, der im anderen nicht den Bruder oder die Schwester zu sehen lehrt, sondern nur den Konkurrenten. Wer sich den Blick dafür schärfen lässt, wird diese Lebensart auch heute leicht entdecken.

Der angebetete Stier entwirft zutiefst ein anderes Lebenskonzept als der Gott aus dem Dornbusch. JHWH und Baal vertragen sich so wenig wie Feuer und Wasser. Man kann nicht den Gott Israels verehren, der sich der Schwachen erbarmt, und zugleich die Macht der Selbstdurchsetzung anbeten, die dem Menschen sein Menschsein raubt. So geht es im Verbot fremder Götter nicht um Eifersucht Gottes, sondern sein „Eifer" ist seine Leidenschaft für den Menschen: Denn es ist nicht egal, was der Mensch anbetet. Immer wird er in das hinein verwandelt, was er anbetet.

2. Die Bewahrung Israels in der Wüste.

Zwischen Ägypten und dem Gelobten Land lag ja die lange Wanderung durch die Wüste. Eigentlich ein Umweg. Denn nach der geglückten Flucht aus Ägypten hätten die Israeliten in knapp acht Tagen Kanaan erreichen können, wenn sie nur gradewegs die *„via maris"*, die berühmte Meeresstraße, entlang gegangen wären. Doch die Straße führte durch das Land der Philister. Gott aber dachte, *„es könnte das Volk reuen, wenn es Kämpfe bestehen müsste."* (2 Mo 13,17).

Stattdessen musste Israel nun gegen andere Feinde kämpfen: Hunger, Durst, Hitze, Kälte. Auch die Waffen der Wüste sind erbarmungslos: Und weit und breit Sand, der jeden Schritt zur Qual werden lässt. Die Wüste stellte die erworbene Freiheit zynisch infrage. Ist sie nicht ein noch größerer Sklavenhalter als der Pharao in Ägypten? Lasst uns zurückkehren zu den Fleischtöpfen Ägyptens!

Dennoch spielen die Wüstenerfahrungen für die Glaubensgeschichte Israels eine große Rolle – und auch für das Verständnis der Gebote. Das Volk Israel hat die Wüstenzeit später selbst als eine wichtige Schule interpretiert, in der es viel über den Sinn des Lebens gelernt habe. Gerade die Grenzerfahrungen der Wüste wurden zu einem wichtigen Ort der Erkenntnis. Eine solche Grenzerfahrung war die Erfahrung menschlicher Verletzbarkeit. Der Mensch erkennt in Hitze, Durst und Hunger, dass er Staub ist und dass er sein Leben nicht in der eigenen Hand birgt. Dennoch erfährt sich Israel wunderbar erhalten. Israel erlebt hier in der Wüste die liebevolle Fürsorge Gottes wie sonst nie in seiner Geschichte. So lernt es zu staunen, zu danken und zu vertrauen.

Auch in die Mannageschichte werden interessante Erfahrungen eingeflochten. Die Israeliten sammelten das himmlische Brot in ihre Eimer - der eine viel, der andere wenig. Als man es aber nachmaß, hatte der nicht mehr, der viel gesammelt hatte und der nicht weniger, der wenig gesammelt hatte. Und weiter: Als man es aufheben wollte für den nächsten Tag – wer weiß denn, was morgen ist? – da verdarb es und stank.

Daran lernte Israel eine tiefe Weisheit: Wenn Gott das Brot zuteilt, geht es gerecht zu. Die Gerechtigkeit besteht nicht darin, dass *alle gleich* haben, sondern dass *jeder genug* hat. Keiner stirbt an Übergewicht, keiner an Untergewicht. Hier begegnet uns das „Modell" einer solidarischen Gesellschaft, in der keiner auf Kosten anderer lebt. Eine Gesellschaft eben der Brüder und Schwestern. Hier soll ein Gemeinschaftsgefühl entstehen, das aufeinander achten lässt, besonders auf die Schwachen, die nicht so schnell sind im Daseinskampf des Lebens.

Die Eimer, in denen man das Manna sammelte, werden dann zu einem tiefen Symbol. Auch der moderne Mensch sammelt – und er sammelt gierig. Die Wohlstandsgesellschaft hat die Welt zum riesigen Kaufhaus gemacht und den Menschen zum Konsumenten. Aber Wohlstand reicht längst nicht mehr, als spürten wir, dass ein voller Bauch noch kein erfülltes Leben ist. So kommt nach der Wohlstandsgesellschaft die Erlebnisgesellschaft. Die Sehnsucht nach Leben treibt uns weiter. Es ist eine maßlose Gier, und wir spüren heute, dass diese Gier uns selbst zerstört, denn wir leben *gegen* das Leben.

Das ist die Krise des westlichen Lebensmodells, dessen innere Unruhe Gerhard Schulze so beschrieben hat: *„Statt sich Befriedigung zu verschaffen, vergrößern die Nachfragen ihren Erlebnishunger umso mehr, je mehr sie ihn zu stillen versuchen."* Wilhelm Busch hat dasselbe so gesagt: *„Ein jeder Wunsch, ist er erfüllt, kriegt augenblicklich Junge."* Man vergrößere bloß einmal unser deutsches Anspruchs- und Konsumniveau auf die sechs Milliarden Menschen der Erde. Der globale Kollaps wäre vorprogrammiert. Neulich stand in der „WELT": *„Den Westen im Osten nachzubauen, das wird nimmer mehr gelingen, allein schon deshalb, weil der Bauplan für den Westen ebenfalls ein überholter ist."* Wie ein neuer Bauplan auch nur in Umrissen aussehen könnte, verrät der Autor freilich nicht.

Die Wüstenerfahrungen, die ja in die Gebote eingeflossen sind, sind ein heilsames Korrektiv gegen unsere Gier. Diese Gier hat viele Ursachen, nicht zuletzt weil wir Vertrauen und Hoffnung verloren haben. Ich meine die Gewissheit, dass Gott unser Leben in seinen Händen hält und uns Zukunft gibt – auch über den Tod hinaus. Wenn es keine Zukunft gibt, dann wird die Gegenwart zur letzten Gelegenheit. Dann sammeln wir in unsere Eimer und werden nie genug haben. „Du sollst nichts verpassen!" ist dann das Grundgebot unserer Zeit.

Doch mit dem, was wir haben, wächst auch die Angst. Der Münchner Psychoanalytiker Wolfgang Schmidbauer hat 2005 eine Studie herausgebracht. Er diagnostiziert in Deutschland eine Generation, die von einer still rumorenden Angst heimgesucht wird, weil *„noch nie so viele Menschen so viel zu verlieren hatten wie heute. Sicherheit, Wohlstand, ein hohes Niveau von Konsum und universeller Kommunikation."* Die Angst erweist sich in der Tiefe also als Verlustangst. Demzufolge gäben die Deutschen heute dreimal so viel für Versicherungen aus wie vor 20 Jahren – insgesamt 140 Mrd. Euro. Doch scheint mir die Angst in einem noch tieferen Verlust begründet – dem Verlust Gottes und der damit verbundenen *„transzendentalen Obdachlosigkeit"* (Georg Lukacs).

Umgekehrt heißt das aber: Gottvertrauen *befreit* von Lebensangst; *befreit* von dem Aberglauben, wir könnten unser Leben selber absichern; *befreit* von dem Zwang, das *„Leben gegen andere erkämpfen zu müssen und dabei selbst deine Menschlichkeit zu verlieren";* befreit *„von der Jagd nach immer neuem Glück, die dich doch nicht glücklich macht."* (Ernst Lange)

Das alles wird noch unterstrichen durch die Erfahrung des Sabbats. Sechs Tage sollten sie das Manna sammeln, aber am siebten Tag nicht. Hier schon – mitten in der Wüste – wird der Sabbat begründet, der dann in den Zehn Geboten die große Mitte ist und am ausführlichsten begründet wird. Es ist auch die Klammer zwischen den religiösen Geboten, der ersten Tafel, die von der Gottheit Gottes handelt: keine anderen Götter, keine Bilder, kein Missbrauch des Gottesnamens – und den sozialen Geboten, also der zweiten Tafel; in denen es um den Schutz des Menschen geht. Bezeichnenderweise sollen am Sabbat alle sozialen Unterschiede aufgehoben werden: *Auch der Knecht, die Magd, ja auch das Rind und der Esel – alle sollen aufatmen und frei sein.*

So ist der Sabbath ein Tag der Befreiung. Er bewahrt uns davor, dass wir Knechte unseres eigenen Tuns werden und dabei „Haben" und „Sein" verwechseln. Es ist doch so: Was wir „haben", können wir in einem Augenblick verlieren. Was wir „sind", bleiben wir, denn wir sind es aus Gottes Güte. Unser Sein ist uns geschenkt. Verdient wird hier gar nichts – das Leben nicht, die Liebe nicht, der Himmel nicht. Das sollen wir feiern am Feiertag. Sabbat und Sonntag bringen Juden und Christen zusammen. Wobei der Sabbat an der ersten Schöpfung orientiert ist, dem Tag, an dem Gott von allen seinen Werken ruhte; der Sonntag ist das Fest des auferstandenen Christus, also an der Neuschöpfung, die mit Christus beginnt.

3. Der Bundesschluss am Sinai

„Ich will euer Gott sein und ihr sollt mein Volk sein." Dieser Bund ist nicht nur ein formaler Vertrag, sondern wird im Alten Testament gern mit einer Ehe verglichen. Seine innerste Kraft ist die Liebe, mit der sich Gott seinem Volk zuwendet. Denn er ist selbst Liebe, ein glühender Backofen voll Liebe, wie Luther sagte, Liebe, die aus sich heraustritt und den anderen sucht. Das ICH sucht das DU, um es zu beschenken.

Dieses ICH und DU bestimmt dann auch die Zehn Gebote. Hier werden keine Prinzipien verkündigt, ihr Kennzeichen ist vielmehr die persönliche Sprache, aus einer persönlichen Beziehung heraus gesprochen. Sie hängen an dem ICH Gottes, der dem Menschen nichts wegnehmen, sondern ihn schützen will.

Deshalb gibt es im Judentum sogar ein Fest, an dem man die Thora als Gabe feiert. Die Gebote sind eine Heilsgabe, weil sie eine Grundorientierung geben. Und bei diesem Fest nimmt man die Thorarolle in den

Arm und tanzt. Marc Chagall hat das auf einem seiner Bilder unnachahmlich ausgedrückt: Da hält ein frommer Jude die Thorarolle im Arm. Doch wie er es tut, ist bezeichnend: Er drückt sie an sich wie ein Mann seine Geliebte.

Wenn nun aber der Bund und auch die Gebote Ausdruck der Liebe sind, dann fehlt ihnen jedoch die positive Füllung! In der Tat: Die Gebote beschreiben nicht den weiten Raum des Lebens, sondern nur die Grenze, wo der Sturz in den Abgrund droht. Dort stehen sie schützend wie Geländerstäbe. Der weite Raum aber ist Gestaltungsraum der Liebe. Er darf nicht reglementiert werden, so wenig wie die Liebe reglementiert werden kann, denn sie lebt von Freiheit und Kreativität.

Martin Luther hat das genial erfasst, wenn er in seinen Auslegungen den einzelnen Geboten immer auch die positive Füllung hinzugefügt hat, die immer eine Auslegung des Liebesgebotes ist. Denn alle Gebote zielen auf das eine höchste Gebot, das alle Gebote erfüllt. Schon im Alten Testament und erst recht im Neuen Testament ist es das Doppelgebot der Liebe, besser das Dreifachgebot der Liebe, denn es gilt neben Gott und dem Nächsten auch sich selbst. Denn wer sich selbst nicht liebt, wie kann der anderen gut sein? Wer sich selbst nichts gönnt, wie kann der anderen etwas gönnen? Und wer sich selbst nicht achtet, wie kann der andere achten?

4. Schluss

Nach diesen beiden ausführlichen Vorbemerkungen komme ich zum Schluss: Die Orientierung an biblischen Werten ist für das persönliche, aber auch öffentliche Leben kein Luxus, sondern von elementarer Bedeutung. Die Gebote sind nicht die Begrenzung der menschlichen Lebensmöglichkeiten, auch keine Spielregeln, die den Spaß verderben. Sie sind vielmehr die Verlockung zu größerem Reichtum für alle. Alle gewinnen, wenn sie diese Gesetze Gottes halten. Eingebettet in den Zusammenhang von Befreiung, Bewahrung und Bund helfen sie uns, Worte wie Gerechtigkeit, Mitleid, Barmherzigkeit, Trost und Schutz der Schwachen mit Leben zu füllen.

Es war schon sehr klug, als Altkanzler Helmut Schmidt einmal auf die Frage, was er der heutigen Jugend empfehlen würde, geantwortet hat: „Die Zehn Gebote." Sie sind Weisungen, bei denen es keine Verlierer gibt, wenn sie eingehalten werden. Wir sollten auf sie hören – im Blick auf uns selbst, aber auch unsere Gesellschaft. Es gibt kein Wohl des Landes, kein der Stadt Bestes, keine Wohlfahrt und kein Wohlergehen ohne dieses ABC der Menschlichkeit.

Gerechtigkeit üben

Gerechtigkeit erhöht ein Volk[29]

Liebe Schwestern und Brüder,

als Losung und Lehrtext sind uns heute folgende Worte gegeben:

*„Gerechtigkeit erhöht ein Volk,
aber die Sünde ist der Leute Verderben."* Spr 14,3

„Meidet das Böse in jeder Gestalt." 1.Thess 5,22

Große, sinntragende Worte, strahlend und schön – Gerechtigkeit, die ein Volk erhöht! Dunkle, schreckliche Worte – Sünde, die Verderben bringt, ja das Böse, noch dazu in jeder Gestalt. Wieviel Gestalten mag es denn eigentlich haben?

Zwischen diesen Begriffen verläuft die Front. Und ich möchte gern an diesem Frontverlauf etwas patrouillieren und euch an der Beobachtung teilhaben lassen, dass es oft gar nicht so einfach ist, zwischen Freund und Feind zu unterscheiden und die apostolische Mahnung zu beherzigen, das Böse zu meiden. Das hat mit dessen vielfältigen Gestalten zu tun, zu denen auch ein paar sehr raffinierte gehören.

Aber zuvor ein kleines Hohelied auf die hebräische *Weisheit*, der wir den Vers aus den Sprüchen verdanken und die sich ja bekanntlich den Begriffen der Mengenlehre entzieht – sowohl der Zahl der Löffel, mit denen man sie sich einzuverleiben versucht als auch der Zahl der Jahre; denn bekanntlich schützt auch Alter vor Torheit nicht.

Obwohl die Weisheit Israels ohne Berührungsängste mit der Weisheit der umliegenden Völker und Religionen umgehen konnte, schöpfte sie ihr innerstes Wesen doch ganz aus den Quellen des Jahweglaubens: *„Die Furcht des Herrn ist der Anfang der Weisheit."* Weisheit ist ein Beziehungswort. Ihr Wissen ist kein Verfügungswissen, das man nachschlagen kann, sondern ein Begegnungswissen, das des ständigen Umgangs mit Gott bedarf. Karl Ernst Nipkow hat einmal die Bedeutung der *„Bildung durch Begegnung"* hervorgehoben, die für die Bibel die eigentliche Weise der Bildung sei. Alle großen Wandlungsgeschichten des Alten und Neuen Testamentes würden mit Gottesbegegnungen

---

beginnen, denen eine schöpferische Kraft innewohnt, Menschen neu zu formen und zu bilden.

So lebt die Weisheit Israels wesentlich aus der Gottesbegegnung, wie sie die Thora voraussetzt, aus dem ergangenen Wort der Freiheit, aber auch den gesetzten Grenzen. Ja, die Weisheit akzeptiert auch die Grenzen. Sie will das Ethische nicht selbstherrlich an sich reißen, sondern läßt es sich gesagt sein, was dem Menschen gut ist und was der Herr von ihm fordert. Sie beginnt also mit einer Art Dezentrierung des eigenen Ich. Nicht mehr der Mensch steht in der Mitte, sondern Gott selbst. Insofern will Weisheit nicht bestimmen, wohl aber verstehen. Und dafür bedient sie sich aller Kräfte des *Glaubens* und des *Verstandes*.

In diesem Sinne sagte Gerhard von Rad, dass dem weisheitlichen Denken Israels der neuzeitliche Widerspruch zwischen Glauben und Denken noch völlig fremd gewesen sei. Hier wusste man noch, dass der Glaube das Wissen und das Wissen den Glauben braucht und dass man ohne diese beiden Flügel sich nicht in die Lüfte erheben kann.

In dieser Partnerschaft von Glauben und Wissen wird nun Weisheit zur „Lebenskunst". Die Sprüche Salomos durchschreiten mit ihr alle Lebensräume. Kein Bereich wird ausgespart. Da wird über die Privaträume ebenso nachgedacht wie über die Räume des öffentlichen Lebens; da geht es um die Kunst, eine Familie zu führen ebenso wie die Kunst, einen Staat zu lenken. Von Fleiß und Faulheit ist da die Rede, von Liebe und Haß, von Reden und Schweigen, von Krieg und Frieden, von Reich und Arm und immer wieder – eingewoben wie ein roter Faden – von Recht und Gerechtigkeit, wie hier in unserer Tageslosung. Die Wortgruppe „gerecht" findet sich in dem Buch der Sprüche über 80 mal.

Welcher Begriff von „Gerechtigkeit" aber erscheint hier? Oder um im Bild des gedeckten Tisches zu sprechen, zu dem die Weisheit die Menschen einlädt (Spr 9): Was bietet sie denn da unter diesem Begriff an auf ihrer Speisekarte? Gerechtigkeit ist ja ein ähnlich großes Wort wie Frieden oder Freiheit, Worte mit uralten Menschheitsträumen beladen. Im Namen der Gerechtigkeit wurden Kriege geführt, Revolutionen begonnen, Urteile gesprochen. Israel kannte all diese Spielarten, immer aber verbirgt sich auch das Böse in oft unmerklicher Gestalt.

1. Die richterliche Gerechtigkeit

Der Begriff „Gerechtigkeit" hat einen juristischen Aspekt. Das wußte Israel schon sehr früh. Gerade um zwischen Menschen zu richten, bedarf es viel Weisheit. Es geht ja um gerechte Urteile und gerühmt wird eben Salomo um der Treffsicherheit seiner Rechtssprechung willen. Das ist eine Gabe Gottes. Auch solche Rechtsprechung *erhöht ein Volk*.

Die Weisheit Israels kam dabei zu dem wichtigen Schluss, dass die richterliche Gerechtigkeit neben allen objektiven Kriterien vor allem eins beachten muss: Es darf hier kein Ansehen der Person geben, keine Trübung des Urteils durch Macht oder Reichtum oder Abhängigkeit. Vor dem Gesetz sind alle gleich, auch der König. Diese Art Demokratisierung des Rechtes, die Israel Jahrhunderte vor den großen Kulturen kannte, war etwas Weises. Israel war in dieser Hinsicht auch das einzige Volk, das die Legislative dem König entzog. Er hatte in Israel keine gesetzgebende Autorität. Und so musste er es sich auch gefallen lassen, dass sich ein Prophet im Namen des Rechtes und der Gerechtigkeit gegen ihn wandte wie Nathan gegen David. Dieser juristische Gerechtigkeitsbegriff war eine große Errungenschaft, und wo immer solches „jüdische" Denken weltweit Eingang fand, hat es demokratischen und auch systemkritischen Geist befördert.

Wir aus dem Ostteil Deutschlands haben lang genug die Verbindung zwischen *Recht* und *Herrschaft* erlebt, die Diktaturen eigen ist. Und deshalb haben wir den mit der deutschen Einheit gewonnenen Rechtsstaat jubelnd begrüßt. Allerdings wurde auch unter den neuen Bedingungen deutlich: Der Rechtsstaat *allein* schafft noch nicht die Gerechtigkeit, die ein Volk erhöht. Das formale Recht hat seine Lücken und Schlupflöcher. Im konkreten Fall kann es dann durchaus die Kleinen bestrafen und die Großen laufen lassen. Gerade im Bereich der Wirtschaft gibt es genug Raffinesse, die auf die Lücken oder die Schwerfälligkeit des Rechtsstaates spekuliert. Und es gibt neue Ungerechtigkeiten, gegen die der Rechtsstaat ohnmächtig ist.

Deshalb wussten schon die Weisen Israels, dass das *Recht* durch *Ethos* ergänzt werden muß. Deshalb zielt Weisheit nicht nur auf das äußere Recht, sondern auf die Bildung des Gewissens. Doch Gewissen können nicht gezwungen werden. So kann Weisheit nur einladen, argumentieren, werben – alles in dem demütigen Wissen, dass das Gewissen unverfügbar ist und es erst einer Gottesbegegnung bedarf, um die Torheit des Herzens zu überwinden.

Beim Patrouillieren an dieser Front entdecke ich plötzlich einen Mann –
Calderons *„Guten Menschen am Höllentor".* Auch an ihm wird plötzlich die Grenze juristischen Denkens deutlich.

*„Die Hölle war total überfüllt, und noch immer stand eine lange
Schlange am Eingang. Der Teufel kam heraus, um die Leute fortzu-
schicken. "Bei mir ist nur noch ein einziger Platz frei", sagte er, "den
muss der größte Sünder bekommen."*

*Der Teufel hörte sich die Verfehlungen der einzelnen an. Aber was
auch immer sie ihm erzählten, nichts schien ihm schrecklich genug.
Doch da stand noch ein Mann ganz für sich allein, den er noch nicht
befragt hatte.*

*"Was haben Sie denn getan?" fragte ihn der Teufel. "Nichts", sagte
der Mann, "ich bin ein guter Mensch und nur aus Versehen hier."*

*"Aber Sie müssen doch etwas getan haben", sagte der Teufel, "jeder
Mensch stellt etwas an."*

*"Ich sah es wohl", sagte der gute Mensch, "aber ich hielt mich davon
fern. Ich sah, wie Menschen ihre Mitmenschen verfolgten, aber ich
beteiligte mich niemals daran. Sie haben Kinder hungern lassen und
in die Sklaverei verkauft; sie haben auf den Schwachen herumge-
trampelt. Überall um mich herum haben Menschen Übeltaten jeder
Art begangen. Ich allein widerstand der Versuchung und tat nichts."*

*"Absolut nichts?" fragte der Teufel ungläubig, "sind Sie sich völlig
sicher?" "Ja!" "Komm herein, mein Sohn, der Platz gehört dir!"
Und als er den "guten Menschen" einließ, drückte sich der Teufel zur
Seite, um nicht mit ihm in Berührung zu kommen".*

Der gute Mensch denkt, er sei schon dadurch gerecht, dass er sich nichts
zuschulden kommen lassen hat. Er meint, er sei schon dadurch gut, dass
er nie mit dem Gesetz in Konflikt gekommen ist, ganz im Sinne von
Wilhelm Buschs „Frommer Helene": *„Das Gute, dieser Satz steht fest,
ist stets das Böse, das man lässt."* Seine Ethik ist eine Ethik des Lassens
und Vermeidens. Er meidet das Böse in jeglicher Gestalt.

Calderon aber sagt mit seiner Geschichte: Mein Lieber, du hast zwar
nichts Böses getan, aber es gibt etwas, was schlimmer ist: Du hast auch
nichts Gutes getan. Deine Hände sind zwar rein, aber sie sind leer. Auch
das ist für Calderon eine schreckliche Gestalt des Bösen.

Weder für Mose noch die Propheten noch für die Weisen Israels wäre
solche *Selbst*gerechtigkeit die Gerechtigkeit, die ein Volk erhöht.

Geschichtlich ist sie durchaus greifbar, etwa in der Verkündigung des Amos. Unter Jerobeam II. war das Land in wenigen Jahren aufgeblüht. Die Wirtschaft boomte wie selten. Und wie zur Bestätigung feierte man am Heiligtum in Bethel festliche Gottesdienste. Im Schatten des Wohlstandes aber wuchs die Armut, verursacht vielleicht durch harte Schicksalsschläge, vielleicht auch durch eigenes Verschulden, Krankheit oder Faulheit. Oder es war einfach so, dass die einen schneller und besser waren und immer reicher wurden und die anderen leer ausgingen, ihr Erbland verkaufen mussten oder gar sich selbst.

Da tritt Amos auf: *„Ihr verkehrt das Recht in Unrecht."* Aber wieso denn, sagte man? Es geht doch alles legal zu! Es ist doch nicht verboten, das Getreide zurückzuhalten, bis der Preis hochgeht. Das ist das Gesetz des Marktes! Was können wir dafür, dass da andere nicht mithalten können?

Ja, formal juristisch war alles *legal*. Da hat sich wirklich keiner die Hände schmutzig gemacht. Aber es war nicht *legitim*! Die von Amos angeprangerte „Ungerechtigkeit" in Israel war zwar kein Fall für den Staatsanwalt, aber ein Fall für Gott! Es herrschte eine kalte und gnadenlose Gerechtigkeit, die kein Mitgefühl mehr kennt. Deshalb glaube ich, dass die Hölle nicht heiß ist, sondern kalt!

2. Die verdiente Gerechtigkeit

Die verdiente Gerechtigkeit begnügt sich nicht mit leeren Händen, im Gegenteil. Sie will die Hände rühren. Sie will Gutes säen, um Gutes zu ernten. Die Thora ist voll von dem Segen, der auf der guten Tat liegt und die weisheitliche Pädagogik lehrt ihre Schüler genau diese Haltung, dass es dem „Gerechten" gut geht. Sie enthält einen starken Impuls zu Engagement und Aktivität. Diese Gerechtigkeit erhöht ein Volk, denn sie schafft ein rechtschaffenes Volk, mit dem man Staat machen kann. Und es gibt keine vernünftigen Gründe, etwas dagegen zu sagen.

Doch auch die rein verdienstliche Gerechtigkeit hat einen merkwürdigen Frontverlauf. Auch hier lauern Gefahren, die wiederum schon das Gesetz und die Propheten kennen. Schon die kleine Geschichte des Mannawunders enthält eine leise Korrektur. Man sollte sich eigentlich nicht über die wundersame Herkunft des Manna wundern, sondern über das Wunder in den Krügen. Der eine hatte viel gesammelt, der andere war nicht ganz so schnell und hatte nur noch ein paar Brosamen erwischt. Doch als man es nachmaß, *„hatte der nicht darüber, der viel gesammelt hatte, und der nicht darunter, der wenig gesammelt hatte.*

Jeder hatte gesammelt, soviel er zum Essen brauchte. " (2.Mo 16,18)
Das bedeutet doch: Wenn Gott das Brot zuteilt, geht es gerecht zu. Alle
sollen so viel haben, wie sie zum Leben brauchen.

Falsch gelesen könnte die Geschichte zur Senkung der Arbeitsmoral
dienen. Denn wer bisher früh aufgestanden war und lang gesammelt hat,
wird sich am nächsten Tag vielleicht noch einmal auf die andere Seite
drehen und weiterschlafen. Richtig gelesen ist die Geschichte eine
Schule der Solidarität - und eine Lehre gegen die Gier mit all ihren
bekannten Steigerungsformen und sozialen Verwerfungen, die das Volk
der Brüder und Schwestern wieder zu Besitzenden und Habenichtsen, zu
Reichen und Armen macht.

Die Geschichte weist ins Neue Testament und hat hier, so scheint mir,
ihre Parallele in dem Gleichnis von den Arbeitern im Weinberg. Auch
hier geht es durchaus um Verdienst, der als Basis der Lebensgestaltung
anerkannt wird. Arbeit und Verdienst werden durchaus gewürdigt. Das
Manna fliegt nicht in den Mund, sondern muss aufgelesen werden. Das
erfordert Arbeit; ebenso das Lesen der Beeren. Der Weinbergbesitzer ist
zudem kein Ausbeuter, er zahlt Tariflohn, denn ein Arbeiter ist seines
Lohnes wert. Alle sind einverstanden, der Lohn ist gerecht.

Das Problem entsteht erst, *„ als man es nachmaß",* denn die Auszahlung
transzendiert jedes Gerechtigkeitsdenken. Den Langzeitarbeitern
geschieht, objektiv gesehen, kein Unrecht. Denn sie haben den
vereinbarten Tarif erhalten, den vollen Tageslohn. Aber dass die
anderen denselben Lohn bekommen, das halten sie für ungerecht. Doch
die Entlohnung ist kein Ausdruck der Ungerechtigkeit, sondern der
Güte. *„ Was blickst du scheel, weil ich gütig bin? "*(Mt 20,15)

Das Gleichnis zeigt, dass unter dem Mantel der verdienenden
Gerechtigkeit durchaus das Böse wohnen kann, weil sie blind machen
kann. Jesus erzählt in der Person des Weinbergbesitzers von einer
Gerechtigkeit, die nicht „blind" austeilt, sondern „sehend" ist und sieht,
was der andere braucht. Es ist eine Gerechtigkeit, die in Barmherzigkeit
und Güte übergeht. Denn dass die Kurzzeitarbeiter den ganzen Tag über
arbeitslos waren, war ja für sie ein hartes Schicksal! Vielleicht wurden
sie von den Bedingungen des Marktes selektiert, waren nicht mehr die
Kräftigsten und Jüngsten. Zu Hause aber warteten Frau und Kinder
darauf, dass der Vater Geld mitbrachte. Sie brauchten den Tageslohn
von einem Denar so nötig wie die, die schon seit dem frühen Morgen
Arbeit hatten. Es war genau der Betrag, der eine Familie ernährte. Wenn
der Weinbergbesitzer ihnen ebenfalls einen Denar gab, sicherte er ihnen

das Überleben. In einer Gesellschaft, in der Arbeit knapp ist, Lohn nur nach Verdienst zu verteilen, kann schnell ungerecht werden. Gerechtigkeit heißt also hier nicht: Wie bekomme ich Recht - sondern: Wie werden wir einander gerecht?

Man hat diese Art *sehende* Gerechtigkeit „Bundestreue" genannt – also verbindlichen Umgang miteinander. In den fünf Büchern Mose hat diese Art der Gerechtigkeit, die über das rein Verdienstliche hinausgeht, zu einer respektablen Sozialgesetzgebung geführt. Ihr innerster Kern bestand darin, das Lebensrecht der Schwachen zu schützen - der Waisen, Witwen und Fremdlinge. Mit diesen Geboten sollte Israel eine sozial gerechte Gesellschaft aufbauen – eine Gerechtigkeit eben, die das Volk erhöht. Es gibt in Hes 18 einen wunderschönen Text, der genau diese Gerechtigkeit beschreibt:

„Wenn nun einer gerecht ist und Recht und Gerechtigkeit übt, der von den Höhenopfern nicht isst und seine Augen nicht aufhebt zu den Götzen..., der seines nächsten Weib nicht befleckt..., der niemand bedrückt, der dem Schuldner sein Pfand zurückgibt und niemand etwas mit Gewalt nimmt, der mit dem Hungrigen sein Brot teilt und den Nackten kleidet, der nicht auf Zinsen gibt und keinen Aufschlag nimmt, der seine Hand von Unrecht zurückhält und rechtes Urteil fällt, der nach meinen Gesetzen lebt und meine Gebote hält, dass er danach tut: das ist ein Gerechter... spricht der Herr."

Diese Art Gerechtigkeit ist nicht unbedingt mehrheitsfähig. Sie wächst nicht auf dem Boden unserer harten Realitäten, sondern aus dem Tun Gottes selbst. Die Rabbiner sagten deshalb, Gott selbst habe Nackte gekleidet (Adam und Eva), Kranke besucht (Abraham im Terebinthenhain), Trauernde getröstet (der Trostspruch über Isaak) und Tote begraben (Mose auf dem Berg Nebo). Und sie folgerten daraus: *„So kleide auch du Nackte, besuche auch du Kranke, tröste auch du Trauernde, begrabe auch du Tote."*

Es gibt zu dieser verdienenden Gerechtigkeit ja noch eine fromme Variante, auf die Jesu Gleichnis zielt, und die auf die Länge der Zeit zu einer besonders raffinierten Gestalt des Bösen wird. Vielleicht ist es sogar seine Lieblingsgestalt. Wo liegt das Problem?

Der fromme Mensch will *gut* sein, und bald will er *besser* sein. Besser ist der Komparativ – die Vergleichsform. Und so ist es: Der bessere Mensch lebt im Vergleich. Und am Ende strebt man nach dem Superlativ. Was ist daran so schlimm? Liegt nicht darin der Sinn des Christentums, die Menschen gut und auch besser zu machen?

Nur droht dem besseren Menschen eine merkwürdige Wandlung seines Charakters. Zunächst strengt er sich an, denn er meint es ja ernst. Sein Problem sind nicht die leeren Hände. Nein, nein, er hat etwas zu bieten. Bald reichen seine Finger nicht aus, um all das aufzuzählen, was er Gutes getan hat – wie der Pharisäer im Gleichnis: Ich faste zweimal in der Woche, ich gebe von allem den Zehnten. Ich arbeite nicht nur 12, sondern 14 Stunden im Weinberg. Und das nicht einmal ungern. Ich bin so dankbar – dankbar auch, dass ich nicht bin wie die Sünder – oder wie dieser Zöllner da!

Der Pharisäer lebt im Vergleich und aus dem Vergleich bezieht er seine Identität. Er zählt seine Werke auf, denn Sünden aufzählen muss er nicht mehr. Er braucht keine Beichte mehr, keine Gnade, keine Vergebung.

Und nun beginnt die unmerkliche Veränderung. Er *selbst* braucht keine Gnade, nun wird er sie auf Dauer auch *anderen* nicht mehr gewähren. Er *selbst* braucht keine Barmherzigkeit mehr, nun wird er sie auch *anderen* nicht mehr gewähren. Er *selbst* braucht keine Vergebung mehr, also sollen sich die *anderen* auch mal bisschen anstrengen.

So wächst in ihm Zorn und Verachtung für alle Sünder und Zöllner. Er ist fromm, aber seine Frömmigkeit macht ihn stolz und hart und lieblos. Und er merkt nicht, dass sein Stolz und seine Härte und Lieblosigkeit *auch* eine Form von Sünde ist – vielleicht sogar die größte. Doch würde man ihm sagen, er sei hochmütig, wäre er entsetzt und beleidigt. Der Frontverlauf jedenfalls hat sich beängstigend verschoben.

3. Die strafende Gerechtigkeit

Weisheitliches Denken ist auch ein Denken in Lohn und Strafe, ohne die es auf Erden keine Gerechtigkeit gäbe. Auch hier sind sich Mose und die Propheten einig – und auch die Weisen, obwohl ihr Denken daran zu verbluten scheint. Vor allem die Psalmen bezeugen auf herzzerreißende Weise, wie ungerecht gerade dieses Denken sein kann.

Doch wehe, wenn die Strafe das letzte und alleinige Mittel sein soll, das Gute zu verwirklichen! Wehe, wenn sie durch Fanatiker ausgeübt wird, die selbst keine Gnade mehr brauchen und sie auch anderen nicht mehr gewähren. Immer tragen sie ein paar Steine mit sich herum, ein Opfer wird sich sicher bald finden.

Bald schleppen sie eine junge Frau heran, die man beim Ehebruch ertappt hat. Sie stellen sie in die Mitte, halten Steine umkrallt, große, schwere Steine. Im heiligen Zorn wollen sie die Sünderin zur Rechenschaft ziehen und hinrichten. Die Menschen müssen besser werden und sind sie nicht willig, so brauchen wir Gewalt. Ihre Gesichter sind fest entschlossen. Mose hat befohlen, sie zu steinigen. Was sagst du?

Durch die Geschichte zieht sich die unheimliche Spur der Fanatiker, die des Guten zu viel tun, indem sie es erzwingen wollen. Wo man das Gute erzwingt, schlägt es ins Gegenteil um. Man nehme die dunklen Seiten unserer eigenen Kirchengeschichte. Man nehme die Geschichte der Revolutionen, die Gerechtigkeit erzwingen wollten, aber deren Humanität regelmäßig in Brutalität umschlug. Man nehme die Ideologie des Marxismus, die überall, wo man sie verwirklichen wollte, zur Diktatur wurde. Man nehme die Selbstmordattentäter, die mit Allah auf den Lippen ihr Flugzeug ins World Trade Center stürzen oder sich in die Luft sprengen. Alles tut man aus vermeintlicher Gottesliebe und um einer besseren Welt willen. Vielleicht ist das die subtilste Form des Bösen, sich in das Gewand des Guten zu kleiden.

Was tut Jesus, als man ihm die Ehebrecherin bringt? Er bückt sich und schreibt in den Sand. Und schweigt. Schweigt er aus Verlegenheit? Oder aus Überlegenheit? Aus Furcht oder Stärke? Braucht er erst einmal Bedenkzeit? Und was bedeutet die rätselhafte Geste: Er schreibt in den Sand?

Man hat an ein römisches Prozessverfahren gedacht, bei dem der Richter den Spruch, ehe er ihn verkündigt, für sich selbst notiert; aber auch an Jer 17,13: *„... die Abtrünnigen müssen auf die Erde geschrieben werden."* Wie dem auch sei, eine merkwürdige Geste.

Mich beeindruckt einfach der Gegensatz: Sie greifen zu den *Steinen* — Jesus aber schreibt in den *Sand.* Sie meinen es todernst, Jesus aber nimmt sie scheinbar gar nicht so ernst. Sie sind in der Mehrzahl, er aber in der Einzahl. Sie machen viele Worte, er aber schweigt. Schon allein mit diesem Schweigen geht Jesus seelsorgerlich mit ihnen um. Es ist eine bittere Medizin gegen ihre Wichtigtuerei. Es zehrt an ihrem Hochmut. Ihre Überlegenheit schmilzt förmlich zusammen. Er lässt sie warten, die hohen Herren.

Dann aber folgt ein Satz, der die Lage mit einem Schlag wandelt. *"Wer unter euch ohne Sünde ist, der werfe den ersten Stein."* Die Ankläger werden plötzlich zu Angeklagten, die selbst hinterfragt werden. Natürlich, werft nur eure Steine. Es ist schlimm, was die Frau gemacht hat. Mose hat Recht. Dieses Übel muss getilgt werden. Ich frage euch nur, ob *ihr* dazu berechtigt seid, das Gericht zu vollstrecken.

Hinter der Antwort liegt also eine Kritik. Dennoch eine annehmbare Kritik. Auch hier bleibt Jesus der Seelsorger. Er schlägt ihnen die Wahrheit über sich selbst nicht wie einen nassen Lappen um die Ohren, er hält sie ihnen wie einen Mantel hin. Er kritisiert sie auf "annehmbare" Art. Er hält ihnen nicht die Bergpredigt. Dort zeigt er ihnen den "Balken" im eigenen Auge, hier aber zeigt er ihnen nur den "Splitter". Dort sagt er, dass sie doch alle schon hundert Mal in Gedanken die Ehe gebrochen haben, hier aber sagt er nicht: "Ihr seid doch auch nicht besser als diese Frau!" Sie hätten sich verteidigt, protestiert. Diesen Ausweg schneidet er ihnen ab. Aber das können, das müssen sie doch annehmen: „Wer unter euch ohne Sünde ist." Hier können sie sich zurückziehen, ohne ihr Gesicht zu verlieren. Auch Abraham, auch Mose wären hier gegangen...

„Und er bückte sich wieder und schrieb auf die Erde." Mit diesem einfachen, klaren Satz lässt er sie wieder allein. Die Ältesten gehen zuerst, schreibt Johannes. Eine interessante Notiz. Vielleicht glaubte ein junger Pharisäer noch eher an Perfektion. Aber sie, die Ältesten, kennen sich besser, auch mit ihren zerbrochenen Idealen. Sie verstehen – und sie gehen zuerst...

So liegt das Problem oft dort, wo wir es am allerwenigsten vermuten – nämlich, wo wir gut sein wollen oder gar besser, und meinen, der Barmherzigkeit nicht mehr zu bedürfen.

Jesus bleibt mit der Frau allein zurück. Und wieder werden wir Zeuge eines seelsorgerlichen Gespräches. Kein Vorwurf! Keine Bußpredigt! Kein herablassender Ton! Nur diese fast überflüssige Frage: „Wo sind sie, Frau? Hat dich niemand verdammt?" „Niemand, Herr." Nun, wenn diese strengen Richter dich nicht verdammen, dann verdamme ich dich auch nicht.

Auch diese Geste ist schön. Er spricht die Vergebung nicht von oben herab zu, sondern gewissermaßen in der Gemeinschaft der Sünder - er, der von keiner Sünde wusste und den ersten Stein hätte aufheben können. Das ist kein Bankrott der Gerechtigkeit, sondern Gottes Art von Gerechtigkeit, die seine Güte ist, ohne die wir schon lange aus wären. Es ist die Gerechtigkeit, die vor Gott gilt und die ein Volk erhöht. Jesus rechtfertigt gewiss nicht die Tat der Frau, denn er sagt zu ihr: Geh hin und tue es nie wieder. Aber er ist barmherzig, und wo die Barmherzigkeit regiert, kann das Leben noch einmal beginnen. Die Frau kann wieder in den Spiegel schauen, ohne sich selbst zu hassen.

Ein Letztes: Das Anliegen einer „Gerechtigkeit, die ein Volk erhöht" galt Israel noch in einer geschlossenen Gesellschaft. Der Glaube an Gott stand noch in einem von allen akzeptierten Kontext. Solche Einheit ist uns längst zerbrochen. Wir leben in Subsystemen – auch als Kirche und Gemeinschaft, die nicht mehr allzu viele Sympathien genießen. Unsere Kraft liegt jetzt nur darin, als „überzeugte Minderheiten" unsere Berufung zu leben, ohne sie anderen zum Vorwurf zu machen. Wenn Kirche von einer gerechten Gesellschaft redet, dann darf dies nicht von oben herab geschehen noch im Ton des Vorwurfs. Moralprediger und Besserwisser hat unser Land genug. Was unser Land braucht, sind Gruppen, die sich nicht über Negationen definieren, sondern über Positionen. Dazu gehört im innersten Kern das Tun der Gerechtigkeit in Respekt und Güte zueinander. Dass dies nicht unbemerkt bleiben wird, mag zum Schluss folgende kleine Geschichte erzählen.

Irgendwo in den weiten Wäldern Russlands soll es ein Kloster gegeben haben, das letzte seines Ordens. Alle anderen Klöster hatten schon schließen müssen. Auch hier, in dem letzten, gab es nur noch fünf Mönche, den Abt und vier andere - alle über siebzig Jahre. In den Wäldern ringsumher aber lag eine kleine Hütte, die ab und zu von einem Rabbi als Einsiedelei genutzt wurde. Aus Sorge um sein Kloster kam es dem Abt in den Sinn, den Rabbi aufzusuchen. Vielleicht konnte der ja einen klugen Rat geben.

Der Rabbi hieß den Abt in seiner Hütte willkommen. Als dieser seine Sorge ausbreitete, konnte der Rabbi nur betrübt Anteil nehmen an dem Geschick. „Ich weiß, wie das ist. Der Geist hat die Menschen verlassen, in meiner Stadt ist es dasselbe. Fast niemand kommt mehr zur Synagoge." Und der Abt und der Rabbi weinten miteinander. Dann lasen sie in der Thora und hatten tiefe Gespräche. Beim Abschied umarmten sie einander. „Es war ein wunderbares Geschenk, dass wir uns nach so langer Zeit wieder sehen konnten," sagte der Abt. „Aber meine Sorgen nehme ich wieder mit. Ist da gar nichts, was du mir sagen könntest?" Gar keinen Rat?" „Nein, es tut mir leid", antwortete der Rabbi. „Ich kann dir keinen Rat geben. Das einzige, was ich dir sagen kann, ist, dass der Messias einer von euch ist."

Zurückgekehrt, scharten sich die Mönche um den Abt. „Er kann uns nicht helfen", sagte dieser. „Wir konnten nur beten und die Thora studieren. Das einzige, was er sagte, ganz kurz, bevor ich ihn verließ – es hörte sich ziemlich rätselhaft an - war, dass der Messias einer von uns sei. Ich habe keine Ahnung, was er damit meinte."

In den nächsten Wochen und Monaten grübelten die alten Mönche darüber nach. Der Messias soll einer von uns sein? Ja, falls er irgendeinen gemeint haben sollte, dann sicher den Abt. Andererseits, er könnte auch Bruder Thomas gemeint haben. Wirklich, Bruder Thomas ist ein heiliger Mann. Jeder weiß, dass Thomas ein Mann des Lichtes ist. Ganz sicher hat er nicht Bruder Eldred gemeint. Eldred ist oft sehr nörgelig. Allerdings, wenn man genau darüber nachdenkt. Auch wenn er häufig ein Dorn im Fleisch der Leute ist – wenn man es ganz genau betrachtet, hat Eldred tatsächlich immer recht. Manchmal sogar sehr recht. Ganz sicher hat er jedoch nicht Bruder Philipp gemeint. Philipp ist so passiv, ein regelrechter Niemand. Allerdings auf recht mysteriöse Art und Weise hat Bruder Philipp die Gabe, genau dann aufzutauchen, wenn man ihn am nötigsten braucht. Er taucht genau dann wie durch Zauberhand jedes Mal auf. Vielleicht ist Philipp der Messias?!

Allerdings: Der Rabbi könnte mich am wenigsten gemeint haben. Ich bin nur eine ganz gewöhnliche Person. Allerdings: Nehmen wir mal an, er hätte doch mich gemeint? Stell dir vor, ich sei der Messias?! Oh Gott, nicht ich. Ich könnte in deinem Leben nie so viel bedeuten...?!

Während sie diese Gedanken hin und her bewegten, begannen die alten Mönche einander mit außerordentlichem Respekt zu behandeln – immerhin war die Chance ja groß, dass einer von ihnen der Messias war. Und trotz der nur winzig kleinen Chance, dass jeder von ihnen selbst der Messias sein könnte, begannen sie auch, sich selbst mit außerordentlichem Respekt zu behandeln.

Der Wald, in dem das Kloster lag, war so schön, dass oft Menschen vorbeikamen. Und sie nahmen wahr, dass etwas merkwürdig Anziehendes in der Atmosphäre dieses Ortes lag. Ohne sich zu fragen warum, kehrten die Leute gern und immer häufiger zu diesem Haus zurück, begannen auch, ihre Freunde mitzubringen.

Und nun geschah es, dass einige der jüngeren Männer, die das Kloster besuchten, sich in immer längere und tiefere Gespräche mit den alten Mönchen einließen. Nach einiger Zeit fragte einer, ob er bleiben und zu ihrem Orden gehören dürfte. Dann ein anderer. Und ein weiterer. Und – wen wundert's: Innerhalb einiger Jahre ist das Kloster wieder zu einem blühenden Ort geworden und zu einem Licht in der ganzen Gegend.

Brich dem Hungrigen dein Brot[30]

Rufe aus voller Kehle, halte nicht an dich! Erhebe deine Stimme wie eine Posaune und verkündige meinem Volk seine Abtrünnigkeit und dem Hause Jakob seine Sünden!... Siehe, an dem Tag, da ihr fastet, geht ihr doch euren Geschäften nach und bedrückt alle eure Arbeiter. Siehe, wenn ihr fastet, hadert und zankt ihr und schlagt mit gottloser Faust drein. Ihr sollt nicht so fasten, wie ihr jetzt tut, wenn eure Stimme in der Höhe gehört werden soll. Soll das ein Fasten sein, an dem ich Gefallen habe, ein Tag, an dem man sich kasteit, wenn ein Mensch seinen Kopf hängen lässt wie Schilf und in Sack und Asche sich bettet? Wollt ihr das ein Fasten nennen und einen Tag, an dem der HERR Wohlgefallen hat? Das aber ist ein Fasten, an dem ich Gefallen habe: Lass los, die du mit Unrecht gebunden hast, lass ledig, auf die du das Joch gelegt hast! Gib frei, die du bedrückst, reiß jedes Joch weg! Brich dem Hungrigen dein Brot, und die im Elend ohne Obdach sind, führe ins Haus! Wenn du einen nackt siehst, so kleide ihn, und entzieh dich nicht deinem Fleisch und Blut! Dann wird dein Licht hervorbrechen wie die Morgenröte, und deine Heilung wird schnell voranschreiten, und deine Gerechtigkeit wird vor dir hergehen, und die Herrlichkeit des HERRN wird deinen Zug beschließen. Dann wirst du rufen und der HERR wird dir antworten. Wenn du schreist, wird er sagen: Siehe, hier bin ich. Wenn du in deiner Mitte niemand unterjochst und nicht mit Fingern zeigst und nicht übel redest, sondern den Hungrigen dein Herz finden lässt und den Elenden sättigst, dann wird dein Licht in der Finsternis aufgehen, und dein Dunkel wird sein wie der Mittag. Und der HERR wird dich immerdar führen und dich sättigen in der Dürre und dein Gebein stärken. Und du wirst sein wie ein bewässerter Garten und wie eine Wasserquelle, der es nie an Wasser fehlt. Und es soll durch dich wieder aufgebaut werden, was lange wüst gelegen hat, und du wirst wieder aufrichten, was vorzeiten gegründet ward; und du sollst heißen: „Der die Lücken zumauert und die Wege ausbessert, dass man da wohnen könne.".
Jes 58,1-12

---

[30] Predigt in Stolpen am 27. Sept. 2009 anlässlich des zehnjährigen Bestehens des Vereins "projekt LEBEN"

Liebe Schwestern und Brüder,

Anlass zu diesem Predigttext war seine wunderschöne Bilderwelt, die sich am Ende auftut, insbesondere der Vers: *„Und du wirst sein wie ein bewässerter Garten und wie eine Wasserquelle, der es nie an Wasser fehlt."*

Man kann sich der Schönheit eines solchen Wortes kaum entziehen. Ein blühender Garten übt auf uns einen Zauber aus. Immer schon haben Menschen Gärten angelegt. Bereits die alten Kulturen haben es darin zur Meisterschaft gebracht. Man denke an die hängenden Gärten Babylons. Als Moritzburger, Sie werden es verstehen, sehe ich natürlich das Barockschloss und seine Teich- und Gartenlandschaft vor mir und alle, die zum Verein „projekt LEBEN" gehören, vielleicht den Bio-Hof mit seinen Aroniaplantagen.

Vom Zauber eines fruchtbaren Gartens lebte ja auch das Versprechen, mit dem Gott selbst einst sein Volk Israel aus Ägypten in das „Gelobte Land" gelockt hat, in dem Milch und Honig fließen soll. Na ja, in den Flüssen wird schon Wasser gewesen sein, schon wegen der Fische.

Und immer hatte die Rede vom Garten auch eine Innenseite, etwa wenn Paul Gerhard nach dem Anblick der *„schönen Gärten Zier"* bittet: *„Verleihe, dass zu deinem Ruhm ich deines Gartens schöne Blum und Pflanze möge bleiben."*

All diese Bilder nähren sich, so scheint mir, von dem einen Urbild, das uns verloren ging – dem Garten Eden, dem Garten der Wonne, wie es im Hebräischen heißt, von Gott selbst liebevoll angelegt, damit es uns gut gehen möge auf Erden.

Seither versuchen wir immer wieder, in diesen Garten zu gelangen. Politiker versprechen „blühende Landschaften" und wollen uns gewiss nicht ver"kohl"en. Und wir haben heute am Tag der Bundestagswahl wieder darüber zu befinden, wer den Garten unseres Landes in den nächsten vier Jahren gestalten soll. Alle Parteien versprechen ja nichts anderes als Wachstum und Gedeihen.

Nur scheint mir, dass es zwischen den Wahlversprechen der Parteien und dem Versprechen Gottes in unserem Text einen großen Unterschied gibt. Hier soll das Volk Israel nicht nur *abstimmen*, es soll wirklich *mitbestimmen*. Es wird selbst in die Pflicht genommen. Denn der Garten – das sind sie ja selbst. Sie selbst müssen urbar gemacht werden. Da müssen die Steine gesammelt, Unkraut gejätet und der Boden umgegraben werden. Da spricht Gott jeden an. Wie sich das Gott vorstellt und welche Wachstumsbedingungen nötig sind, das wird klar genannt: *„Lass los, die du mit Unrecht gebunden hast, lass ledig, auf die du das Joch gelegt hast! Gib frei, die du bedrückst, reiß jedes Joch weg! Brich dem Hungrigen dein Brot, und die im Elend ohne Obdach sind, führe ins Haus! Wenn du einen nackt siehst, so kleide ihn, und entzieh dich nicht deinem Fleisch und Blut! Wenn du in deiner Mitte niemand unterjochst und nicht mit Fingern zeigst und nicht übel redest, sondern den Hungrigen dein Herz finden lässt und den Elenden sättigst, dann wird dein Licht in der Finsternis aufgehen, und dein Dunkel wird sein wie der Mittag."*

Hier wird mit wenigen Strichen deutlich, wie sich Gott blühende Landschaften vorstellt. Das entspricht ganz und gar nicht der üblichen Definition von Wohlstand: Es geht nicht um die Steigerung des Bruttosozialprodukts oder der Kaufkraft, nicht um die immer bessere Befriedigung der materiellen Bedürfnisse. Wohlstand wird hier vielmehr gemessen an dem Maß der Barmherzigkeit. Wohlstand ist hier die Summe gelungener Beziehungen und die Fähigkeit, sich die Not des anderen wirklich zu Herzen gehen zu lassen.

Doch wo in aller Welt soll das wachsen, wenn es nicht einmal im Gelobten Land wächst? Wenn auch hier immer wieder der Boden hart und unfruchtbar wird, weil jeder nur das Seine sucht und sein Glück selbst dort, wo er das Glück anderer zertritt. Jesaja prangert die gnadenlose Gesellschaft Israels im 5. Jahrhundert an. Er soll seine Stimme laut erschallen lassen, laut wie eine Posaune. Und würde er heute leben, dann würde er es vielleicht mit den Worten des Schriftstellers Hans Cibulka sagen, der in sein Tagebuch notiert: *„Wir leben in einer gnadenlosen Gesellschaft... Die Kälte nimmt zwischen den Menschen zu. Man kann sie zählen, die heute noch ein Windlicht für einen anderen ins Fenster stellen."*

Wie kann der Boden nur so hart werden? Noch vor wenigen Jahren saß man im Exil in Babylon. Man saß und weinte, wenn man an Zion gedachte, wie es in Ps 137 heißt: *„Unsere Harfen hingen wir an die Weiden",* heißt es dort weiter." *Denn dort hießen uns singen, die uns gefangen hielten, und in unserm Heulen fröhlich sein: ,Singet uns ein Lied von Zion!' Wie sollten wir des HERRN Lied singen in fremden Landen?"*

Nun aber waren sie frei. Die neuen Siegermächte, die Perser, hatten dem Volk die Rückkehr in die Heimat gestattet, ihnen Einheit und Freiheit wiedergegeben, den Wiederaufbau des Tempels in Jerusalem gestattet, sogar auf Staatskosten. Sie hatten eine zweite Chance bekommen. Und um das nicht zu vergessen, richteten sie Gedenktage ein, Bußtage. Sie fasteten, um vor Gott eine gute Figur zu machen. Doch der schaut gar nicht danach. Er könnte sich doch freuen über so viel religiöses Leben! Tut er aber nicht.

Gott fragt nicht nach dem blühenden kultischen Leben, sondern nach dem sozialen Leben. Doch da gehen wieder die alten Risse durch die Gesellschaft. Da hat der Bruder längst aufgehört, Bruder zu sein, sondern ist wieder Konkurrent geworden auf der Jagd nach dem Glück. Gott hat nichts gegen das Fasten, aber er hat etwas dagegen, dass man Gottesliebe ohne die Nächstenliebe haben will. Gott hat auch nichts gegen den Reichtum. Wie gesagt, in dem Gelobten Land sollte Milch und Honig, kein Essig und Lebertran fließen. Gott ist nicht geizig. Seine Liebe zu uns geht auch durch den Magen. Aber er hat etwas dagegen, dass Reichtum Menschen blind macht – blind für die Not anderer. Und das geht schnell, wie auch jener Rabbi weiß, zu dem ein Mann kommt:

„Rabbi, ich verstehe das nicht: Kommt man zu einem Armen, der ist freundlich und hilft, wo er kann. Kommt man aber zu einem Reichen, der sieht einen nicht mal. Was ist das bloß mit dem Geld?" Da sagt der Rabbi: „Tritt ans Fenster! Was siehst du?" „Ich sehe eine Frau mit einem Kind. Und einen Wagen, der zum Markt fährt." „Gut. Und jetzt tritt vor den Spiegel. Was siehst du?" „Nun, Rabbi, was werde ich sehen? Mich selber." „Nun: das Fenster ist aus Glas gemacht und der Spiegel ist aus Glas gemacht. Man braucht bloß ein bisschen Silber dahinterzulegen, schon sieht man nur noch sich selbst."

„Lass los, die du mit Unrecht gebunden hast, lass ledig, auf die du das Joch gelegt hast! Gib frei, die du bedrückst, reiß jedes Joch weg! Brich dem Hungrigen dein Brot, und die im Elend ohne Obdach sind, führe ins Haus! Wenn du einen nackt siehst, so kleide ihn, und entzieh dich nicht deinem Fleisch und Blut!" Das ist eigentlich nichts Neues. Spätestens seit Ägypten weiß doch das Volk, dass Gott auf der Seite der Schwachen steht, seit er aus dem Dornbusch gesprochen hat. Sie wissen, dass Gott nicht wie Baal ist, der Gott der Kanaanäer, der Stiergott, der das Leben zum Kampf und die Welt zur Arena macht. Sie wissen, dass Gott nicht die kalte Geometrie des Weltalls ist wie für die Griechen und erhaben über allem thront, unberührt von allen menschlichen Freuden, Leiden und Verbrechen; sondern dass er ein Gott

der Liebe und dass ohne die Liebe alles nur tönendes Erz und klingende Schelle ist.

„Brich dem Hungrigen dein Brot…" Das müssten sie auch noch aus der Wüste wissen, wo sie selbst Hunger litten und Durst und Gott sie mit Brot versorgte, dem wunderbaren Brot, das den Boden bedeckte. Das Brot war wichtig – lebenswichtig. Aber wichtiger war noch die kleine Lektion, die Israel unbedingt lernen sollte, bevor sie ins gelobte Land kamen. Da heißt es: *Da sammelte man auf, die einen gierig und flink, für die anderen aber blieben nur noch die Reste. Doch als man es nachmass, hatten sie alle gleich.*

Das bedeutet doch: Wo Gott das Brot zuteilt, geht es gerecht zu. Alle sollen das haben, was sie zum Leben brauchen. In dem Wunder lag die Anleitung zum Teilen. Keiner soll an Übergewicht und keiner an Untergewicht sterben.

Denn es gibt einen Tod am Brot allein. Nämlich dort, wo man meint, der volle Bauch sei schon erfülltes Leben; wo „Brot" zur Weltanschauung und der Mensch zum Konsumenten degradiert wird.

Dass Gott das Brot gerecht verteilt, ist eine Lektion gegen die Gier, deren dramatische Folgen auch heute wieder offen zu Tage liegen. Wo sie herrscht, blühen nicht die Gärten, da wachsen eher die Müllhalden und die Schuldenberge, und jeder weiß, dass sie eines Tages über uns und unsere Kinder fallen werden.

Das alles ist irrational. Der Grund aber dafür ist die Angst, etwas zu verlieren. Die macht unser Herz klein. Der Münchner Psychoanalytiker Wolfgang Schmidbauer hat schon 2005 eine Studie herausgebracht unter dem Titel „Lebensgefühl Angst". Er diagnostiziert in Deutschland eine Generation, die von einer stillen, latent rumorenden Angst heimgesucht wird, weil *„noch nie so viele Menschen so viel zu verlieren hatten wie heute. Sicherheit, Wohlstand, ein hohes Niveau von Konsum und universeller Kommunikation…"* Demzufolge gäben die Deutschen heute dreimal so viel für Versicherungen aus wie vor 20 Jahren.

Was der Prophet im Namen Gottes fordert, ist ja gar nicht so schwer. Es geht um ein elementares Einfühlungsvermögen, zu dem jeder in der Lage ist. Nächstenliebe ist kein christliches Privileg, auch wenn wir als Christen die besten Voraussetzungen dafür haben, denn wir kennen Gottes Herz. Das Gleichnis vom großen Weltgericht spricht allen Menschen in allen Völkern die Fähigkeit zu, sich von der Not anderer anrühren zu lassen: *„Ich war nackt und ihr habt mich bekleidet, ich war hungrig und ihr habt mir zu essen gegeben ..."*

Hier wird nicht zu großen Staatsaktionen aufgerufen. Ich glaube, dazu gehören auch unscheinbare Gesten wie folgende liebenswürdige Szene. An einer Haltestelle stieg ein Mädchen von etwa zwölf Jahren zu; sie trug einen Schulranzen und sah müde aus. Der Bus war voll. Ein älterer Mann stand auf und bot dem Mädchen einen Platz an. Das Kind bekam einen roten Kopf, setzte sich aber dankbar.

An dieser einfachen Begebenheit ist eigentlich nichts bemerkenswert. Der alte Mann hatte den Sitz gewiss so nötig wie das müde Kind. Und dem Kind hätte es kaum geschadet, wenn es die drei Stationen gestanden hätte. Der Wert dieser Szene liegt gar nicht in der realen Hilfe, die der Mann geleistet hat. Sie liegt in der Aufmerksamkeit und in der Achtung, mit der ein Mensch einem anderen Menschen begegnet. Hier geschieht Bildung – Herzensbildung. Das Kind hat in dieser Minute etwas unverlierbar von der Liebenswürdigkeit des Lebens gelernt. Unsere Gesellschaft lebt von solchen kleinen Gesten. Es wäre gefährlich, Nächstenliebe an den Sozialstaat oder die Diakonie zu delegieren und jenes elementare Gefühl zu verlernen, füreinander verantwortlich zu sein.

In diesem Sinne ist es auch gut, dass es den Verein „projekt LEBEN" gibt, seine Werke der Barmherzigkeit in Rumänien und hier in Deutschland. Und seine Investition in Menschen, die zu den Verlierern gehören und doch gewürdigt sind, das Antlitz Gottes zu tragen.

Möge Gott dieses Projekt weiterhin segnen. Möge er es bewässern wie einen Garten, es wachsen und blühen lassen. Möge er es weiterhin zum Zeichen machen dafür, dass jeder Mensch uns Bruder und Schwester ist. In diesem Sinne gebe ich gern noch einmal Hans Cibulka das Wort:

„Das Leben gehört niemals dir allein, es gehört immer auch dem anderen, und das Wort, das wir zueinander sprechen, ist dazu da, um ein wenig Licht in diese Welt zu bringen, um den Menschen heimzuleuchten, damit sie sich im Labyrinth des Lebens nicht verirren."

Weisheit lieben

Unser Leben sei ein Fest[31]

Die Vorbereitungsgruppe für Ihr Treffen hat ein sehr schönes Thema ausgewählt. Denn das Stichwort „Fest" weckt in uns überwiegend angenehme, freudige Gefühle. In vierzehn Tagen haben wir in unserer großen Verwandtschaft z.b. wieder eine Hochzeit. Wer würde sich darauf nicht freuen? Seit es Menschen gibt, feiern sie Feste. Auch die Kirche hat ihren Festkalender, aber natürlich auch ein Diakonenhaus. Ohne Feste wäre unser Leben arm.

Doch nun haben wir, um noch etwas aus der Verwandtschaft zu plaudern, einen sehr großen Familienkreis. Und da kann es z.B. passieren, dass in einem Jahr nicht nur eine, sondern drei Hochzeiten stattfinden, dazu noch zwei Taufen, drei Konfirmationen und zwei Silberhochzeiten. Da bewahrheitet sich nicht nur die alte Weisheit, dass man nicht auf jeder Hochzeit tanzen kann. Es zeigt sich auch, dass allzu viele Feste nicht mehr feierlich sind.

Unser Thema geht aber über die eben aufgezählte stattliche Liste von Festivitäten noch weit hinaus: „Unser Leben sei ein Fest...". Unser Leben - d.h. doch jeder Tag soll ein Festtag sein.

Ist das Thema realistisch? Und ist das überhaupt wünschenswert? Wer soll das verkraften? Nicht nur Leber und Galle würden streiken, auch unser Herz und unsere Sinne. Jeden Tag ein Fest wäre am Ende kein Fest mehr. Ein Fest lebt von der festlosen Zeit, wie auch ein Festessen davon lebt, dass es dies nicht alle Tage gibt.

Ich frage aber noch weiter: Ist das Thema überhaupt biblisch? Hat nicht unser Herr selbst davon gesprochen, dass jeder Tag auch seine Plage hat? Wir sollten nicht christlicher als Christus selbst sein. Es gibt Tage, da möchte ich früh einfach liegenbleiben. Es gibt Tage, da geht die Arbeit einfach nicht von der Hand. Und schon am Frühstückstisch gibt es den ersten Ehestreit und die Kinder gehen auf die Nerven. Wir tanzen nicht nur leichtfüßig durchs Leben, wir schleppen uns auch bisweilen. Wir müssen aus unsrem Leben keinen frommen Scherenschnitt machen.

Und da höre ich: „Unser Leben sei ein Fest..." Das kann dann sogar vorwurfsvoll klingen. „Ich muss doch wirklich alles falsch machen", werfe ich mir dann vor. Und ich fange an, andere zu beneiden, die alles

---

[31] Bibelarbeit zum Ehepartnertreff Moritzburger Diakone und Diakoninnen am 20. Sept. 1997

viel besser im Griff zu haben scheinen. Doch woher weiß ich denn, dass der andere das Leben wirklich so viel besser im Griff hat? Wir lassen uns doch nur selten ins Herz schauen.

So saß ich also bei meiner Vorbereitung zwischen zwei Stühlen, was ja bekanntlich etwas unbequem ist. Der eine Stuhl: Jeder Tag hat seine Plage - der andere Stuhl: Jeder Tag ein Fest.

Da klopfte es in meinen Gedanken. Herein trat ein etwas älterer Herr, der sich als der Prediger Salomo vorstellte. Ich hätte gewiss schon von ihm gehört. Ich nickte eifrig. Womit ich mich gerade beschäftigen würde, wollte er wissen. Ich erzählte ihm vom Brüderfrauentag, der jetzt Ehepartnertreffen heißt und von dem Thema „Unser Leben sei ein Fest". Spontan meinte er: „Ein phantastisches Thema. Genau das, was ich immer gesagt habe!" Ich schaute ihn etwas ungläubig an, denn ich erinnerte mich, dass er ziemliche Mühe hatte, überhaupt in die Bibel aufgenommen zu werden. Er galt nämlich als Miesmacher. Wo er auftauchte, wurde im Umkreis von einem Kilometer die Milch sauer. Er schien meine Gedanken zu erraten: „Ich weiß schon, du denkst an meine Worte 'Es ist alles ganz eitel, sprach der Prediger, es ist alles ganz eitel. Alles ist Haschen nach Wind.' Gut, anfangs wollten die Rabbiner sogar mein Büchlein verstecken, so sehr haben sie sich darüber geärgert. Aber die Wahrheit lässt sich nicht verstecken. Und heute liest man mein Büchlein alljährlich zum Laubhüttenfest. Sieben Tage wohnt man in Hütten aus Zweigen, und dann welkt das Laub - wie unser Leben. Ist es nicht so?"

Ich fragte, was ihn denn an unserem Thema so begeistern würde. Er fing an zu erzählen. Er sei ja ein Weiser, und ein Weiser versuche, die Welt zu verstehen. So sei er gewissermaßen in verschiedene Gewänder geschlüpft und habe gefragt, was diese Rollen ihm jeweils für einen Gewinn bringen. Es müsse sich doch alles rechnen, meinte er, das würden wir doch nach der Wende gut verstehen…

Als erstes probierte er sich das Gewand eines Königs an. Wer wünscht sich das nicht - einmal König sein? Er lächelte verschmitzt: Viele würden deshalb denken, er sei tatsächlich der König Salomo gewesen. Sei er nicht! Er hätte ein paar Jahrhunderte später gelebt. Aber immerhin hätte die Verwechslung geholfen, dass er in die Bibel gekommen sei. Dann schlug er sein Büchlein auf und las über seine Erfahrungen als König:

„Ich tat große Dinge: ich baute Häuser, ich pflanzte mir Weinberge, ich machte mir Gärten und Lustgärten... ich machte mir Teiche, daraus zu bewässern den Wald der grünenden Bäume. Ich erwarb mir Knechte und Mägde und hatte auch Gesinde, im Hause geboren; ich

hatte eine größere Habe an Rindern und Schafen als alle, die vor mir zu Jerusalem waren. Ich sammelte mir auch Silber und Gold und was Könige und Länder besitzen; ich beschaffte mir Sänger und Sängerinnen und die Wonne der Menschen, Frauen in Menge, und war größer als alle, die vor mir zu Jerusalem waren... Und alles, was meine Augen wünschten, das gab ich ihnen und verwehrte meinem Herzen keine Freuden... Als ich aber ansah alle meine Werke, die meine Hand getan hatte, und die Mühe, die ich gehabt hatte, siehe, da war es alles eitel und Haschen nach Wind und kein Gewinn unter der Sonne."

Also, König sein - was soll's? Dann habe er sich das Kleid eines <u>Frommen</u> angezogen. Er strebte nach Gerechtigkeit. Er hätte alles getan, was Gott von uns Menschen erwartete. Er hielt die Gebote. Er liebte Gott von ganzem Herzen, ganzer Seele und mit aller Kraft und seinen Nächsten wie sich selbst. Doch was musste er erfahren?

„Da ist ein Gerechter, der geht zugrunde in seiner Gerechtigkeit, und da ist ein Gottloser, der lebt lang in seiner Bosheit.... Es gibt Gerechte, denen geht es, als hätten sie Werke der Gottlosen getan, und es gibt Gottlose, denen geht es, als hätten sie Werke der Gerechten getan... Wie es dem Guten geht, so geht's auch dem Sünder... Das ist das Unglück bei allem, was unter der Sonne geschieht, dass es dem einen geht wie dem andern."

Er schaute mich fragend an: Verstehst du das? Lohnt es sich denn dann überhaupt noch, sich an Gottes Gebote zu halten?

Dann schlüpfte er in das Gewand des <u>Weisen</u>, suchte Weisheit und Erkenntnis. Wenn Gott diese Welt geschaffen hat, dann muss diese Welt doch erkennbar sein. Doch schnell stieß er an Grenzen, wie er mir vorlas:

„Wenn es denn mir geht wie dem Toren, warum habe ich dann nach Weisheit getrachtet? Da sprach ich in meinem Herzen: Auch das ist eitel. Denn man gedenkt des Weisen nicht für immer, ebenso wenig wie des Toren, und in künftigen Tagen ist alles vergessen. Wie stirbt doch der Weise samt den Toren!.. Ich habe alles versucht mit der Weisheit. Ich dachte, ich will weise werden, sie blieb aber ferne von mir. Alles, was da ist, das ist fern und ist sehr tief; wer wills finden?"

Und schließlich habe er noch etwas getan. Er zog sich ein <u>Totenhemd</u> an und dachte lange nach über das letzte Geheimnis, dass ein Mensch sterben muss. Und er sagte: „Ich will dir sagen, was ich denke:

„Denn es geht dem Menschen wie dem Vieh: wie dies stirbt, so stirbt auch er, und sie haben alle einen Odem, und der Mensch hat nichts voraus dem Vieh; denn alles ist eitel. Es fährt alles an einen Ort. Es ist alles aus Staub geworden und wird wieder zu Staub. Wer weiß, ob der Odem der Menschen aufwärts fahre und der Odem des Viehes hinab unter die Erde fahre." "Denn wer noch bei den Lebenden weilt, der hat Hoffnung; denn ein lebender Hund ist besser als ein toter Löwe. Denn die Lebenden wissen, dass sie sterben werden, die Toten aber wissen nichts; sie haben auch keinen Lohn mehr, denn ihr Andenken ist vergessen. Ihr Lieben und ihr Hassen und ihr Eifer ist längst dahin; sie haben keinen Teil mehr auf der Welt an allem, was unter der Sonne geschieht."

Er schaut mich lange an. „Siehst du, das meine ich, wenn ich sage: Es ist alles ganz eitel. Es lohnt sich nicht, ein Reicher zu sein, es lohnt sich nicht, ein Weiser zu sein, es lohnt sich auch nicht, ein Gerechter zu sein. Es lohnt sich nicht zu leben und es lohnt sich nicht zu sterben. *„Darum verdross es mich zu leben, denn es war mir zuwider, was unter der Sonne geschieht, dass alles eitel ist und Haschen nach Wind."* (2,17) und: *„Besser noch ist, wer noch nicht geboren ist."* (4, 3).

Ich rutsche etwas auf meinen beiden Stühlen hin und her. Nicht nur, weil ich unbequem saß, sondern weil das, was er sagte, eine unheimliche Überzeugungskraft hatte. Ich wehrte mich zwar gegen seine Argumente, und dennoch sagte im Inneren eine Stimme: Er hat Recht. Er hat auch Recht nach 2000 Jahren. Und so fremd ist uns seine Stimme gar nicht. Die Leute heute sagen zwar nicht mehr: „Es ist alles eitel..." - heute sagt man es so: „Was soll's? Was bringt's?" Unsere Welt ist in der Tat nicht weniger kompliziert und undurchsichtig als damals. Auch heute gibt es genug Torheit, wie der Prediger sagt. Nur können wir heute mit unserer Torheit mehr Schaden anrichten als die Leute damals.

Etwas schüchtern fragte ich noch einmal: „Das alles klingt so deprimierend - was begeistert dich denn dann an unserem Thema?"

Er schaute mich mit einem entwaffnenden Lächeln an: „Ich habe gelernt, das Leben leicht zu nehmen; oder anders gesagt, ich habe gelernt, mich nicht so wichtig zu nehmen." Und er sagte weiter: „Lies mal in Ruhe in meinem Büchlein, lies es genau. Ich sage nicht, dass es keinen Sinn in diesem Leben gibt, sondern nur, dass der Mensch ihn nicht erkennen kann. Bei Gott hat gewiss alles einen Sinn. Ich sage auch nicht, dass es keinen Gewinn gibt, aber ich denke, dass Gott Gewinn und Verlust vermutlich ganz anders berechnet. Das, was wirklich Gewinn ist in unserem Leben, das überlasse ich am besten ihm, der unser aller Lebenskonto führt. Als ich das erkannt habe," fuhr er nach einer Weile fort, „fühlte ich mich wie einer, der einen schweren Rucksack abgesetzt hat. Mit leichtem Gepäck lebt es sich besser. Dann wird jeder Tag tatsächlich zu einem Fest. Ich meine das nicht so, dass sich immer der Tisch biegen muss. Aber ich meine, dass jeder Tag trotz aller Mühe seine Schönheit und seinen Glanz hat." Und er nahm noch einmal sein Büchlein und las mir die Summe seiner Weisheit vor:

„Da merkte ich, dass es nichts Besseres... gibt als fröhlich sein und sich gütlich tun in seinem Leben. Denn ein Mensch, der da isst und trinkt und hat guten Mut bei all seinem Mühen, das ist eine Gabe Gottes." „So geh hin und iss dein Brot mit Freuden, trink deinen Wein mit gutem Mut; denn dies dein Tun hat Gott schon längst gefallen. Lass deine Kleider immer weiß sein und lass deinem Haupte Salbe nicht mangeln. Genieße das Leben mit deinem Weibe, das du liebhast, solange du das eitle Leben hast, das dir Gott unter der Sonne gegeben hat; denn das ist dein Teil am Leben und bei deiner Mühe, mit der du dich mühst unter der Sonne."

„Deswegen gefällt mir euer Thema." Sprach´s, nahm seinen Mantel und ging. Ich saß noch immer zwischen meinen beiden Stühlen und war wieder allein. Nun, der Prediger hat es gut, er konnte wieder gehen. Aber ich als Prediger musste bleiben und etwas vorbereiten. Und da ich ein lutherischer Prediger bin, versuchte ich meine Gedanken in drei Punkte zu fassen. Also: Was lerne ich vom Prediger Salomo im Blick auf unser Thema?

1. Das Leben als Fest zu begehen bedeutet Gelassenheit auch angesichts ungelöster Fragen

Wer mit offenen Augen durch die Welt geht, der kommt aus dem Fragealter nicht heraus. Auch der Prediger fragt und fragt. Ich schätze an dem Prediger die Ehrlichkeit, mit der er Fragen stellt. In seinen Fragen erkenne ich mich wieder - die Frage nach der Gerechtigkeit, nach dem Glück des Gottlosen und dem Unglück des Frommen, nach dem Sinn all unserer Mühen, wenn wir doch mit leeren Taschen aus dieser Welt gehen müssen. Wir könnten noch viele Fragen hinzufügen: Warum lässt Gott das zu? Warum gerade ich? Wohin soll das noch führen?

An dem Prediger lerne ich zunächst, dass solches Fragen erlaubt ist. Mit seinen Fragen beleidigt er Gott nicht, sondern ehrt ihn auf seine Weise. Doch Angst habe ich schon um ihn, denn es sind Fragen, an denen schon mancher abgestürzt ist wie an einer steilen Felswand - abgestürzt in Depression, Resignation, Unglaube. Wenn einer sagt: „Da verdross es mich zu leben, denn es war mir zuwider, was unter der Sonne geschieht..." dann beginnt er zu rutschen und zu fallen. Doch dann fällt er plötzlich so weich: „Iss und trink und sei guten Mutes..." Was ist das?

Unter ihm ist gleichsam ein Netz gespannt. Es ist der Glaube an den alten Gott - den Gott Abrahams, Isaaks und Jakobs. Gewiss, er kann von diesem Gott nicht mehr in der Sprache des Rühmens reden. Seine Stimme ist leiser geworden. Und dennoch gibt ihm dieser Gott der Väter noch Halt.

Das erinnert mich an eine kleine jüdische Geschichte. In Vilna haben sich gelehrte Rabbiner versammelt, um über Gott zu Gericht zu sitzen, wie er den Holocaust habe zulassen können. Sie debattierten die ganze Nacht hindurch. Schließlich, gegen Morgen, gelangen sie zu dem Urteil, dass Gott am Leid der Juden schuldig sei - und sie verurteilen ihn. Da schaut einer von ihnen zum Fenster hinaus und sagt: „Die Sonne geht auf - es ist Zeit zum Morgengebet."

Weder der Prediger noch die gelehrten Rabbiner fallen ins Bodenlose. Sie fallen in Gott wie in ein Netz, auch wenn sie vorher über die Haltbarkeit dieses Netzes diskutiert haben. Die Fragen, die sie erklimmen wollten, stehen noch da wie ein Fels. Sie können und sie müssen sie nicht lösen. Das hilft am Ende zu einer erstaunlichen Gelassenheit und zu einer tiefen Lebensbejahung, die man dem Prediger nach all seiner Skepsis nicht mehr zugetraut hätte.

Deshalb lerne ich an dem Prediger nicht nur das Fragen, sondern auch die Grenzen unseres Begreifens zu akzeptieren. Wer kann denn wirklich die Widersprüchlichkeit des Lebens enträtseln, wer die Geheimschrift Gottes entziffern? Wer will den Sinn der Weltgeschichte erfassen oder auch nur die Momentaufnahme eines Tages? Du musst nicht alles verstehen, um froh und gelassen zu leben, sagt der Prediger. Du musst nicht den Sinn des Ganzen begreifen. Dafür ergreife das, was dir gehört, - den heutigen Tag.

In einem Kommentar fand ich folgende guten Worte: *"Das Erkennen der Grenze bedeutet Schmerz und Befreiung zugleich. Schmerz, weil mir der Sinn der täglichen Mühen oft verschlossen ist, weil das Gelingen des Lebens meinen Händen immer wieder entgleitet. Befreiung, weil mir nicht die Last und Verantwortung für das Ganze, den Sinn und das Gelingen meiner Tage abgefordert wird. Ich darf mich mit dem mir zukommenden Teil, dem Glück des Augenblicks, anfreunden. Dieser hat seinen Wert in sich. "*

Diese Haltung erinnert mich an die Sorglosigkeit, von der Jesus in der Bergpredigt spricht. *„Sorget nicht um euer Leben... Euer himmlischer Vater weiß, dass ihr all das bedürfet. "* Das ist ja kein Aufruf zur Gleichgültigkeit oder Faulheit, sondern es will deutlich machen, dass unser Sorgen und Mühen Grenzen hat. *„Niemand kann seinem Leben eine Elle zusetzen"*, sagt Jesus. Die Befreiung ist, dass wir uns nicht in der eigenen Hand zu bergen haben, sondern in stärkeren Händen.

Immer wieder quälen uns ungelöste Fragen - im Kleinen wie im Großen. Vielleicht sorgen wir uns um den Weg der Kinder. Oder wir blicken mit Sorge auf gesellschaftliche Fragen: Arbeitslosigkeit, Staatsverschuldung - was soll werden? Längst schon leben wir auf Kredit, den unsere Kinder und Enkel zu bezahlen haben. Und die Kirche sitzt im gleichen Boot. Solche Fragen erfordern Verstand und Engagement. Es wäre schlimm, sie einfach Gott zu überlassen. Das wäre nicht die Botschaft des Predigers. Die Dinge, die wir lösen können, sollten wir lösen. Aber darüber hinaus brauchen wir Gelassenheit. Denn die Welt liegt nicht auf meinen Schultern. Ich bin nicht Atlas in der griechischen Sage, der die Welt zu tragen hat. Ich kann die Verantwortung in stärkere Hände legen. Ich kann essen und trinken und fröhlich sein bei all meinen Mühen. Die werden bleiben. Denn jeder Tag hat seine eigene Plage. Solche Leichtigkeit ist keine Leichtsinnigkeit, sondern die Heiterkeit des Glaubens.

2. Das Leben als Fest zu begehen bedeutet
Versöhnung mit unseren unerfüllten Wünschen

Ein weiteres lerne ich vom Prediger - ich nenne es den Umgang mit unseren Wünschen. Keiner ist wohl völlig wunschlos glücklich. Eine Studentin schrieb vor kurzem in einem Gedicht: *„Woher nur immer dieser Durst, dass ich fast knistere wie welkes Laub? Trinken, trinken und nichts, was ihn löschen kann. "* Mit diesem Durst und diesem Hunger haben wir die Welt zum Kaufhaus gemacht. Die Werbung verspricht uns Erfüllung unserer Wünsche und mit sanfter Hand suggeriert sie uns neue Bedürfnisse, als wären es unsere eigenen.

Interessant ist nun, dass die fröhlichen Partien im Buch des Predigers aus der Sicht des einfachen Mannes geschrieben sind. Das Leben als Fest - dazu muss man nicht König sein. Dazu genügen Brot und Wein, Freude an der Arbeit und an seinem Weib. Wein ist nichts Besonderes, sondern das tägliche Getränk in Palästina. Es muss ja nicht gerade das

Maß von Cäsar sein, der seinen Soldaten täglich die Einnahme von einem Liter Wein vorschrieb, um sie widerstandsfähiger gegen Krankheiten zu machen.

Martin Buber erzählt von einem solchen einfachen Mann, dem das Leben zum Fest wurde: *„Es war einmal ein einfältiger Schuster. Der hatte zum Mittagsmahl nichts als ein trockenes, hartes Stück Brot. Wenn er aber das Tuch entfaltete, in dem dieses säuberlich verwahrt lag, wenn er den Segen über dem Brot sprach, dann saß er an königlicher Tafel. Die ersten Bissen aß er, als sei es eine nahrhafte Suppe. Danach kam ein größeres Stück. Das zerging ihm auf der Zunge wie ein saftiger Braten. Und zum Schluss sammelte er die Krumen. Sie hinterließen einen Nachgeschmack, als habe er gerade köstlichen Rosinenkuchen genossen. Der Schuster dankte dem Ewigen für das himmlische Brot. Dann nahm er wieder sein Tagwerk auf. Ihm fehlte es an nichts.“*

Für Martin Buber war der Schuster weise. Seine Weisheit hatte ihm die Augen geöffnet, die Zunge gelöst, den Magen gefüllt und das Herz weit gemacht. Im Brot auf der Schusterbank entdeckte er die Königin aller Speisen und zugleich den Geber aller Speisen. Er hatte sich in den alltäglichen Dingen das Staunen bewahrt. *„Denn es ist die wahre Weisheit, im Brot allen Wohlgeschmack der Welt zu kosten, und es ist die wahre Weisheit in dem armen kargen Ländchen das Tor des Himmels zu erkennen.“*

Wir sind allerdings gewohnt, Wohlstand nach Begriffen der Mengenlehre zu definieren. Es geht mir gewiss nicht um ein falsches Ideal von Armut. Das Christentum steht allzu oft im Ruf einer Verzichtsreligion. Ich denke, dass das nicht stimmt. Der die Geschmacksnerven und den Gaumen geschaffen hat, sollte der uns nicht auch Delikatessen gönnen? Der uns die Gabe der Sexualität gegeben hat, sollte der etwas dagegen haben, wie der Prediger schreibt, sein Weib zu genießen? Wie sinnlich wird körperliche Liebe im „Hohelied Salomos" beschrieben? Warum sollte sie uns weniger Freude machen?

Doch uns umgibt der Aberglauben, dass das Leben erst zum Fest wird mit der immer besseren Befriedigung unserer Wünsche. Und da der Mensch nicht nur materielle Bedürfnisse hat, kommt nach der Wohlstandsgesellschaft nun die Erlebnisgesellschaft, wie die Soziologen sagen. Gestresste Manager können nun für viel Geld einen Erlebnisurlaub mit Kriegsschauplatz haben. Sie fahren in die Ukraine und ballern dort mit ausgedienter scharfer Munition. Und gelangweilte Ehepaare treffen sich am Wochenende mit „Leidensgenossen" im ausgebauten

Bauernhof zwecks Partnerwechsel. Eine Psychologin kommentierte diesen Bericht in der Zeitung mit den Worten: „Wir amüsieren uns zu Tode."

Die Angebote werden immer ausgefallener. Die Dosis muss erhöht werden, weil den Erlebnissen das Verfallsdatum schon aufgedruckt ist. Das Problem dabei ist: Je mehr wir erleben, um so flacher erleben wir es. Unsere Sinne stumpfen ab. Es ist wie bei einer Stadtrundfahrt: „Schauen Sie nach links und schauen Sie nach rechts." Nach zwei Stunden können wir die Eindrücke nicht mehr verkraften.

Die Lösung wäre: Weniger ist mehr. Früher hatte man dafür das Wort Askese. Es ist unmodern geworden. Aber vielleicht hilft das Wort „Eleganz". Ich kaufe nicht alle Anzüge auf der Stange, sondern wähle das, was mir steht. Erfülltes Leben heißt nicht, sich alle Wünsche zu erfüllen, sondern auszuwählen und wegzulassen.

In einer Geschichte vom „lieben Gott" schreibt Rainer Maria Rilke: *„Ich stellte mein Teeglas nieder und freute mich daran, wie goldig der Tee glänzte."* Ein schönes Beispiel von Erlebnisfähigkeit im Kleinen! Und Christa Mewes, bei der ich dieses Zitat fand, schreibt weiter: *„Freuen Sie sich in Ihrem Alltag noch an der schönen Farbe Ihres Tees? Haben Sie noch das Gefühl, dass Ihr Herz sich weitet, wenn im winterlichen Waldboden ein erstes Buschwindröschen seinen weißen Blütenstern entfaltet hat? Haben Sie kuschelige Gefühle und Behaglichkeit, wenn Sie an einem Fenster stehen, gegen das der Regen prasselt? Können Sie es noch genießen, dass Ihr Bett weich, Ihr Zimmer warm, die Luft blau und der Himmel klar ist?"*

Wer unerfüllte Wünsche nicht aushalten will, überfordert das Leben. Das Raumschiff Erde hat Grenzen, aber unsere Wünsche sind grenzenlos. Deutscher Lebensstandard, auf die Weltbevölkerung umgelegt, würde bald zum Kollaps führen. Der überfordert auch seine Ehe, der vom Partner letzte Erfüllung erwartet. Ich kenne eine Pfarrersfrau, die den Traum vom totalen Einssein hatte. Sie wollte förmlich in ständiger Umarmung mit ihrem Mann leben, was ihm natürlich zu eng wurde, sie wiederum als Lieblosigkeit auslegte. In ihrer Überforderung gefährdete sie ihre Partnerschaft.

Der Prediger ist weise, wenn er nicht nach letzter Erfüllung trachtet, sondern sein Glück im Elementaren sucht - im Alltäglichen, nicht im Besonderen. Es beginnt damit, auch über Kleinigkeiten wieder das Staunen zu lernen: über die herrliche Farbe des Tees, über den Partner, der noch immer mit mir Tischtuch und Betttuch teilt, den blauen Himmel, die Blume am Weg, das freundliche Wort... Wir nehmen vieles für selbstverständlich und zerstören damit das Wunder, das darin liegt.

3. Das Leben als Fest zu begehen bedeutet, dem Augenblick seine Schönheit und Schwere geben

Noch etwas lerne ich schließlich vom Prediger im Blick auf unser Thema - nämlich den weisen Umgang mit unserer Zeit. „Ein jegliches hat seine Zeit", schreibt er. *„Geboren werden hat seine Zeit, sterben hat seine Zeit; pflanzen hat seine Zeit, ausreißen hat seine Zeit; töten hat seine Zeit, heilen hat seine Zeit..."* Die Puhdys haben diesen Text vertont. Es ist eine lange Liste von 14 Gegensatzpaaren, 2 x 7 Wortbegriffen. Sieben hätten schon gereicht, hätten schon Vollständigkeit symbolisiert. 2 x 7 aber ist der Versuch, *alles* Erleben einzufangen - seien es schöne Erlebnisse, wo wir die Zeit gern anhalten möchten; seien es traurige Erlebnisse, wo wir die Uhr gern vorstellen möchten. Doch alles hat seine Zeit.

Wir sind nicht Herren der Zeit, sondern die Zeit herrscht über uns. Wir versuchen sie in den Griff zu bekommen mit immer besseren Kalendern, aber meist rennen wir ihr doch hinterher. Das Leben als Fest zu gestalten bedeutet für den Prediger, nicht gegen die Zeit zu leben, sondern sich ihrem Rhythmus anzuvertrauen. Wir überfordern die Zeit, wenn wir essen und in Gedanken schon wieder arbeiten, aufbauen und zugleich einreißen, weinen und zugleich lachen wollen. Damit entleeren wir den jetzigen Augenblick, der allein uns gehört. Uns gehört nicht mehr die Vergangenheit und uns gehört noch nicht die Zukunft. Nur der kleine Punkt zwischen beiden - dieser Augenblick - gehört mir. Jedem Augenblick die eigene Schönheit und Schwere zu lassen, das ist für den Prediger Weisheit.

Es gibt zweierlei Weisen, sich um den Augenblick zu betrügen: Das eine ist die Vergoldung der Zukunft: „Das Schönste kommt noch!" Das andere die Vergoldung der Vergangenheit: „Ach, waren das noch Zeiten!" Aber als die Vergangenheit noch Gegenwart war, da war sie auch nur mittelmäßig, und wenn die Zukunft Gegenwart sein wird, dann wird auch ihr Glanz verblasst sein. Der Betrug ist, nur in Erwartung oder in Erinnerung zu leben und die Gegenwart zu verpassen. Maxie Wander schrieb einmal in ihren „Tagebüchern und Briefen", wir lebten, als hätten wir tausend Jahre Zeit. Sie habe den Wert ihrer Tage erst begriffen, als sie erfahren musste, dass ihre Tage wegen einer unheilbaren Krankheit gezählt seien. Da erst habe sie angefangen, intensiv zu leben.

Es ist nichts anderes als das, was der Prediger meint. Ich zitiere noch einmal aus einem Kommentar: *„Wenn wir uns deutlicher der Flüchtigkeit unserer Tage bewusst wären und aus ihr die Folgerung zögen, sie miteinander als ein Fest zu begehen, statt sie uns wechselseitig möglichst schwer zu machen und einander die Lebensfreude zu vergällen... Der jeweilige Augenblick bekommt unendlichen Wert, der aber nur ergriffen werden kann im Vertrauen auf den unbegreiflichen Gott."*

Ich bin am Schluss angelangt - und ich gestehe, dass ich noch immer zwischen den beiden Stühlen sitze: „Es ist genug, dass jeder Tag seine eigene Plage hat" - und: „Unser Leben sei ein Fest." Über die Mühen und Plagen des Lebens reden wir oft; deshalb war es gut, auch einmal darüber zu reden, das Leben als ein Fest zu gestalten. Der Prediger Salomo lädt uns dabei zu einer Lebenshaltung ein, die empfänglich macht für die guten Gelegenheiten des Lebens, und in dem allen Gott die Ehre zu geben.

Hiob – Dulder und Rebell[32]

Bevor wir uns an die Arbeit begeben, möchte ich gern die gute Tradition aufnehmen und an den Anfang eine biblische Besinnung stellen. Ich knüpfe dabei an das Thema an, das uns in den letzten Wochen alle bewegt hat. Wir waren Zeugen einer der schrecklichsten Naturkatastrophen seit Menschengedenken. Das Seebeben in Südostasien kannte keine Unterschiede – weder arm noch reich, jung oder alt, weder Christen, Buddhisten oder Moslems.

Solch ein Erdbeben ist immer auch ein Seelenbeben. Immer wieder wurde an das Erdbeben von Lissabon im Jahre 1755 erinnert, das etwa die gleichen Opferzahlen hatte. Die Erschütterung ist damaligen Zeitzeugnissen noch abzuspüren. Johann Wolfgang Goethe schreibt in seinen Lebenserinnerungen „Dichtung und Wahrheit": *„Gott der Schöpfer und Erhalter Himmels und der Erden... hatte sich, indem er die Gerechten mit den Ungerechten gleichem Verderben preisgab, keineswegs väterlich bewiesen."* Und Voltaire gießt beißenden Spott über Leibnitz, der Gottes geschaffene Welt als die beste aller Welten gepriesen hatte: *„Ihr ruft: Alles ist gut! Getäuschte Philosophen, kommt her und schaut euch an: entsetzliche Ruinen, die Scherben und der Schutt, von Asche die Lawinen, und Schicht auf Schicht gehäuft die Kinder und die Frauen, zerstreuter Gliederstaub, vom Marmorstein zerhauen."*

Geistesgeschichtlich geschah damals die Erschütterung des Glaubens an einen Gott, *„der alles so herrlich regieret"*. Telemanns Oratorium *„Tag des Gerichts"*, das er anlässlich der Katastrophe komponierte, war ein letzter Versuch, dem Unheil noch irgendeinen Sinn zu geben, nämlich als Gerichtshandeln Gottes; doch es hatte keine Überzeugungskraft mehr. Scharenweise lief man von diesem Gott weg und kehrte – unbehaust, wie man war – schließlich bei sich selbst ein. Gott, die Sonne, hatte sich verdunkelt, so wurde man – zumindest geistig – wieder Ptolemäer. Der Mensch war endlich bei sich angekommen, ein neues Zeitalter begann mit einem neuen Selbstbewusstsein, das aber auch einen Hauch Verzweiflung an sich hatte; denn der Himmel war leer und das Weltall eisig.

Das Seebeben in Südostasien, so hörte ich in einer Neujahrspredigt, könne anders als damals Menschen wieder in Gottes Arme treiben. In ähnliche Richtung ging Wolfgang Huber: *„Nicht die Allmacht Gottes,*

---

[32] Dozentenklausur der Fachhochschule in Meißen - 2. Februar 2005

sondern die Allmachtsvorstellungen des modernen Menschen werden durch solche Ereignisse in ihre Schranken gewiesen." Es wäre aufschlussreich, einmal nachzuspüren, wie sich die Flut in den verschiedensten Predigten widerspiegelt – als evangelistischer Weckruf, als ethischer Appell, als apokalyptische Zeitansage. Ich möchte das nicht weiter reflektieren – auch aus Respekt vor den stammelnden Versuchen, dem Unbegreifbaren einen Begriff und dem namenlosen Geschehen einen Namen zu geben.

Stattdessen möchte ich in ein altes Buch hineinlauschen – das Buch Hiob. Die Gestalt des leidenden Hiob gehört allen Menschen, nicht nur Juden oder Christen. Da sitzt einer über und über mit bösen Geschwüren bedeckt, von der Fußsohle bis zum Scheitel. Seine Herden sind geraubt oder vom Blitz getroffen, die Knechte umgebracht, die Söhne und Töchter vom einstürzenden Haus erschlagen worden. Eine Welle nach der anderen reißt nieder, was ihm Glück und Halt war. Sein Leid wiegt umso schwerer, als in der Gestalt des Hiob ein Gerechter leidet. Selbstverschuldetes Leid lässt sich vielleicht noch ertragen. Aber unverschuldetes Leid - gewissermaßen aus heiterem Himmel - das wendet sich zurück als Schrei zum Himmel. Sein gekrümmter Leib wird jetzt zum Instrument, auf dem seine Klage zum Saitenspiel wird.

Nun ist das Hiobbuch keine einfache Lektüre. Es hat zwar einen wunderschönen Aufbau, nach den Gesetzen hebräischer Poesie kunstvoll gestaltet. Doch liest man die 42 Kapitel, so läuft man wie im Wüstensand, noch dazu im Kreis, so jedenfalls empfindet man die endlosen Wiederholungen. Das ist nicht zufällig. Der mühevolle Stil des Buches entspricht dem mühevollen Inhalt, der rasche Lösungswege verweigert.

Aber da sind auch die inhaltlichen Spannungen. Da ist zunächst Hiob - einmal als frommer Dulder: *„Der Herr hat's gegeben, der Herr hat's genommen, der Name des Herrn sei gelobt!"* (Hiob 1,21) Dann wieder als Rebell, der Gott seine Aggressionen ins Gesicht schleudert: *„Die Erde ist in die Hand des Frevlers gegeben!"* (Hiob 9,24) Da kommen die Freunde des Hiob als Tröster und unter der Hand werden sie seine Quäler, noch dazu mit frommen Sprüchen. Da stimmt Gott in eine teuflische Wette ein, erlaubt, dass sein Heiliger einem grausamen Experiment ausgesetzt wird - und schweigt, 38 Kapitel lang! Erst ganz am Ende ergreift er das Wort. Doch mit welchen Argumenten! Die göttliche Rede aus dem Gewittersturm scheint nichts anderes als eine gespreizte Selbstdarstellung Gottes zu sein.

So ist das Hiobbuch keine einfache Lektüre. Es ist eher eine Suchbewegung. Und ist man ans Ende gelangt, wurde das Leid nicht erklärt, wohl aber ein Weg gewiesen, wie der Mensch im Leid existieren kann. Dazwischen liegen einige Etappen, die ich kurz skizzieren möchte.

1. Die Aussage des Rahmens

Vorgestellt wird ein reicher Patriarch - sein äußerer Reichtum, aber noch mehr sein innerer Reichtum. Hiob ist fromm und gerecht. Und er kann die Früchte seiner Frömmigkeit sehen und genießen. Es geht ihm gut. Er lebt in einem nahezu märchenhaften Glück. An Hiob bestätigt sich die weisheitliche Grundregel, dass der Gerechte wie ein Baum ist, der an Wasserbächen gepflanzt ist (Ps 1).

Nun aber darf der Leser einen Blick hinter die Kulissen werfen, der Hiob selbst verwehrt ist. Der Leser wird Zeuge eines himmlischen Throngesprächs zwischen Gott und Satan. Letzterer wird eingeführt als großer Spaziergänger, der die Erde durchstreift - und als kluger Analytiker, der nichts weiter als Fragen stellt. *„Meinst du etwa, dass Hiob umsonst so fromm ist?"* (Hiob 1,9)

Eine kluge und berechtigte Frage. Es ist nicht die Theodiceefrage, woher das Übel in der Welt kommt, sondern die Frage nach dem Gottesbild: *„Du, Gott, meinst, Hiob hänge an dir in selbstloser Liebe. Du irrst. Der macht das doch nicht umsonst. Mit seiner Frömmigkeit meint Hiob doch gar nicht dich, sondern nur sich selbst. Er ist fromm, weil du, Gott, ihn dafür reich belohnst. Hiob benutzt dich nur. Du bist für ihn nur ein funktionaler Gott. Und wenn du deine Funktion nicht mehr erfüllst, dann - du wirst es sehen - dann wirft er dich weg!"* Mit diesem Verdacht führt Satan eine kluge Hypothese ein: Alle Religion erweise sich bei genauem Hinsehen als frommer Handel und berechnendes Geschäft!

Der teuflische Verdacht richtet sich nicht nur gegen Hiob, sondern auch gegen Gott selbst. Denn die Freiheit Gottes steht auf dem Spiele. Entweder spielt er das Spiel mit – oder er steht eines Tages allein da. Entweder er macht sich zum Handlanger des Menschen und überschüttet ihn mit Freundlichkeiten oder er hat am Ende keine Verehrer mehr.

Beide sind also angefragt. Hiob wird angefragt in seiner Ehrlichkeit, Gott wird angefragt in seiner Freiheit. Beide sind betroffen. Und so stehen beide auf derselben Seite – gegen Satan. Nicht Gott *misstraut* Hiob, sondern Gott *vertraut* Hiob; und er hofft und bangt mit dem leidenden Hiob. Rüdiger Lux sagt: *"Der Satan hat also die Funktion, die*

Gott-Mensch-Beziehung zu diskreditieren... Er legt den Zweifel, sät das Misstrauen zwischen Gott und Mensch. Er ist das, was uns von Gott trennen will."

Die Antwort des Rahmens ist: Doch – es gibt sie, die selbstlose Gottesliebe. Sie drückt sich aus in den beiden bekannten Worten: *"Der Herr hat's gegeben, der Herr hat's genommen, der Name des Herrn sei gelobt."* (Hiob 1,21) *"Wenn wir das Gute von Gott annehmen, warum nicht auch das Böse?"* (Hiob 2,10)

Was bedeuten diese Worte? Hiob degradiert Gott *nicht* zu einer Funktion. Gott ist und bleibt für ihn die alles bestimmende Wirklichkeit, dem alles gehört. Gott gibt – und er nimmt. Das Nehmen und Loslassen, das der Mensch als Leid erfährt, wird allein in Gottes Souveränität begründet. So wahrt und ehrt Hiob die *Freiheit* Gottes.

Aber er wahrt auch die *Einheit* Gottes, so paradox die Welt auch ist. Für ihn zerfällt die Welt nicht dualistisch in Gut und Böse, in Gott und Teufel. Hiob sagt nicht: Der Herr hat's gegeben, der Satan hat's genommen. Für Hiob spielt der Satan keine Rolle. In Gott allein gründet alles, sein ganzes Leben mit Freude und Leid. Und genau darin liegt die Hoffnung: Denn wenn das Böse nur vom Bösen käme, dann wäre er ihm hoffnungslos ausgeliefert. Aber nun empfängt Hiob beides von Gott, den er als gut und vertrauenswürdig erfahren hat und von diesem Gott kann ihn selbst das Böse nicht trennen.

2. Die Klagen des Hiob

Im Kapitel drei aber wendet sich nun die Stimmung. Es folgen Worte, die der Leser ganz und gar nicht mehr im Munde des Hiob vermutet und die ihn schockieren. Hiob klagt herzzerreißend. Nichts mehr von frommem Dulden und Ergebenheit, nur noch Widerstand und Rebellion. Es scheint ein anderer Hiob zu sein, der uns jetzt begegnet. Oder sind zwei Seelen in seiner Brust?

Seine Klage ist ein geballter Fluch über die Sinnlosigkeit seines Lebens, das so elend zugrunde geht. *„Dieser Verzweiflungsschrei in solcher Ballung und Schärfe bedeutet etwas Neues und in Israel so bisher noch nicht Erhörtes."* (G. von Rad) Und kein Rotstift hat ihn zensiert!

Besonders eindrücklich hat Sören Kierkegaard das Klagemotiv herausgearbeitet. Er hat Beschwerde darüber geführt, dass man von Hiob immer nur seine schönen Worte zitiert, als hätte er nicht auch die Stunde seiner Geburt verflucht: *„O Hiob! hast du wirklich nur die schönen*

Worte ausgesprochen: Der Herr hat's gegeben ... Hast du nichts weiter gesagt?... Kannst und wagst du nicht mehr zu sagen als die amtlichen Tröster, die steif wie Zeremonienmeister dem Unglücklichen vorschreiben, dass es sich in der Stunde des Elends zu sagen schickt: Der Herr hat's gegeben ... nicht mehr und nicht weniger, als wenn man zu einem Niesenden Gesundheit sagen würde! Nein... Du warst ein treuer Zeuge des ganzen herzzerreißenden Elends, das in uns stecken kann, und du hast es gewagt, als Wortführer in der Bitterkeit deines Herzens Klage zu erheben und mit Gott zu streiten. Warum verbirgt man uns das?... Wagt man es denn nicht mehr, vor Gott zu klagen? Hat die Furcht Gottes so zugenommen, oder ist die feige Furcht größer geworden?.... Niemand wagt, diese Auseinandersetzung weiter zu treiben. Sprich also du, für immer unvergessener Hiob!"

Alle Register einer verwundeten und verletzten Seele werden gezogen. Besonders deutlich ist die ICH-Klage. Er verflucht nicht Gott - das war der Rat seiner Frau: *„Fluche Gott und stirb!"* - nein, er verflucht sich selbst - den Tag seiner Geburt. Die Schöpfung soll rückgängig gemacht werden, soll zurück ins chaotische Dunkel stürzen. Simone Weil weist darauf hin, dass die Selbstverfluchung der Höhepunkt einer schleichenden Selbstverachtung ist, in der der Unglückliche das Urteil der anderen übernimmt. *„Diese Verachtung, dieser Abscheu, dieser Hass kehren sich bei dem Unglücklichen gegen ihn selber, dringen in das Innerste der Seele ein."* Immer penetranter beteuert er seine Unschuld, *„weil es ihm selbst nicht mehr gelingt, daran zu glauben, weil er in seiner Seele die Partei der Freunde ergreift."* Gott hat ihn verlassen, seine Freunde ebenso – nun verlässt er sich selbst.

Ebenso erschütternd wie die ICH-Klage ist die GOTT-Klage. In dramatischen Bildern drückt er den schreienden Widerspruch von geglaubtem und erfahrenem Gott aus. Gott sei wie ein Chaosdrache, wie ein Krieger, der ihn mit Pfeilen bespickt. *„Gott hat mich zerbrochen um und um"* (Hiob 19,10). Er erfährt Gott als ein Raubtier (30,21), das mit den Zähnen gegen ihn knirscht (16,9), der ihn am Genick packt und zerschmettert (Hiob 16,12). Für Hiob steht fest: Ein Tyrann regiert die Welt, der den Frommen umbringt wie den Frevler. (Hiob 24,12; 23,13; 9,22) Für Hiob stirbt der moralische Gott, der auf dieser Erde für Recht und Ordnung sorgt.

Wichtig ist, dass all diese Vorwürfe im Modus der Anrede geschehen. Hiob bleibt im Gespräch mit Gott, ruft ihn an, flieht gewissermaßen *vor* Gott *zu* Gott: Vor Gott, der ihm so fremd geworden ist zu dem Gott, den er als gut kennt.

Hiobs Kampf mit Gott ist die letzte Konsequenz des Monotheismus. Gerade monotheistische Religionen drohen an der Theodiceefrage zu zerbrechen, denn es gibt keine Flucht zu einem anderen Gott. Die Klage ist Hiobs Weise, an Gott festzuhalten gegen den Gott, den er nicht mehr versteht. Und dennoch: In fast paradoxer Weise gipfelt dann doch alles Reden Hiobs Gott gegenüber in einem kühnen Vertrauen: *"Ich weiß, dass mein Erlöser lebt."* (Hiob 19,25) Ein verwegener Satz, der, als er gesprochen wird, bar jeder Realität ist. Er ist nur zu verstehen als Dynamik der Klage, die nie so endet, wie sie angefangen hat. So schreibt Rüdiger Lux richtig, das Klagegebet sei eine der wichtigsten Gebetsformen der Bibel, denn: *„Wer klagt, lehnt sich gegen das Unheil auf. Er bewahrt sich die Gewissheit, dass menschliches Leben seiner Bestimmung nach nicht dem Unheil und Tod gehört. Wer klagt, überlässt sich nicht passiv dem Schmerz und dem Bösen. Solche Klage sei der Anfang der Befreiung. Der Leidende hat ein Recht auf Klage und Rebellion. Mit diesem Recht wächst seine Freiheit, die von der Hoffnung lebt, dass Gott hört."*

3. Die Reden der Freunde

Den weitaus größten Teil im Hiobbuch bildet der Dialog mit seinen Freunden – wiederum stilvoll aufgebaut. Jeder Rede folgt eine Gegenrede Hiobs. Man hat die Freunde kurz charakterisiert: *Elifas,* der sanfte Mystiker (Hiob 4;5; 15; 22; bes. 4,12-31); *Bildad,* der unbewegliche Traditionalist (Hiob 8; 18; 25; bes. 8,8-10); *Zofar,* der harte Dogmatiker (Hiob 11; 20; bes. 11,5f.)

Das klingt tendenziös. Bevor wir aber die Freunde kritisieren, sollte man versuchen, ihnen gerecht zu werden. Sie sind keine abgebrühten Konsumenten fremden Leides. Sie sind keine Zuschauer. Sie haben sich die Fähigkeit erhalten mitzuleiden. Sie lassen sich von Hiobs Geschick erschüttern und verabreden miteinander, hinzugehen, ihn zu beklagen und zu trösten (Hiob 2,11). Waren sie Freunde im Glück, wollen sie nun auch Freunde im Unglück sein. Sie lassen Hiobs Elend an sich heran und begnügen sich nicht mit der Vermittlung einer Kontaktadresse. Sieben Tage sitzen sie bei ihm, warten, schweigen - bis dieser selbst zu sprechen beginnt.

Die Antworten beginnen vorsichtig, nehmen aber dann doch für alle Beteiligten einen dramatischen Verlauf. Alle sind von der Einsicht geleitet, dass noch kein Unschuldiger umgekommen sei. Das ist die herrschende Schultheologie israelitischer Weisheit. Leiden ist kein blindes

Schicksal, sondern hat seine bewussten oder unbewussten Ursachen. Da Gott nicht der Verursacher sein kann und darf, bleibt als Ursache nur menschliche Schuld.

Man sollte dieses Argument nicht sofort abtun. Es gibt ja in der Tat viel schuldhaftes Leid. Wer solche Zusammenhänge von vornherein leugnet, verbaut sich den Weg, Zusammenhänge aufzudecken, Leid zu ändern oder zu mindern. Solche Schuldzusammenhänge gibt es in zerrütteten Familien, in a-sozialen wirtschaftlichen Strukturen einer globalisierten Welt oder auch in der Zerstörung unserer Umwelt, deren Folgen schon wir und noch mehr unsere Kinder tragen werden. Man kann auf die weisheitliche Regel vom Tun-Ergehens-Zusammenhang nicht verzichten; sie schärft Verantwortung und Gewissen.

Aber die Freunde Hiobs machen einen Fehler: Aus der punktuellen Stimmigkeit ihrer Erkenntnis machen sie eine Doktrin, die immer und überall und auch auf Hiob zutreffen muss. Wissentlich oder unwissentlich muss Hiob Schuld auf sich geladen haben.

Schwierig ist, dass hinter der Doktrin noch eine andere, vermeintlich gute Absicht steckt: Sie wollen Gott rechtfertigen und entlasten. Denn Gott kann und darf mit allem Leid nichts zu tun haben. Sie meinen damit Gott zu ehren, merken aber dabei nicht, wie sie Gott in ein Bild pressen - nämlich genau in jenes Bild, das in der Rahmenerzählung schon abgewehrt wurde. Ihre Vorstellung von Gott ist die Funktion eines gerechten Vergelters: Segen und Schutz den Frommen, Strafe dem Gottlosen. Das Buch Hiob lehnt eine solche Funktionalisierung Gottes und damit die Ingriffnahme Gottes durch weisheitliches Denken ab.

In Hiob 32 tritt überraschend noch ein vierter Gesprächspartner auf - *Elihu*. Sein Auftreten erhöht die Spannung. Denn Hiob hatte in seinen abschließenden Reden Gott zur Antwort herausgefordert. Elihu aber sagt, Gott würde sich niemals herablassen, Hiob persönlich zu begegnen. Das könne er sich aus dem Kopf schlagen. So tritt Elihu mit der Anmaßung auf, das letzte Wort zu sprechen. Vier lange Reden sind es. Hiob erträgt sie, ohne zu antworten. Ein wirkliches Gespräch findet nicht mehr statt. Der Dialog wird aufgelöst in dem belehrenden Monolog.

Elihu ist der einzige von den Freunden, der wirklich auf Hiob eingeht, formal zumindest. Ständig zitiert er Hiob, als habe er sich fortlaufend Notizen gemacht. Aber Hiob ist für ihn nicht mehr *Person*, sondern nur noch ein *Fall*. Er bezieht sich zwar auf die Worte Hiobs, aber nicht auf dessen Erleben.

Grundsätzlich sagt Elihu nichts Neues. Es ist die alte Vergeltungslehre: Was der Mensch sät, das wird er ernten. Ausdrücklicher aber verbindet er diese Aussage mit der Langmut und Gnade Gottes. *Das Leid, das du erfährst, Hiob, ist eine Schule, in der dich Gott erziehen will. Für dich liegt darin der Ruf zur Umkehr. Stelle nicht die Warum-Frage, sondern die Wozu-Frage: Was will mir Gott durch dieses Leid sagen?*

Deshalb stehe es Hiob nicht zu, Gott anzuklagen – schon allein wegen der unendlichen Differenz nicht, die zwischen Gott und Hiob besteht. Statt zu klagen soll der Mensch Gott loben, auch wenn er Gott nicht versteht. Und so münden die Reden des Elihu ein in einen großen Hymnus auf Gott.

Die Reden enden interessanterweise damit, dass die Freunde ins Unrecht gesetzt werden – auch in ihrem wohlmeinenden Versuch, Gott zu entlasten, auch in ihrem Versuch, die Welt zu verstehen und auf eine einfache Formel zu bringen. Das Hiobbuch wehrt sich damit gegen eine Art dogmatischen Fundamentalismus, der immer aus der Angst geboren ist – Angst vor Fragen, die offen gelassen werden müssen. Die Freunde Hiobs können nicht mit offenen Fragen leben, nicht mit der Anfechtung, nicht mit dem verborgenen Gott. Lieber sind sie bereit, Hiob zu opfern als zuzugeben, dass ihnen die Antworten ausgehen.

4. Die Reden Gottes aus dem Wetter

Endlich – nach langem Schweigen – redet nun auch Gott, auf dessen Antwort Hiob so lange gewartet hat. So liegt auf der Gottesrede allergrößtes Gewicht, und doch bereitet gerade sie der Exegese das größte Problem.

Formal sind es siebzig Fragen. Alle haben die Antwort schon bei sich, keine gibt Gelegenheit zur Selbstverteidigung. Nach Ernst Bloch antwortet Gott auf *moralische Fragen mit physikalischen Argumenten.* Und Heinz Zahrnt schreibt: *"Jedes Mal, wenn ich diese Gottesreden lese, bin ich von ihnen aufs neue enttäuscht. 120 Verse lang verkündigt Gott seine Größe als Weltschöpfer, und das Menschenkind Hiob muss dasitzen und sich das anhören, seine Geschwüre mit der Scherbe kratzend. Hat Gott es nötig, dem in der Asche hockenden, von allen längst Entblößten, noch seine Überlegenheit zu demonstrieren? Soll diese Imponiergebärde etwa eine Antwort auf Hiobs Frage nach der Ursache und dem Sinn seines Unglücks sein?"*

Erstaunlich und überraschend nur sind die Reaktion des Hiob auf diese Reden! *"Ich hatte von dir nur vom Hörensagen vernommen; aber nun hat mein Auge dich gesehen."* (Hiob 42,5) *"Ich habe geredet ohne Einsicht."* (Hiob 42,3) Das erweckt nicht den Eindruck eines Mannes, der sich überfahren fühlt, sondern der ehrlich überwältigt ist. Wie kommt das? Wie ist das zu verstehen?

Im Blick auf Hiob sind die Gottesreden ambivalent. Im Gegensatz zu seinen Freunden wird Hiob ins Recht gesetzt. Nirgends wird er kritisiert, auch nicht wegen seiner gotteslästerlichen Reden. Ihm wird auch keine verborgene Schuld zugeschoben; dem Reden Gottes ist das Denken in Schuldzusammenhängen gänzlich fremd. Aber zugleich wird Hiob doch ins Unrecht gesetzt – nämlich dort, wo er meint, alles verstehen zu müssen. Hier sind die Reden auf Horizonterweiterung aus: *Du wirfst mir Planlosigkeit vor. Aber da sind Zusammenhänge, die du nicht verstehst und nicht verstehen wirst. Du behauptest, ein Tyrann regiere die Welt; alles sei böse und chaotisch. Ich gebe dir recht: Vieles in dieser Welt ist widersprüchlich und chaotisch, aber sei gewiss, dass ich dafür sorgen werde, dass sie nicht gänzlich ins Chaos zurückfällt.*

Die Argumente der Gottesreden sollen Hiob nicht plattwalzen, sondern entlasten. Sie sind eine gnädige Selbstbegrenzung des Menschen in seiner Welteinsicht und Weltdeutung. Und zugleich wollen sie Hiob gewinnen. Tobias Mickel spricht von der *„thematischen Struktur des Hymnus"*, in der sie gestaltet sind. In dem merkwürdigen Selbstlob Gottes soll *„ein vertrauenswürdiger Gott erkennbar werden. Hiob soll Gott wieder vertrauen können."*

Vertrauen – das ist ein Beziehungswort. So liegt die Überzeugungskraft der Gottesreden weniger in ihren *Argumenten*, sondern in der *Begegnung*, weniger in der *Erklärung*, sondern in der *Beziehung*. Gott spricht wieder und er begegnet Hiob.

"Ich hatte von dir nur vom Hörensagen vernommen; aber nun hat mein Auge dich gesehen." Hiob hat verstanden. Fragen wird nicht verboten, aber ihre Reichweite wird begrenzt. Hiob akzeptiert diese Grenzen. Er lässt sich auf Gott ein - ohne Voraussetzungen und Bedingungen, weder aus Furcht vor Strafe noch aus Bedürfnis nach Schutz oder Hoffnung auf Lohn. Das ist seine Horizonterweiterung. Insofern wird der Sinn des Leides weder erklärt noch verklärt, weder kausal noch final gedeutet, vielmehr geht es darum, wie der Mensch im Leid existieren kann - nämlich in den Händen dessen, der ihn hält, trotz allem.

Das scheint mir der Höhepunkt des Buches zu sein, nicht das schöne *„happy end"*, in dem Hiobs Geschick gewandelt wird und ihm Söhne und Töchter und Herden zurückgegeben werden. Dennoch gehört auch dieses *happy end* zu den gültigen Antworten des Hiobbuches, wenn es um die Frage nach dem Leid geht. Denn es erzählt ganz vorsichtig davon, dass jedes Leid ein Ende haben wird und dass die Theodiceefrage letztlich nur im Horizont der Eschatologie beantwortet werden kann.

Im Hiobbuch ist diese noch ganz innerweltlich gedacht, doch bald werden andere Zeugen hinzutreten, die von Hoffnung reden auch über die Grenze des Todes hinaus und von einer Zeit, in der Gott seine aus so vielen Wunden blutende Welt heilen wird in seinem ewigen Reich. Dann wird *„Gott abwischen alle Tränen von ihren Augen, und der Tod wird nicht mehr sein, noch Leid noch Geschrei noch Schmerz wird mehr sein."* (Off 21,4)

Perspektiven gewinnen

Siehe, da ist euer Gott![33]

Ich habe mich im Blick auf die Bibelarbeiten der nächsten drei Tage für einige Texte aus dem Buch Jesaja entschieden. Was mich an ihnen fasziniert, sind die Argumente der Ermutigung, mit denen der Prophet geradezu mit Menschen- und Engelszungen Israel zu Herzen redet. Wir kennen Propheten eher mit ihren schlagenden Argumenten der Kritik. Schon das zu hören war schwer im Vergleich zu den wohlfeilen Beschwichtigungen der verbeamteten Religionsdiener, die Friede, Friede predigten, obwohl kein Friede war. Aber nun – in der Stunde der Not – zu trösten und zu ermutigen und unter dem NEIN das JA zu hören, war nicht einfacher. Doch genau damit retteten die Propheten Israel das Leben.

Wir hören auf diese Argumente der Ermutigung aus großer Distanz – in der Hoffnung, dass auch wir ein JA, wenigstens ein kleines „ja" für uns hören.

Tröstet, tröstet mein Volk!, spricht euer Gott. Redet mit Jerusalem freundlich und predigt ihr, dass ihre Knechtschaft ein Ende hat, dass ihre Schuld vergeben ist; denn sie hat doppelte Strafe empfangen von der Hand des HERRN für alle ihre Sünden.

Es ruft eine Stimme: In der Wüste bereitet dem HERRN den Weg, macht in der Steppe eine ebene Bahn unserm Gott! Alle Täler sollen erhöht werden, und alle Berge und Hügel sollen erniedrigt werden, und was uneben ist, soll gerade, und was hügelig ist, soll eben werden; denn die Herrlichkeit des HERRN soll offenbart werden, und alles Fleisch miteinander wird es sehen; denn des HERRN Mund hat's geredet.

Es spricht eine Stimme: Predige!, und ich sprach: Was soll ich predigen? Alles Fleisch ist Gras, und alle seine Güte ist wie eine Blume auf dem Felde. Das Gras verdorrt, die Blume verwelkt; denn des HERRN Odem bläst darein. Ja, Gras ist das Volk! Das Gras verdorrt, die Blume verwelkt, aber das Wort unseres Gottes bleibt ewiglich.

Zion, du Freudenbotin, steig auf einen hohen Berg; Jerusalem, du Freudenbotin, erhebe deine Stimme mit Macht; erhebe sie und fürchte dich nicht! Sage den Städten Judas: Siehe, da ist euer Gott; siehe, da ist Gott der HERR! Er kommt gewaltig, und sein Arm wird herrschen. Siehe, was er gewann, ist bei ihm, und was er sich erwarb, geht vor ihm

---

[33] Bibelarbeit am 16. Juni 2015 im Pastoralkolleg Meißen

her. Er wird seine Herde weiden wie ein Hirte. Er wird die Lämmer in seinen Arm sammeln und im Bausch seines Gewandes tragen und die Mutterschafe führen. Jes 40, 1-11

Die Botschaft Jesajas beginnt mit einem der schönsten Trosttexte der Bibel, von Georg Friedrich Händel unübertroffen in Töne gefasst. Wohl auch um dieses Anfangs willen hat man den unbekannten Propheten des Exils den *„Evangelisten"* des Alten Testamentes genannt.

Und Israel hat Trost bitter nötig. Es erlebt die Situation eines ins unermessliche gesteigerten Verlustes. Mehr als dieses Volk verloren hatte, kann man nicht verlieren. Jerusalem ist gefallen und seine Mauern eingerissen. Der Tempel geplündert und zerstört. Der König gefangen und nach Babylon deportiert – mit ihm die obersten Zehntausend. Die Krise reicht an die Fundamente. Es ist Israels Stunde null.

Die Deportierten saßen irgendwo zwischen Euphrat und Tigris, umgesiedelt nach bewährter Methode, um den unterjochten Völkern die Identität zu rauben. Das gelingt mehr oder weniger.

Ein kleiner Teil geht in sich und versucht, aus dem Geschehen Lehren zu ziehen. In ihren Kreisen entsteht das deuteronomistische Geschichtswerk, das Martin Noth als eine große Beichte bezeichnet hat: Gott hat an uns im Gericht gehandelt, aber immerhin: Wenn er an uns gehandelt hat, dann sind wir ja noch in seiner Hand! Leise wie einem Vogel strecken sie der Hoffnung die Hand hin.

Die anderen gehen nicht in sich, sondern schlagen um sich, zumindest verbal. Mit zusammengebissenen Zähnen sitzen sie da und schaffen sich Trost durch Rache, was ja in der hebräischen Sprache dieselbe Wurzel hat. Ps 137 ist ein sprechendes Beispiel dafür: *„Tochter Babel, du Verwüsterin, wohl dem, der dir vergilt, was du uns angetan hast! Wohl dem, der deine jungen Kinder nimmt und sie am Felsen zerschmettert!"*

Wieder andere geben sich der Resignation hin, auch dem Selbstmitleid: *„Unsere Väter aßen saure Trauben – und uns werden die Zähne stumpf."* Und sie hadern mit sich und ihrem Schicksal und mit Gott.

Andere schließlich machen aus der Not eine Tugend. Jetzt sind wir hier und bleiben auch hier und wollen das Beste daraus machen. Sie passen sich an, vermeiden alle Dissonanzen zu der neuen Kultur und hoffen so zu überleben. - Nun, wie soll man solch ein Volk trösten?

Das Bemühen des Propheten reicht bis in die Sprachform hinein. Er arbeitet mit eindringlichen Wortwiederholungen wie gleich am Anfang *„Tröstet, tröstet mein Volk..."* Er setzt gegen die Argumente der Resignation solche der Ermutigung, reiht Ruf an Ruf, Imperativ an Imperativ: *„Redet mit Jerusalem freundlich... Bereitet dem Herrn den Weg... Predige!... Steig auf einen hohen Berg... Siehe, da ist euer Gott!"* Man hat die Rufe verglichen mit den Befehlen eines Heerführers, der sein ruhendes Heer auf die Beine bringt. Doch das Volk ist keine Kaserne. Freude und Hoffnung lassen sich nicht einfach befehlen. Und man fragt sich beim Lesen der nun folgenden Kapitel: Was ist schwerer – den Menschen *ins Gewissen* zu reden oder den Menschen *zu Herzen* zu reden?

Wichtiger aber als die Sprachformen sind die Inhalte, von denen ich drei höre.

1. Der Zuspruch der Vergebung

„...und predigt ihr, dass ihre Knechtschaft ein Ende hat, dass ihre Schuld vergeben ist; denn sie hat doppelte Strafe empfangen von der Hand des HERRN für alle ihre Sünden."

Israel hat im Laufe seiner Geschichte versucht, mit allergrößter Leidenschaft allem Geschehen einen Sinn abzulauschen – auch dieser Katastrophe. Es hätte auch einfach sagen können, wir sind Opfer babylonischer Großmachtsphantasien! Äußerlich ging es Israel ja nicht anders als den übrigen Völkern, mit denen sie das gleiche Schicksal teilten. Doch das Wort „Schicksal" gibt es für sie nicht, wohl aber die Kategorie der „Verantwortung" und der „Freiheit" zu wählen; aber auch die merkwürdige Gesetzmäßigkeit, immer das Falsche zu wählen mit all den fatalen Konsequenzen. Denn falsche Entscheidungen schaffen eine Wirklichkeit, die die Freiheit immer mehr einengt, bis am Ende gar nichts mehr geht.

Jetzt aber ist die Zeit der Absolution. Die Schuld ist vergeben, besser „abgetragen" oder „aufgearbeitet". Trauer braucht Zeit, um abgeschlossen zu werden. Und auch Schuld braucht Zeit, um bewältigt zu werden. Nun aber ist das Volk frei von den Gewichten seiner Taten, die es nach unten ziehen. Das Leben kann noch einmal beginnen. Israel soll wieder heil und ganz werden, mit sich selbst und mit Gott versöhnt, ohne sich länger rechtfertigen oder verteidigen, beschuldigen oder entschuldigen zu müssen.

2. Die Herrlichkeit des Herrn soll offenbar werden

Zwei vertraute Stichworte fallen: „Wüste" und „Straße". Es ist interessant, dass das Neue in der Sprache des Alten verkündigt wird. Die Kraft der Erinnerung wird zur Kraft der Verheißung. Denn die „Wüste" weckt für die Israeliten Erinnerungen, erinnert sie an die Knechtschaft in Ägypten und an den Weg in die Freiheit. Die großen Taten Gottes in der Vergangenheit werden nun kühn an die Leinwand der Zukunft projiziert. Oder mit einem anderen Bild: Israel gleicht einem Ruderer, der zurückblickt, um nach vorn zu gelangen!

Und da ist noch die „Straße", auf der Gottes Herrlichkeit offenbar werden soll. Auch das weckt Erinnerungen – eher unangenehme. Es erinnert an die große Prozessionsstraße, die man in Babylon gebaut hatte. Im 19. Jahrhundert hat man diese Straße ausgegraben, ihre Tore mit den bunt glasierten Ziegeln. Aber vor allem den großen Granitplatten, mit denen die Straße gepflastert war, auf deren Unterseite eingraviert war, dass Nebukadnezar, der König Babylons, die Straße zu Ehren der Gottheit Marduk gebaut hatte! Durch diese Straße waren die gefangenen Israeliten geführt worden. Links und rechts starrten die Götterbilder Babylons auf sie herab wie Sieger. Wie klein kamen sie sich vor – und wie klein ihr Gott.

Nun aber kündigt der Prophet eine Prozessionsstraße für Gott an – quer durch die Wüste. Und das heißt doch: Größer und herrlicher wird dieser Auszug aus Babylon sein als damals der aus Ägypten. Wie in einer feierlichen Prozession werdet ihr ausziehen und durch euch offenbart sich Gott allen Menschen.

3. Siehe, da ist euer Gott

„Er kommt gewaltig, und sein Arm wird herrschen." Welch ein Trost. Wer wünscht sich das nicht? Ein starker Gott, der die Herrscher ringsumher das Fürchten lehrt und die Babylonier in Schrecken versetzt. Der endlich zeigt, wer der Herr ist. In Krisen tröstet uns das Bild des allmächtigen Gottes, der alles vermag und aus der eigenen Ohnmacht herausführt. In einem Gespräch sagte es eine Frau einmal so: *„Jetzt, wo ich meine ganze Ohnmacht erlebe, sehne ich mich nach dem allmächtigen Gott meiner Kindheit."*

Doch sofort wird das Bild ergänzt. Neben dem Bild des Königs erscheint das Bild des guten Hirten. *„Siehe, was er gewann, ist bei ihm, und was er sich erwarb, geht vor ihm her. Er wird seine Herde weiden* *wie ein Hirte.*" Und vor allem trägt er besondere Fürsorge für die Schwachen: Die Lämmer sammelt er im Arm und im Bausch seines Gewandes und die Mutterschafe führt er.

Das ist eine notwendige Ergänzung. Es ist auch eine Korrektur der babylonischen Götter - der Stiere Assurs und der Fruchtbarkeitsgötter Babylons. Zu dem Bild der Stärke und des Herrschens tritt korrigierend das Bild der Fürsorge und des Schutzes, des Gottes, der sich der Schwachen erbarmt.

Das ist in schnellen Zügen die Botschaft an ihre ursprünglichen Hörer und Leser. Wer soll so etwas zu denken wagen – geschweige denn zu predigen! Worte und Hoffnungen – durchsichtig und klar, aber auch zerbrechlich wie eine Glasscheibe.

Nun bleibt mir vorsichtig zu fragen, wo Gottes Zuspruch und Anspruch für uns heute liegt. Gibt es dazu Situationsanalogien?

Eine ganz grundsätzliche Analogie liegt wohl darin, dass menschliche Existenz immer trostbedürftig ist. Bei Rudolph Bohren fand ich folgende Sätze: *„Ein Mensch braucht Trost. Der Säugling, schreiend in seiner Wiege – der Greis, im Sterben eine liebe Hand umklammernd: der zur Welt kommt und der aus dem Leben geht, beide brauchen Trost. Anfang und Ende lassen ahnen, dass das Trostbrauchen zum Menschsein überhaupt gehört.*"

Ich persönlich würde diesem Satz aufgrund meiner Erfahrung voll und ganz zustimmen: Ja, ich brauche Trost. Früh, wenn ich aufwache und die Menge der Arbeit und das Maß meiner Kräfte sehe. Auch am Abend, wenn ich das Stückwerk des Tages aus den Händen lege, um zu liegen und im Frieden zu schlafen. Gewiss, da ist morgens und mittags und abends auch viel Freude dabei. Aber eben auch viel Trostbedürftigkeit. Trostbrauchen gehört zum Menschsein. Denn keiner von uns geht ohne Verletzungen und Enttäuschungen durchs Leben. Auch wenn ich denke: Dem anderen – ja dem geht es gut, der tanzt durchs Leben. Was wissen wir denn wirklich voneinander? Das, was den anderen beschäftigt und bewegt und worunter er leidet?

Vor allem brauche ich Trost angesichts dieser Welt, die nicht bei Troste ist. Und ich suche Trost auch angesichts unserer Kirche. Oft sitze ich mit Menschen zusammen, die wie Petrus die ganze Nacht gefischt haben – hoch motiviert und hoch aktiv – und nichts gefangen haben. Die burschikose Rede vom „Wachsen gegen den Trend", die ich auch selbst gern im Mund führe, hilft bei solchen Verlusterfahrungen nicht weiter.

Nun bin ich noch ganz beschäftigt mit der vor kurzem von Detlef Pollack und Gergely Rosta erstellten Studie *"Religion und Moderne"*. Es ist eine Auswertung internationaler Erhebungen mit dem Ergebnis, dass das Christentum in Westeuropa unumkehrbar an Bedeutung verloren hat. Auch in Deutschland haben die beiden Großkirchen 2014 nach vorläufigen Schätzungen wieder mehr als 400.000 Menschen verloren. *"Die christlichen Kirchen in Deutschland scheinen kaum noch einen Einfluss auf ihre eigene Entwicklung nehmen zu können und äußeren Faktoren ausgesetzt zu sein, denen sie wenig entgegenzusetzen haben."* D.h. sie *erleiden* diesen Prozess!

Mit den Kategorien der Verantwortung oder gar der Schuld, wie die Propheten, mag ich die Situation nicht verrechnen. Was tun wir nicht alles? Wir sind im Erhalten des ererbten Systems „Kirche" aktiv wie noch nie. Wir achten auf Qualität. Wir richten Kompetenzzentren ein für Predigtkultur. Wir nutzen die Werbung. Wir rufen zu Bekenntnisbewegungen auf. Doch in der Studie heißt es, es läge weder an den Predigten noch am Verhalten der Pfarrer oder Bischöfe, auch nicht an dem Ärger über Botschaften oder Stellungnahmen der Kirchen. Im Blick auf die katholische Kirche heißt es, dass auch forcierte Dogmentreue nichts bringen würde, aber auch nicht die theologische Hochschätzung der „überzeugten Minderheiten" wie bei Papst Benedikt XVI., der die kleine Kraft nicht beklagt, wenn sie zu umso größerer Leidenschaft führe.

Doch der Relevanzverlust sei nicht aufzuhalten, heißt es in der Studie, auch nicht durch Bekennermut. Das zeige sich auch an den glaubensfesten Freikirchen und Evangelikalen. Ihre Mitgliederzahlen stagnieren auf niedrigem Niveau und sinken zum Teil ebenfalls. Auch sie erschließen nicht neue Milieus, sondern lösen aus der Volkskirchenmitgliedschaft kleine Teile heraus, ohne die Großtendenzen beeinflussen zu können.

Was ist der Grund dieser Entwicklung? Die Studie sagt, der Grund sei denkbar einfach: Der Glaube sei dem heutigen Menschen *einfach nicht wichtig!* Er besitze kaum noch Relevanz für das Alltagsleben und für die Grundhaltungen der Menschen. In ausdifferenzierten Gesellschaften gebe es einfach zu viele andere Möglichkeiten zur Betätigung und zur Lebensgestaltung.

Nun ja, das alles klingt ziemlich trostlos. Doch wir sollten nicht die Boten strafen, die die Nachricht überbringen. Denn die 5. Kirchenmitgliedstudie der EKD sagt Ähnliches. In ihrer Auswertung sagt Thies

Gundlach: *„Die evangelische Kirche nimmt seit Beginn der Kirchenmit-
gliedschaftsuntersuchungen 1972 ihre kontinuierliche Schwächung
wahr, ohne dass eine der bekannten geistlichen Richtungen des Glaubens ein ‚Rezept' gegen den Mitglieder- und Bedeutungsverlust gefunden hat, falls es überhaupt eines gibt – diese Wahrnehmung sollte nicht
beschönigt werden.“*

Nun nennen Pollack und Rosta dann dennoch ein Rezept. *Religion sei
stark, wenn sie nicht nur religiöse Bedürfnisse befriedige.* Für eine ferne
Transzendenz interessiere sich niemand, sie müsse stattdessen ins Leben
geholt werden. Sie führen dafür Beispiele an, die nicht immer nachah-
menswert wirken: Die *orthodoxe Kirche* Russlands, die sich wieder neu
mit dem Nationalen verbinde. Auch die boomenden *Pfingstkirchen* in
Lateinamerika versprächen eben den Armen Aussicht auf sozialen Aufstieg durch Glaubensfestigkeit und Alltagsdisziplin. Und in den USA
seien die *Evangelikalen* stark, weil sie den Menschen Netzwerke alltäg-
licher Gemeinschaft bieten und das politische Feld religiös besetzen.

Solchen Einfluss – so die Autoren - erlangten die Kirchen in Deutschland zum letzten Mal in der Bundesrepublik nach 1945. Damals erschienen die Kirchen als fast einzige Institution, die aus der moralischen
Katastrophe der Nazizeit herausführen konnte. Doch dies ist vorbei. Vor
allem auch, weil die Kirchen in Deutschland *"vieles richtig gemacht"*
hätten – gerade auch im Aufbau der Demokratie und des Sozialstaates.
Denn weil Religion stark sei, wenn sie außerreligiösen Bedürfnissen
entspricht, werde sie schwächer, wenn diese Bedürfnisse erfüllt sind.
Mit meinen Worten: *Die Kirche geht an ihrer Erfolgsgeschichte zugrunde.*

Kirche solle deshalb wieder *"nah bei den Menschen"* und in Nachbar-
schaften oder Familien erkennbar sei. Das ist ein Aufruf zu Basisstruk-
turen, zur Kleinräumigkeit der Gemeinden, so kontaktvollem und takt-
vollem Leben.

Ich höre es – und bejahe es. Doch spüre ich, dass das nicht alles sein
kann. Und ich denke an Paul Tillich, nach dessen Worten die Grundauf-
gabe der Theologie darin bestehe, *„auf Fragen zu antworten, die die
Situation stellt und darauf zu antworteten in der Macht der ewigen Botschaft.“*

Doch was sind überhaupt die Fragen, die unsere Situation stellt? Und
wer erwartet noch unsere Antwort? Es ist ja gerade ein Kennzeichen der
Postmoderne, dass sie unübersichtlich und verworren ist. In dieser Un-
übersichtlichkeit scheint sie insgesamt ein einziges Fragezeichen zu

sein, doch zugleich hält sie tausend Antworten bereit. Aber es mehren sich auch die Anzeichen, dass die Postmoderne skeptisch wird gegenüber ihren eigenen Antworten.

So geht mir die Frage durch den Kopf: Als die DDR zu Ende ging, standen wir - Gott sei Dank - an der richtigen Stelle. Wir konnten – wenigstens für kurze Zeit – Herberge sein für ein Volk, das unterwegs war zu einer neuen Zukunft. Stehen wir an der richtigen Stelle, wenn die Postmoderne sich selbst zur Frage wird? Reicht es dann wie Wolfgang Lück zu formulieren: *Das Evangelium müsse freies Angebot sein ohne Abonnementverpflichtung; Tröstung ohne versteckte Drohung; Begleitung ohne doktrinäre Herrschaft; Bestätigung des Menschseins ohne Madigmachen von Lebenslust. Man müsse der Autor seiner selbst sein, auch seines Glaubens und seiner Werte.*

Nun, man kann auch dadurch belanglos werden, weil man nichts mehr fordert; man kann auch dadurch uninteressant werden, weil man immer nur Bedürfnisse befriedigen will statt schlicht und ergreifend das Geheimnis unseres Glaubens zu feiern. Man kann auch dadurch unglaubwürdig werden, weil man Menschen immer nur bestätigt, obwohl diese oft selbst spüren, *„dass streng gesprochen werden müsste"*, wie Kierkegaard einmal sagte.

Was ist die Macht der ewigen Botschaft? Der Prophet wird berufen mit dem Auftrag: *„Predige!"* (V. 6) Doch der Prophet weigert sich – nicht aus Sturheit, sondern aus Hilflosigkeit. Er zuckt die Schultern. *„Was soll ich predigen?"* Soll ich das wirklich predigen? Diese Szene ist so ehrlich. Der Prophet hat teil an der Resignation des Volkes. Propheten waren keine Menschen, denen das Wort selbst zur Verfügung stand. Wäre er auf sein eigenes Wort angewiesen, hätte er nichts zu sagen, was nicht jeder selbst schon wüsste: *Gras sind wir. Wie eine Blume standen wir da – aber nichts ist übriggeblieben.* In der Antwort wird das Argument der Resignation aufgenommen: *Ja, so ist es. Gras ist das Volk.* Aber: *Gottes Wort bleibt ewiglich.*

Das eigentliche Argument der Ermutigung ist Gottes schöpferisches Wort. Gott, der alles erschuf und trägt und hält mit seinem Wort, der wird auch in der Krise sprechen: *Es werde!* Der Schöpfungsglaube erfüllt hier bei Jesaja nicht nur den Raum der Natur, sondern auch der Geschichte; nicht nur den Raum der Vergangenheit, sondern auch der Gegenwart und der Zukunft. *„Das Wort des Herrn bleibt ewig."* Wir haben nichts als dieses Wort und es ist gut sich zu erinnern, dass die Kirche eine „Schöpfung des Wortes" ist. Ihre einzige Hoffnung und

Sorge sollte sein, dass dieses Wort reichlich unter uns wohnt. Denn die *Bibel* ist und bleibt *„das Medium gegenwärtiger Gotteserfahrung."* (Ulrich Körtner) An uns ist es, ihr zu erlauben, unsere Existenz zu deuten, unsere Sinnsuche zu erhellen und unsere Sehnsucht zu stillen.

In diesem Sinn lese ich einen Text aus der Germanenmission. Da berät ein germanischer König mit seinen Edlen über die Annahme oder Ablehnung des Christentums. Und einer äußert: *„Wenn ich, o König, dieses Leben der Menschen hier auf Erden vergleiche mit der langen Zeit, über die wir nichts wissen, dann sehe ich's in einem Bilde: Du sitzest zur Winterzeit beim Mahl mit deinen Gefolgen und deinen Dienern. Mitten in der warmen Halle brennt der Herd, draußen aber toben die winterlichen Schnee- und Regenstürme durchs Land. Da fliegt ein Sperling herein und huscht schnell durch die Hall; kaum ist er zur einen Tür drinnen, ist er zur andern schon wieder hinaus. In der Zeit, wo er im Saal ist, treffen ihn die Winterstürme nicht, aber wenn der kleine Augenblick, wo er Ruhe hat, im Nu verflogen ist, dann entschwindet er, aus dem Winter kommend und in den Winter zurückkehrend, deinen Augen. So ist auch einigermaßen deutlich, was dieses Leben ist; was ihm aber folgt und was ihm vorausgegangen ist, davon wissen wir nichts. Wenn also diese neue Lehre darüber etwas Sicheres beibringt, dann verdient sie, wie mir scheint, dass wir ihr folgen."*

In diesem Bild ist das Lebensgefühl auch des postmodernen Menschen gut ausgedrückt. Interessant ist die Beschreibung von Jürgen Ziemer, der unter der Oberfläche postmoderner Strömungen Gegenströme wahrnimmt. So schreibt er, es gäbe in allem Pluralismus und Relativismus unserer Zeit ein - freilich oft uneingestandenes - Suchen nach *Wahrheit*, also nach etwas, das gilt. Es gäbe auch ein wachsendes Bedürfnis nach *Vertiefung* angesichts der Veroberflächlichung des modernen Lebens. Es sei das Bedürfnis nach Zugängen zu den *Quellen* des Seins und der Existenz. Menschen brauchen einen Grund, um trotz allem zu ihrem Leben Ja sagen zu können. Es gäbe auch eine Sehnsucht nach *Beratung*, nach dem prophetischen Wort, nach *Trost*, nach *Gemeinschaft*.

Am Ende kommt er zu folgender Bilanz: *„Die ureigensten Themen des Glaubens und des christlichen Lebens sind keineswegs ungefragt. Wir befinden uns nicht in der Lage von Unternehmen, die ihre Angebotspalette auswechseln müssten, weil die Bedarfslage sich verändert hat. Kirche kann, soll und muss bei ihren Themen bleiben."* Doch wie müsse Kirche aussehen, die noch gefragt wird? *„Wie muss die Kirche aussehen, der Menschen wieder abnehmen, was sie anbietet? Ich denke, sie muss glaubwürdig sein, einfach, seelsorgerisch, mit großer Offenheit* *und sie muss sich ihrer eigenen Sache gewiss sein.* " - mit anderen Worten: die eigene Muttersprache beherrschen und sich ihrer nicht schämen.

Ich höre in dieser Analyse viel Trost in unserer gegenwärtigen Situation, aber auch die Zumutung zum Aufbruch und zum Vertrauen: *„Siehe, da ist euer Gott!"*

Und wenn wir diese Aufforderung im Blick auf Jesus Christus hören, liegt darin noch ein ganz anderer Trost, den Johannes Calvin in einer Auslegung der Auferstehung des Lazarus einmal so beschrieb:

„Obwohl die Kirche zur Zeit kaum zu unterscheiden ist von einem toten oder doch kranken Mann, so darf man doch nicht verzweifeln: denn auf einmal richtet der Herr die Seinigen auf, wie wenn er Tote aus dem Grab erweckt. Das ist wohl zu beachten. Denn wenn die Kirche nicht leuchtet, halten wir sie schnell für erloschen und erledigt. Aber so wird die Kirche in der Welt erhalten, dass sie auf einmal vom Tode aufsteht; ja, am Ende geschieht diese Erhaltung jeden Tag unter vielen solchen Wundern. Halten wir fest: Das Leben der Kirche ist nicht ohne Auferstehung, noch mehr: nicht ohne viele Auferstehungen."

Siehe, die Götter sind nichts![34]

Der eigentliche Trost in trostloser Lage ist für Jesaja der *unvergleichliche Gott*. Das zieht sich wie ein Leitmotiv durch die Kapitel. Sein Höhepunkt ist Kap. 44, 6-20

So spricht der HERR, der König Israels, und sein Erlöser, der HERR Zebaoth: Ich bin der Erste und ich bin der Letzte, und außer mir ist kein Gott. Und wer ist mir gleich? Er rufe und verkünde es und tue es mir dar! Wer hat vorzeiten kundgetan das Künftige? Sie sollen uns verkündigen, was kommen wird! Fürchtet euch nicht und erschreckt nicht! Habe ich's dich nicht schon lange hören lassen und es dir verkündigt? Ihr seid doch meine Zeugen! Ist auch ein Gott außer mir? Es ist kein Fels, ich weiß ja keinen. Die Götzenmacher sind alle nichtig; woran ihr Herz hängt, das ist nichts nütze. Und ihre Zeugen sehen nichts, merken auch nichts, damit sie zuschanden werden. Wer sind sie, die einen Gott machen und einen Götzen gießen, der nichts nütze ist? Siehe, alle ihre Genossen werden zuschanden; die Meister sind auch nur Menschen. Wenn sie auch alle zusammentreten, sollen sie dennoch erschrecken und zuschanden werden. Der Schmied macht ein Messer in der Glut und formt es mit Hammerschlägen. Er arbeitet daran mit der ganzen Kraft seines Arms; dabei wird er hungrig, sodass er nicht mehr kann, und trinkt auch kein Wasser, sodass er matt wird. Der Zimmermann spannt die Schnur und zeichnet mit dem Stift. Er behaut das Holz und zirkelt es ab und macht es wie eines Mannes Gestalt, wie einen schönen Menschen; in einem Hause soll es thronen. Er haut Zedern ab und nimmt Kiefern und Eichen und wählt unter den Bäumen des Waldes. Er hatte Fichten gepflanzt und der Regen ließ sie wachsen. Das gibt den Leuten Brennholz; davon nimmt er und wärmt sich; auch zündet er es an und bäckt Brot; aber daraus macht er auch einen Gott und betet's an; er macht einen Götzen daraus und kniet davor nieder. Die eine Hälfte verbrennt er im Feuer, auf ihr brät er Fleisch und isst den Braten und sättigt sich, wärmt sich auch und spricht: Ah! Ich bin warm geworden, ich spüre das Feuer. Aber die andere Hälfte macht er zum Gott, dass es sein Götze sei, vor dem er kniet und niederfällt und betet und spricht: Errette mich, denn du bist mein Gott! Sie wissen nichts und verstehen nichts; denn sie sind verblendet, dass ihre Augen nicht sehen und ihre Herzen nichts merken können. Er kommt nicht zur Einsicht; keine Vernunft und kein Verstand ist da, dass er dächte: Ich habe die eine Hälfte

---

[34] Bibelarbeit am 17. Juni 2015 im Pastoralkolleg Meißen

mit Feuer verbrannt und hab auf den Kohlen Brot gebacken und Fleisch
gebraten und gegessen, und sollte die andere Hälfte zum Götzen machen
und sollte knien vor einem Klotz? Wer Asche hütet, den hat sein Herz
getäuscht und betört, sodass er sein Leben nicht erretten und nicht zu
sich sagen wird: Ist das nicht Trug, woran meine Rechte sich hält?

Das ist ein Text voller Spott und Witz. Der Götzendienst der Supermacht Babylon wird vorgeführt und seine innere Logik ad absurdum
geführt. Darf man so reden – so abfällig und hochmütig über das, was
anderen heilig ist?

Im vergangenen Jahr haben der Ökumenische Rat der Kirchen, die Katholische Kirche und auch die Weltweite Evangelische Allianz einen
gemeinsamen Text verabschiedet unter dem Titel: *MissionRespekt.*
Christliches Zeugnis in einer multireligiösen Welt. Darin wird eine gemeinsame Ethik beschrieben im Blick auf den Umgang mit dem Glauben anderer. Das Papier geht an dem oft verworrenen Flusslauf der Kir-
chen- und Missionsgeschichte hinauf bis zur Quelle, dorthin, wo das
Wasser noch frisch sprudelt – zu Christus selbst. Aus seinem Vorbild
leitet das Papier einen Verhaltenskodex ab, der uns auch heute verpflichtet: Aufruf zu uneingeschränkter Liebe und zu einer Haltung des
Dienens, zur Wahrung der Freiheit und Würde eines jeden Menschen,
die Arroganz und Herablassung anderen gegenüber ausschließt. Absage
an Zwang und Täuschung und „falsches Zeugnis" über andere Religionen, vielmehr Wertschätzung dessen, was auch bei anderen gut und
wahr ist. Ablehnung von Gewalt oder Ausnutzung von Notlagen. Auch
formuliert sie als Ziel, auf ein Klima des gegenseitigen Respekts, der
Verständigung und der Zusammenarbeit in einer globalen Welt hinzu-
wirken, in der auch Religionen nicht in isolierten Räumen leben.

Das alles kann man nur würdigen, insbesondere das mutige Plädoyer für
Religions- und Glaubensfreiheit, die immer auch die Freiheit einschließt, den eigenen Glauben öffentlich zu bekennen, auszuüben, zu
verbreiten und auch zu wechseln. Mit dieser Erklärung geben sich die
Verfasser selbst zu erkennen, zeigen „Gesicht" und werben um Vertrau-
en bei ihren Gesprächspartnern. Man wünscht sich deshalb, dass dieses
Papier von Vertretern anderer Religionen auch wirklich gelesen wird!

Unser Abschnitt ist anders. Er atmet einen polemischen Geist, und - aus
dem Fenster hinaus gesprochen - muss er verletzen und diffamieren. Es
gibt vielleicht zwei entlastende Gründe für solche Rede:

- Der Spott war schon immer die Waffe der *Schwachen und Unterdrück-ten*, die sich mit ihm „trösten". So könnte man meinen: Mit der Karikatur der anderen Götter wird der eigene Gott groß gemacht und mit der Dummheit der anderen die eigene Identität gestärkt. Die Seele Israels ist offenbar so gebeugt, dass man sich solche Genugtuung verschaffen muss. Insofern ist der Text vielleicht gar nicht zur Veröffentlichung gedacht, sondern eher zum „innerkirchlichen Dienstgebrauch".

- Man könnte den Text auch als eine *Auslegung des Dekalogs* verstehen, der mit dem ersten Gebot die Monolatrie einschärft: Mag es andere Götter geben – aber *für dich* soll es nur den einen geben. Das Gebot beschreibt die radikale Bindung an Jahwe – den Gott von Ägypten her – die man in ihrer Radikalität nur als Schutz gegen die menschenfressenden Götter verstehen kann – das *„Baalische"*, das dem Menschen sein „Menschsein" nimmt.

Doch meine ich, unser Text sucht gar nicht solche Entlastung. Er zielt ganz bewusst auf eine grundsätzliche Aussage und will diese auch öffentlich machen. Immerhin wurde er ja in der Geistesgeschichte rehabilitiert. Hier redet ja förmlich ein früher Ludwig *Feuerbach*, der nichts anderes behauptete, als dass es der *Mensch* sei, der sich Gott zum Bilde schafft – nicht umgedreht; und dass das Reden von Gott deshalb nichts anderes sei als die Rede vom Menschen; und Theologie nichts *„anderes als Anthropologie"*!

Während jedoch Feuerbach mit solcher Götterkritik für sich das Recht beanspruchte, den Himmel von allen theistischen Restbeständen zu reinigen, wird sie für Jesaja zum Platzhalter für den *einen wahren Gott,* der unsere Vernunft übersteigt und von dem Cyrill von Jerusalem sagte: *„Wenn es um Gott geht, ist das Eingeständnis der Unwissenheit eine große Wissenschaft."* Ebenso der Kirchenvater Augustin: *„Wenn du ihn begreifst, ist er nicht Gott."* Und auch Martin Buber, der jüdische Gelehrte, meinte: *"Gott aber, die ewige Gegenwart, lässt sich nicht haben. Wehe dem Besessenen, der Gott zu besitzen meint!"*

Auch das Bilderverbot erfüllte ja schon diese Funktion. Es wahrte das Geheimnis Gottes, um dann dennoch frisch und fröhlich zu verkündigen, dass Gott doch ein Bild hat – und zwar den Menschen, mit all den ethischen Implikationen, die solcher Adel jedem Menschen verleiht.

Interessant finde ich die aufgeklärte Argumentation unseres Textes. Wir haben hier in der Tat das Zeugnis einer sehr frühen Aufklärung in der Hand, die sich nicht scheute, sich des eigenen Verstandes zu bedienen.

Götterkritik im Namen der Vernunft! Jesaja bringt damit das Recht und die Pflicht zur Rationalität in die Religion!

Und was hier im fernen Babylon gedacht wurde, hat später seine Entsprechung durchaus auch in der griechischen Philosophie. Sokrates, ein ebensolcher Aufklärer, wurde zum Tode verurteilt, weil er den Polytheismus seiner Zeit destruierte und den Mythos entleerte, um damit dem einen, ewigen, absoluten Geist Raum zu geben. Der Monotheismus der Juden – so quer er auch im damaligen religiösen Bewusstsein lag – wurde in diesem Zusammenhang von den Gebildeten der damaligen Zeit durchaus als eine logische Alternative betrachtet.

Wenn ich nun versuche, den Text in unsere Zeit zu holen, dann erleben wir heute geradezu eine Gegenbewegung – nämlich die *Rückkehr des Polytheismus*. Was bedeutet dann Götterpolemik in unserer Zeit?

Zunächst nehme ich wahr, dass heutzutage gerade der Monotheismus in der Kritik steht – und zwar von zwei Seiten.

1. Da ist zum einen der Einspruch im Namen des Relativismus

Mitten in einer kalten Novembernacht fand René Descartes zu seinem berühmten Satz: „*Cogito ergo sum!*" „*Ich denke (oder zweifle), also bin ich.*" Ich kann an allem zweifeln, aber nicht daran, dass ich zweifle. Mit diesem Satz beginnt das Zeitalter der Vernunft, die sich schnell als alleinige Quelle der Wahrheit emanzipiert. Und tatsächlich trat Descartes mit dem Anspruch auf, die *Welt als Ganzes* zu verstehen und zu deuten.

Vierhundert Jahre nach Descartes reden wir von der „Aufklärung *über* die Aufklärung". Denn die Vernunft ist sich selbst unsicher geworden – und zwar in einer Weise, wie es sich Descartes hätte nicht träumen lassen. Es ist der fundamentale Zweifel, ob es überhaupt eine objektive Erkenntnis gibt, da doch jede Erkenntnis nur subjektiv sei – so die Lehre des Konstruktivismus. Es gäbe keine Welterkenntnis, sondern nur eine Vielzahl völlig verschiedener Zugänge zur Wirklichkeit, die alle gleichberechtigt nebeneinander stünden.

Damit wird einer alten indischen Geschichte Recht gegeben, in der fünf blinde Männer wissen wollten, was ein Elefant ist. Sie standen nun um das Tier herum und versuchten, sich durch Ertasten ein Bild von dem Elefanten zu machen. Der erste hatte am Kopf des Tieres gestanden und den Rüssel des Elefanten betastet. Er sprach: „Ein Elefant ist wie ein langer Arm." Der zweite hatte das Ohr des Elefanten ertastet und sprach: „Nein, ein Elefant ist vielmehr wie ein großer Fächer." Der dritte sprach: „Aber nein, ein Elefant ist wie eine dicke Säule." Er hatte ein Bein des Elefanten berührt. Der vierte sagte: „Also ich finde, ein Elefant ist wie eine kleine Strippe mit ein paar Haaren am Ende," denn er hatte nur den Schwanz des Elefanten ertastet. Und der fünfte Blinde berichtete: „Also ich sage, ein Elefant ist wie ein riesige Masse, mit Rundungen und ein paar Borsten darauf." Dieser hatte den Rumpf des Tieres berührt.

Die Aussageabsicht der Geschichte - auf die Religionen gemünzt - lautet dann: *Streitet euch nicht, relativiert euch lieber.* Doch enthält die Geschichte eine merkwürdige Spannung, weil zwar die Standpunkte der Einzelnen relativ sind, der Erzähler aber dann doch die letzte Perspektive und das wirkliche Wissen hat, was ein Elefant ist. Er relativiert also alle Erkenntnis, um dann die eigene Erkenntnis absolut zu setzen. Das damit verbundene Dogma „Alles ist relativ!" ist ein Widerspruch in sich selbst, wenn es sich selbst absolut setzt. Es verrät damit nur, dass der Mensch ohne absolute Wahrheiten offenbar nicht leben kann.

2. Da ist zum anderen der Einspruch im Namen des Humanismus

Der französische Philosoph Jean-François Lyotard nannte als Hauptkennzeichen der Postmoderne das *"Ende der Großen Erzählungen".* Große Erzählungen – so nennt er alle Versuche einer All-Erklärung – das gilt für Philosophien genauso wie für Religionen mit ihren absoluten Wahrheiten.

Lyotard beklagt dieses Ende nicht, sondern rühmt es wie eine Befreiung. Er singt das Lob des Polytheismus. Denn absolute Wahrheiten seien immer auch Diktatoren, träten mit ihren Herrschaftsansprüchen nicht nur in den Raum der Herzen, sondern auch in den Raum der Politik.

Dasselbe sagt dann auch der Ägyptologe Jan Assmann in seinem 1998 erschienenen „Moses der Ägypter. Entzifferung einer Gedächtnisspur". Er beklagt die *„Mosaische Unterscheidung",* wie er sie nennt. Mose habe in den Bereich der Religionen die Unterscheidung zwischen wahr und falsch eingeführt. Bei Religionen aber die Frage nach wahr und falsch zu stellen, sei grundsätzlich verkehrt, ja gefährlich. Damit sei das *„Hass- und Gewaltpotential festgeschrieben (worden), das sich in der Geschichte der monotheistischen Religionen immer wieder aktualisiert hat."* Wir müssen deshalb – so seine These - zurück nach „Ägypten".

Ägypten erscheint geradezu als das gelobte Land polytheistischer Freiheit, gegenseitiger Annahme und maßvoller Selbstrelativierung.

Was Assmann verschweigt ist, dass die Frage nach wahr und falsch nicht nur die *mosaische* Frage, sondern auch die *sokratische* Frage war. Es gibt einen interessanten Dialog zwischen Sokrates und Eutyphron, einem heidnischen Priester. Sokrates weist in diesem Gespräch darauf hin, dass die Götter Krieg miteinander führen. Eutyphron muss auf das bohrende Fragen des Sokrates hin zugeben, dass ein und dieselbe Sache von den einen Göttern gehasst, von den anderen geliebt wird. Auf die Frage „So wäre nach dieser Richtung das Fromme und das Unfromme das Nämliche, Eutyphron?" antwortet er notgedrungen: „So verhält es sich."

Sokrates beweist damit, dass die Götter dem Menschen nicht sagen können, was gut und was böse sei. Ja, Gut und Böse werden letztlich ununterscheidbar. Deshalb ist für Sokrates der Polytheismus ein Attentat auf die Ethik, denn wenn die Wahrheit relativ ist, ist auch die Ethik relativ. Gibt es keine *dogmatischen*, dann gibt es auch keine *ethischen* Gewissheiten mehr. Normen und Werte sind dann lediglich Abmachungen innerhalb einer Kultur. Am Ende steht eine Art Toleranz, deren Lieblingswendung ist: Wir können uns so gegenseitig stehen lassen. Soziologen sprechen von der postmodernen Beliebigkeit, die aber auch der Nährboden für den postmodernen Fundamentalismus sei. So schreibt der amerikanische Soziologe Peter L. Berger: *„Auf der einen Seite scheint diese Kultur fast alles zuzulassen. Keine Idee, kein Lebensstil, kein Programm, die abwegig genug wären, um nicht ernsthaft diskutiert und in ihrer Existenzberechtigung anerkannt zu werden. Und doch sind dieselben Menschen, die eine solchermaßen allumfassende Toleranz bekunden, merkwürdig empfänglich für Ideologien, die absolute Gültigkeit reklamieren, absolute Loyalität fordern."*

Wie gehen wir nun mit der Rückkehr des Polytheismus um? Interessanterweise beschränkt sich das erwähnte Dokument „*MissioRespekt"* auf das „Wie?" unserer Mission, nicht auf das „Was?" Die Erklärung hält sich genau dort zurück, wo Mission auf Gewinnung anderer ausgerichtet ist. Doch wer in der Ethik der Mission zu Christus als Quelle zurückgeht, findet dort nicht nur das „Wie?" sondern eben auch das „Was?"

Wir glauben nicht nur *wie* Christus, sondern *an* Christus. Er ist auch nicht nur der *Bote* des Reiches Gottes, er ist das Reich Gottes *selbst*! Man kann dann nicht von der einzigartigen Verbindung schweigen, in der Jesus von Nazareth zu Gott stand und aus der heraus er sich selbst zum Inhalt seiner Verkündigung gemacht hat. Eberhard Jüngel meint genau dies, wenn er schreibt, dass Gott *„in der Identität mit Jesus Christus ... das eigentliche Geheimnis der Welt"* sei. Ebenso Gerhard Ebeling, der sagte, unser Glaube an Jesus stehe und falle damit, *„dass wir es in diesem Menschen mit Gott selbst zu tun haben."* Damit wird der Wahrheitsanspruch des einen ewigen Gottes des Alten Testamentes mit Jesus Christus geteilt. Im Dialog mit anderen Religionen können wir nicht verschweigen, dass in Jesus Christus etwas bis dahin nicht Gehörtes gesagt wird - *„etwas Schönes [...], ein Ja zum Leben, eine Absage an den Tod ..."* (Arnold Stadler)

Davon können wir nicht schweigen, wollen wir nicht *"falsch Zeugnis"* von unserem eigenen Glauben ablegen. Michael Trowitsch, ehemaliger Systematiker in Jena, sagt deshalb: *„Wenn Toleranz heißen sollte, dass dieser Anspruch Jesu relativiert oder durchgestrichen wird, dann müssen Christen, Theologen sagen: In aller Ausdrücklichkeit: Nein. Wohin man schaut im Neuen Testament: Es wird – mit Freude! – von der Offenbarung Gottes selbst geredet: ‚Das Wort ward Fleisch.' Und Christus ist ‚das Lamm Gottes, welches die Sünde der Welt trägt.' Die der Welt! Alles das sind Aussagen, die einfach von einer letzten, guten, unüberbietbaren Wahrheit wissen, vom Evangelium Gottes."*

Doch wie können wir Christus angesichts des „Endes der großen Erzählungen" bezeugen?

Als sich der Apostel auf den Areopag begab, stellte er sich in die damalige polytheistische Welt und versuchte, das Evangelium aus dem semitischen Raum auch in hellenistischen Boden einzupflanzen. Er und mit ihm später die altkirchlichen Apologeten wurden darüber zu "Vätern der Theologie", weil sie erst einmal die Muttersprache ihres eigenen Glaubens verstehen lernen mussten, ihre Grammatik und Syntax. Ein Dialog der Religionen lebt davon, dass jeder auch das Eigene kennt – also das, was nur er zu sagen hat.

Interessant ist nun, dass die altkirchlichen Apologeten in diesem Bemühen an die damalige Aufklärung – eben an Sokrates - anknüpften, der gegen den *Mythos* der Religionen den *Logos* gesetzt hatte. Damit knüpften sie an das Rationale an. Diese Rationalität muss der Religion erhalten bleiben - auch im heutigen Dialog -, schärft sie doch das so dringend nötige Unterscheidungsvermögen auch in Sachfragen, denen der Dialog nicht aus dem Weg gehen darf.

Doch gingen sie über den Gott der Philosophen weit hinaus, wenn sie jetzt sagten, dass der *ewige Logos auch ewige Liebe* ist, also nicht nur

reines Sein, absolut in sich ruhend, transzendent, unwandelbar, leidens-
unfähig, beziehungslos zur Welt und zum Menschen, sondern leiden-
schaftlich liebend bis zur Aufopferung seiner selbst. In der Glut dieser
Liebe wurde der Gott der Philosophen umgeschmiedet, *Wahrheit und
Liebe werden identisch.*

Hieraus konnte ein Missionsgedanke geboren werden, der ohne Herr-
schaftsanspruch auftritt. Hier lag auch die höchste Garantie der Toleranz, eines Umgangs mit der Wahrheit, deren einzige Waffe sie selbst
und damit die Liebe ist. Die Wahrheit kann sich ja auch mit dem Hass
verbinden, der "hässlich" macht, ihre Schönheit und auch ihre Freiheit
zerstört. Wahrheit und Liebe aber sind die Schönheit unseres Glaubens;
und sie ist immer mit Freiheit verbunden. Denn eine erzwungene Wahrheit kann keine Wahrheit sein, weil sie der Liebe widerspricht. Deshalb
habe *"Gott, der Schöpfer"* uns so frei gemacht, *"dass sogar sein Zwingen unsere Liebe nicht erzwingen könnte."* (Emil Brunner)

Diese Wahrheit und Liebe leuchten auf im Antlitz Jesu - seinen Worten
und seinem Leben. Doch wie sprechen wir davon?

Zunächst: Aus dem Dialog ist auch in postmodernen Zeiten die Wahr-
heitsfrage nicht auszugrenzen. Dabei hat jede Religion, die sich selbst
ernst nimmt, ihre eigene Wahrheit, die auch absolut sein muss, will sie
doch im Leben und im Sterben trösten. Das Problem sind jedoch gar
nicht die Wahrheitsansprüche, sondern wie damit umgegangen wird.
Unser Glaube muss da gar nicht mit großen Ansprüchen daherkommen.
Er hat die vielen kleinen Erzählungen, wie sie uns die Evangelien in
Fülle anbieten: Heilungsgeschichten, Begegnungsgeschichten - auch mit
dem Auferstandenen, Gleichnisse, Streitgespräche, kurze treffende Worte Jesu, von denen oft schon ein einzelnes genug ist, um Menschen fragen zu lassen: "Wer ist dieser?" oder "Brannte nicht unser Herz?"

In diesen "kleinen Erzählungen" der Evangelien leuchten die Wahrheit
und Schönheit unseres Glaubens auf. Wir tragen sie weiter in der Hoffnung, dass ihre Überzeugungskraft in ihnen selbst wohnt, und dass sie
das Große und Ganze ahnen lassen, den Horizont öffnen, Sehnsucht
wecken.

Ich hatte in den letzten Monaten mit drei ehemaligen Moslems zu tun,
die durch nichts anderes Christen wurden als durch solche kleinen Erzählungen. Ein Türke, Student der islamischen Theologie und Islamist,
der durch ein einziges Jesuswort von der eigenen Heuchelei überführt
wurde. Ein Inder, hoher Polizeibeamter beim Zoll mit allen Möglichkeiten der Korruption, der in einer konfiszierten Bibel vom Umgang Jesu

mit den Zöllnern liest. Ein Iraner, der die Verlogenheit und Härte der iranischen Regierung spürte und Gott als einen Gott der Liebe erkannte.

In keinem dieser Fälle kam das Christentum als Hausfriedensbruch, immer war es die Begegnung mit einer Wahrheit, die in der Liebe und Freiheit ihre Schönheit gewann. Keine geschah durch Druck, sondern rührte an eine tief im Inneren liegende Sehnsucht.

Dabei sollte man tatsächlich nicht über andere Religionen "falsch Zeugnis" abgeben, sondern auch ihre kleinen Erzählungen würdigen. So wie jener Muslim im Zugabteil, in das ein Pfarrer trat. Überall standen Koffer und Taschen und Schachteln, als hätte er all seine Habseligkeiten eingepackt. Nach einer Weile fragte der Mann den Pfarrer, dessen Profession ihm nicht gleich anzusehen war: "Glauben sie an Gott?" "Ja", stammelte dieser und setzte an, dies zu erklären. Doch der andere meinte: "Nun, da kann ich getrost frühstücken gehen."

Er wusste, dass die gemeinsame Gottesfurcht sein Hab und Gut schützen würde. Sie ist ja schon der Anfang aller Weisheit, die man in jeder Religion schätzen darf. Hier wirkt der Geist, der ohnehin weht, wann und wo er will. Und doch identifiziert er sich als Geist Jesu Christi, der uns nicht nur Gott fürchten, sondern lieben und vertrauen lehrt.

Seine Zeugen zu sein macht uns nicht zu Besitzenden, sondern zu Ergriffenen, die nicht verbissen, sondern mit Freimut von dem reden, *"was wir gesehen und gehört haben."* (Apg 4,20). Aus diesem Freimut erwächst eine charmante Mission, die weiß, *„dass zum Evangelium notwendigerweise der Wunsch nach Anteilhabe aller Menschen gehört."* (Peter Zimmerling)

Siehe, das ist mein Knecht![35]

Das stellvertretende Leiden und die Herrlichkeit des Knechtes Gottes

Siehe, meinem Knecht wird's gelingen, er wird erhöht und sehr hoch erhaben sein. Wie sich viele über ihn entsetzten, weil seine Gestalt hässlicher war als die anderer Leute und sein Aussehen als das der Menschenkinder, so wird er viele Heiden besprengen, dass auch Könige werden ihren Mund vor ihm zuhalten. Denn denen nichts davon verkündet ist, die werden es nun sehen, und die nichts davon gehört haben, die werden es merken.

Aber wer glaubt dem, was uns verkündet wurde, und wem ist der Arm des HERRN offenbart? Er schoss auf vor ihm wie ein Reis und wie eine Wurzel aus dürrem Erdreich. Er hatte keine Gestalt und Hoheit. Wir sahen ihn, aber da war keine Gestalt, die uns gefallen hätte. Er war der Allerverachtetste und Unwerteste, voller Schmerzen und Krankheit. Er war so verachtet, dass man das Angesicht vor ihm verbarg; darum haben wir ihn für nichts geachtet. Fürwahr, er trug unsre Krankheit und lud auf sich unsre Schmerzen. Wir aber hielten ihn für den, der geplagt und von Gott geschlagen und gemartert wäre. Aber er ist um unsrer Missetat willen verwundet und um unsrer Sünde willen zerschlagen. Die Strafe liegt auf ihm, auf dass wir Frieden hätten, und durch seine Wunden sind wir geheilt. Wir gingen alle in die Irre wie Schafe, ein jeder sah auf seinen Weg. Aber der HERR warf unser aller Sünde auf ihn. Als er gemartert ward, litt er doch willig und tat seinen Mund nicht auf wie ein Lamm, das zur Schlachtbank geführt wird; und wie ein Schaf, das verstummt vor seinem Scherer, tat er seinen Mund nicht auf. Er ist aus Angst und Gericht hinweggenommen. Wer aber kann sein Geschick ermessen? Denn er ist aus dem Lande der Lebendigen weggerissen, da er für die Missetat meines Volks geplagt war. Und man gab ihm sein Grab bei Gottlosen und bei Übeltätern, als er gestorben war, wiewohl er niemand Unrecht getan hat und kein Betrug in seinem Munde gewesen ist. So wollte ihn der HERR zerschlagen mit Krankheit. Wenn er sein Leben zum Schuldopfer gegeben hat, wird er Nachkommen haben und in die Länge leben, und des HERRN Plan wird durch seine Hand gelingen. Weil seine Seele sich abgemüht hat, wird er das Licht schauen und die Fülle haben. Und durch seine Erkenntnis wird er, mein Knecht, der Gerechte, den Vielen Gerechtigkeit schaffen; denn er trägt ihre

---

[35] Bibelarbeit über Jes 52,13 bis 53,12 am 18. Juni 2015 im Pastoralkolleg Meißen

Sünden. Darum will ich ihm die Vielen zur Beute geben und er soll die Starken zum Raube haben, dafür dass er sein Leben in den Tod gegeben hat und den Übeltätern gleichgerechnet ist und er die Sünde der Vielen getragen hat und für die Übeltäter gebeten.

Zunächst einige kleine Beobachtungen. Der Text besteht aus drei Teilen:

Im *ersten Teil* spricht Gott selbst. Er spricht von einem unerhörten Geschehen, das noch nie erzählt oder gehört wurde und das Entsetzen und Erstaunen verursacht – und Schweigen! Und von dem guten Ausgang – der Erhöhung seines Knechtes. Ganz betont heißt es immer wieder *„mein Knecht"*, so fest und ausschließlich hat sich Gott noch nie an einen Menschen gebunden!

Im *zweiten Teil* spricht eine Gruppe. Was sie sagt, sei so unglaublich, dass gleich zu Beginn der Unglaube rhetorisch vorweggenommen wird: *„Aber wer glaubt dem, was uns verkündet wurde..."* Sie beschreibt zunächst die Passion jenes geheimnisvollen Knechtes – lauter Bilder des Leidens, viel umfassender und totaler als wir es aus den Klagepsalmen kennen; so schlimm, dass man nicht hinsehen kann, sondern das Antlitz verbergen muss.

Doch nicht nur der *Leidensweg* wird beschrieben, sondern auch der eigene *Erkenntnisweg*. Nach der vorherrschenden Schultheologie musste dieser Mensch von Gott verlassen und gestraft sein. Doch dann erkennen sie ein Geheimnis – das Geheimnis der Stellvertretung: Dieser Knecht leidet und stirbt *für uns*. Er ist das personifizierte Schuldopfer. Und: *Gott selbst will dieses Leid.* Noch mehr: Gerade im äußeren Scheitern dieses Knechtes scheint Gott seinen Plan zu erreichen, nämlich das Recht aufzurichten, unter dem beide, die Opfer und die Täter, aufatmen können.

Am Ende wird nicht nur vom Leid des Knechtes gesprochen, sondern auch von seinem Tod und Begräbnis und – das ist für das Alte Testament ganz erstaunlich – von dem Leben *nach* dem Tod, das der Knecht erfährt.

Das alles ist dann noch einmal Inhalt des *dritten Teils*, in dem Gott selbst wieder das Wort ergreift – wieder mit dieser grenzenlosen Identifikation *„mein Knecht"*. Noch einmal wird mit fünf Ausdrücken das stellvertretende Leid beschrieben: *Er trug ihre Sünden, er schüttete sein Leben aus, ließ sich unter die Frevler rechnen, trug die Sünden der*

Vielen und trat für die Übeltäter ein. Und noch einmal wird über den Tod hinaus gesagt, dass er Anteil erhalten soll unter den Großen.

Claus Westermann meinte, man könne *„die Gottesknechtslieder – ohne einen ursprünglich fremden Sinn hineinzulegen – nach ihrem eigentlichen Sinn als den deutlichsten, unmittelbarsten und tiefsten Hinweis des Alten Testamentes auf Jesus Christus sehen."* Sie zeigen die gleiche Struktur wie unser Glaubensbekenntnis - geboren, gelitten und begraben. Auch Frere John schreibt: *„Beim Lesen wird ein Christ unweigerlich darüber staunen, dass eine solche Botschaft etwa fünfhundert Jahre vor dem Leiden und Sterben Jesu ausgesprochen werden konnte. Es ist, als ob der Zeitunterschied zwischen diesen beiden auf fast nichts zusammengeschrumpft sei."*

Andererseits gibt es gerade an dieser Stelle des stellvertretenden Leidens als Sühnopfer für die Sünden der Menschen viel Widerspruch. Peter Stuhlmacher zitiert in seinem kleinen Büchlein über die Predigt am Karfreitag aus einer Predigt folgende Sätze: *"Was ist das eigentlich für ein Gott, was ist das für ein Vater, der sich die Liebe erkaufen und bezahlen lässt mit dem Blut seines Sohnes? Der mit Zornesruten den Rücken seines Kindes schlägt, damit andere, wir alle, frei ausgehen und damit uns der Gotteszorn nicht trifft? Was ist das für ein Gott, der sich die Erlösung so bezahlen lässt? Ist das wirklich der Gott, den Jesus verkündigt hat in seinen Gleichnissen und Reden und Worten, in den vielen Begegnungen und Gesprächen, in Heilungen und Wundern? Ich kann Gott, den Vater Jesu Christi, so nicht verstehen."*

Das alles sind keine boshaften Fragen, auch wenn sie mitunter scharf gestellt werden. Gern möchte ich etwas näher auf drei Fragen eingehen.

1. Die Frage nach dem Gottesbild

In der Tat hat man das Gottesknechtslied früher gern vom Opferkult Israels her gelesen – also vom Sühnopfer her. So meinte Georg Fohrer: *„Seiner Bestimmung nach handelt es sich um das Opfer eines Einzelmenschen... Der Knecht war das Opfertier, das Gott als der amtierende Priester schlug, d.h. schlachtete..."*

Auch wenn Fohrers Interpretation vermutlich in die falsche Richtung geht, sollten wir uns über den Sinn des alttestamentlichen Sühnopfers verständigen. Braucht Gott solche Opfer? Muss er so versöhnt werden?

Zunächst muss man sagen, dass im Alten Testament nicht Gott der Empfänger der Sühne ist, sondern der Mensch. Gott ist dabei der Handelnde, der selbst gnädig die Versöhnung des Menschen vollzieht. *„Das Sühne-geschehen bestand (also) darin, dass Jahwe die zerstörende Unheilswir-kung einer Tat aufhob. Er unterbrach den Sünde-Unheils-Zusammenhang ... Sühne war also kein Strafakt, sondern ein Heilsge-schehen."* (Gerhard von Rad).

In diesem Sinne betont auch Joseph Kardinal Ratzinger: *"Bedeutet in den Religionen Sühne wesentlich die Wiederherstellung des durch Sünde gestörten Gottesverhältnisses mittels sühnender Handlungen des Men-schen, so ist Subjekt der Sühne im Christlichen Gott selbst, der aus der Initiative seiner Liebesmacht heraus das gestörte Recht wieder herstellt, indem er durch sein schöpferisches Erbarmen den Menschen gerecht macht und so eine Gerechtigkeit übt, die zugleich Gnade ist."*

So geht es im Alten Testament nicht darum, einen zornigen Gott zu besänftigen, sondern den schuldigen Menschen zu entsühnen. Es ist schon im Alten und noch viel mehr im Neuen Testament absurd, sich Gott wie einen heidnischen Moloch vorzustellen, der erst wieder freund-lich ist, wenn er Blut sieht. Das Kreuz Jesu ist nicht *Bedingung* für Got-tes Liebe, sondern *Ausdruck* von Gottes Liebe. Gott liebt den Menschen nicht, weil Jesus gestorben ist; sondern Jesus ist gestorben, weil Gott die Menschen liebt.

2. Die Frage nach dem Menschenbild

Wenn schon nicht Gott, sollte etwa der Mensch ein solches Opfer brau-chen? Machen wir ihn hier nicht schlechter als er ist - eben zum vielzi-tierten *„armen, elenden, sündigen Menschen"*? Ist das nicht das dunkle und pessimistische Bild eines Menschen, der lediglich auf seine Fehler und Defizite reduziert wird?

Nun ist die Sprachform des *„armen, elenden, sündigen Menschen"* die des persönlichen Bekenntnisses, die auch mit Martin Luthers eigener Biographie zusammenhängt. Keiner kann und muss dessen Bußkämpfe erlebt haben. Wer diese Worte dennoch mitspricht, ist erschrocken an-gesichts der eigenen und fremden Widersprüchlichkeit: Dass wir Dinge wollen oder tun, deren Torheit offen zutage liegt; dass wir Abgründe in uns spüren, die uns zurückschrecken lassen; und dass das Böse sich gern dort einnistet, wo wir es am allerwenigsten vermuten – nämlich in unse-rem besten Streben, das allzu oft nur mit sich selbst beschäftigt ist.

Das hatte Luther erkannt, gerade auch in seinen stundenlangen Beichten. Ein moralischer Sündenbegriff reichte da nicht mehr aus, um seine Not zu beschreiben. Denn Luther entdeckte: Die Sünde besteht nicht nur aus meinen Handlungen, sie prägt meine ganze Existenz! Tief erschüttert von dieser Einsicht fragte ja auch schon Anselm von Canterbury: *„Weißt Du nicht, wie schwer die Sünde wiegt?"*

3. Die Frage nach dem Verhältnis von Liebe und Recht

Wir wissen: Gott ist Liebe, ein *„glühender Backofen voll Liebe"* (M. Luther). Geht dann nicht Gnade vor Recht, auch vor dem Strafrecht?

Gern möchte ich an dieser Stelle einen kleinen Exkurs zu Klaus Bergers Aufsatz *"Das Kreuz - Ort der Vergebung der Sünden?"* unternehmen – einer Sicht, der man sich unbedingt stellen muss.

Er weist zunächst klar jede irgendwie geartete Sühnopfertheologie zurück und schreibt: *"Was ist das für ein Gott, der heimtückisch-sadistisch und von langer Hand vorausgeplant zur Rettung der eigenen Schöpfung seinen Sohn nicht nur senden, sondern geradezu buchstäblich auch schlachten musste?"* Nein, Gott habe das nicht nötig. Gott sei grenzenlose Liebe. Er brauche keine Opfer, um vergeben zu können. Er brauche auch nicht das Kreuz. Zur Vergebung gehöre nur das vollmächtige Wort: *"Dir sind deine Sünden vergeben."* Berger weist dann darauf hin, wie vielfältig im Alten und Neuen Testament von Vergebung gesprochen wird. *"Das Neue Testament kennt ... mehrere Wege der Sündenvergebung und diese sind nicht alle an das Kreuz gebunden."* Johannes der Täufer habe eine Umkehrtaufe zur Vergebung der Sünden gepredigt, noch lange vor der Kreuzigung Jesu. Die verzeihende Liebe des Vaters im Gleichnis vom verlorenen Sohn werde ebenfalls bedingungslos beschrieben, so wie Jesus selbst aufgrund der ihm eignen Vollmacht Sünden vergeben hat. Es bedarf keiner komplizierten Rechtfertigungslehre in all ihren Entfaltungen und Verzweigungen. Der Mensch muss nur bejahen, dass er von Gott bejaht ist.

Logisch weitergedacht ist das Kreuz für Berger dann kein Sühnezeichen mehr für unsere Sünden, vielmehr die Kreuzigung sei das, was sie ist: *eine gemeine, mörderische Tat des Menschen.* Es sei absurd, hierfür Gottes Plan verantwortlich zu machen und dann dem armen Judas noch zu danken, dass er sich für diesen heilsnotwendigen Akt der Erlösung durch Jesu Tod zur Verfügung gestellt hat. Das Kreuz zeige vielmehr schonungslos, wer der Mensch sei.

Was aber ist das Kreuz für Berger dann? In Christus sei Gottes Liebe und Vergebungsbereitschaft sichtbar und handgreiflich geworden. Doch diese in Jesus geoffenbarte Liebe habe den Hass der Welt geweckt. Sie wollten diese Liebe zu Fall bringen. Das Wunder aber wäre, dass Jesus dieser Liebe selbst im Tod noch treu geblieben ist. Berger will also zuallererst die *Lebensgeschichte* der Liebe und dann erst die *Passionsgeschichte* Jesu erzählen. Dieses Leben der Liebe - nicht unsere Sünden – hätte ihn das Leben gekostet. Das Wunder des Kreuzes aber sei, dass Jesus angesichts der Brutalität und Grausamkeit des Menschen nicht resigniert oder mit Strafe reagiert habe, sondern auch hier seine Vergebungsbereitschaft wiederholt habe. Die Meinung, Gott habe die gegen Jesus eingesetzte Gewalt der Römer gebraucht, um vergeben zu können, lehnt Berger ab. Gott hatte Gewalt und Blutvergießen nicht nötig, sondern er fand sie vor. Er sei nicht an den Weg der Grausamkeit gebunden, sondern verwandelt ihn ins Gegenteil. Er binde Vergebung nicht an Gewalt, sondern antwortet auf Gewalt mit Vergebung. Er sei kein Trittbrettfahrer des Mordens an Jesus, sondern vergibt immer und allzeit in freier Gnade. Das Blut Jesu besänftige nicht seinen Zorn, sondern Gott verzichtet auf Rache an den Mördern und bietet auch den Mördern Vergebung an. Nicht *durch* das Töten, sondern *trotz* des Tötens komme das Heil.

Und so ist für Berger das Kreuz eine Predigt darüber, dass Gott wirklich bereit sei, *alle* Sünden zu vergeben – allein durch das Wort der Liebe. Aber jetzt trete zum Wort noch das Zeichen – eben das Kreuz. - Soweit Klaus Berger.

Das alles klingt plausibel und umgeht geschickt jene alten Vorstellungen von Schuld und Sühne mit all ihren Missverständnissen; auch bleibt das Kreuz ein Heilszeichen.

Dennoch ist da ein Rest – ein großer Rest. Und er liegt eben in jenen Aussagen, die wir bei allen neutestamentlichen Zeugen finden, sei es bei Johannes, der Christus als das *„Lamm Gottes"* bezeichnet, *„das der Welt Sünde trägt"*; sei es bei Paulus, der uns in 1 Kor 15,3 das Urevangelium nennt: *"Denn als erstes habe ich euch weitergegeben, was ich auch empfangen habe: dass Christus gestorben ist für unsere Sünden nach der Schrift."* Alle neutestamentlichen Zeugen reden davon, dass Christus *„für uns"* stirbt. Sie interpretieren dies sehr verschieden, aber allen ist gemeinsam, dass Christus etwas *„für uns"* getan hat, also stellvertretend, etwas, das wir nicht selbst hätten tun können, nämlich dass Christus für unsere Schuld gestorben ist.

Nun sollte man sich die Frage nach dem Zusammenhang von Schuld und Liebe und Recht einmal an einem konkreten Fall verdeutlichen. Ich las von einer 35jährigen muslimischen Frau, in deren Schicksal sich das Schicksal so vieler Menschen widerspiegelt. Sie wird – im achten Monat schwanger – von serbischen Soldaten vergewaltigt und gefoltert. Vor ihren Augen wird ihre Mutter von diesen Männern umgebracht. Sie sind, das ist das Schlimmste, gute Bekannte von früher, Nachbarn, Trauzeugen. Ihr Vater erhängt sich aus Gram. Auch sie möchte sich umbringen, aber sie überlebt, auf einem Auge blind. Sie bringt ihr Kind zur Welt, einen Sohn, und nennt ihn „*Jihad*" – „Krieg". Sie gibt zu Protokoll: *„Als ich ihm das erste Mal die Brust gab, sagte ich: Wenn du jemals vergisst, soll diese Milch dich verfluchen, so wahr mir Gott helfe. Überlass die schönen Worte anderen. Selbst wenn ich auch noch mein anderes Auge verlieren müsste – blind würde ich herumlaufen, und jeden Muslim verfluchen, der von Vergebung und von Güte redet."*

Das erlittene Unrecht dieser Frau verbindet alle Menschen - gleich welcher Religion oder Kultur – in dem elementaren Gefühl des Zorns und in dem Bedürfnis zu helfen und zu trösten. Hier wird etwas vom Wesen der Schuld offenbar.

1. Nämlich ihre verletzende, zerstörerische Macht, die Biographien von Menschen zerbricht, ihr Leben einteilt in ein Davor und Danach - irreversibel, endgültig. Schuld setzt eine Wirklichkeit, die nicht nur die Gegenwart, sondern auch die Zukunft beherrscht.

2. Schuld ist nicht anonym, sie hat Namen und Adressen. Sie kennt Täter und Opfer. Beide müssen mit dem Erleben fertig werden. Denn beide Biographien werden durch sie verändert.

Augenfällig ist dies natürlich besonders beim Opfer mit all den erlittenen Verletzungen. Werden die Wunden jemals heilen? Doch auch im Leben des Täters setzt Schuld eine Wirklichkeit, die ihm anhaftet: Wird er wie Kain vom Feld kommen und sich arglos stellen? Wird ihn das Geschehen verfolgen als Thema ungezählter innerer Zwiegespräche? Wird ihn sein Gewissen mahnen, jener innere Ankläger und Richter, dem wir uns nicht entziehen können? Wird er sich seiner Taten schämen oder gar brüsten, wissen wir doch auch um die heimliche Faszination des Bösen?

3. Ein solches Vergehen verlangt nach Recht, auch nach dem Strafrecht. Das wissen alle Völker und Kulturen. Das verletzte Recht muss wiederhergestellt werden, auch wenn die Tat nicht rückgängig gemacht werden kann. Schon immer hat die menschliche Gemeinschaft auf Rechtsbruch mit Sanktionen reagiert. In diesem Sinn erklärte einmal das bekannte Entführungsopfer Jan Philipp Reemtsma, dass das Opfer einer Gewalttat

ein Recht auf Bestrafung des Täters habe. Dabei spricht er nicht von Vergeltung oder Rache, sondern von Recht, *„weil die Strafe die Solidarität des Sozialverbandes mit dem Opfer demonstriert. Die Strafe grenzt den Täter aus und nimmt das Opfer damit herein."* Das Opfer wird ins Recht gesetzt und damit wird in gewisser Weise die Ordnung der Welt, die durch die böse Tat verletzt wurde, wiederhergestellt.

Doch fährt er fort, genauso brauche auch der Täter die Strafe. Mit dem Erleiden der Strafe trage er an seiner Schuld, trage er sie ab. Erst dann könne die Welt wieder für ihn *„heil"* werden. Erst dann dürfe er sich selbst verzeihen, brauche sich nicht mehr zu schämen oder zu hassen. So schließe die Strafe die Vergangenheit ab, richte den Blick nach vorne. Hier zu schnell von Gnade oder Liebe zu reden, verhindert diesen Prozess der Vergangenheitsbewältigung.

In diesem Zusammenhang von Liebe und Recht kann man nun auch Jes 52/53 lesen. Die sich hier zu dem Gottesknecht bekennen, sind Schuldner. Sie sagen: Er stirbt für uns, für mich. Eigentlich muss jeder Schuldner für die eigene Schuld selbst aufkommen. Doch hier tritt der Gottesknecht ein, der Schuldlose übernimmt die Schulden anderer. Im Neuen Testament finden wir dasselbe Deutungsmodell, wenn es heißt, Jesus habe am Kreuz unseren Schuldbrief zerrissen (Kol 2,14). Das war damals ein Rechtsakt im Bankenwesen. Wenn die Schulden bezahlt wurden, ging der Gläubiger mit dem Schuldner zum Richter, der den Schuldschein in einem Krug deponiert hatte und ihn nun vor aller Augen zerriss.

Heute setzt sich die Meinung durch, dass das Gottesknechtslied mit seiner Botschaft der Stellvertretung solchem Rechtsdenken entstammt. Bei finanziellen Schulden ist uns das sofort einleuchtend. Wir häufen Schulden auf, und irgendwann erdrücken sie uns. Wir erleben das gerade sehr deutlich an der Schuldenkrise Griechenlands. Torheit hat die Krise verursacht, die ja längst nicht auf ein Land beschränkt ist, sondern auch den inneren Widerspruch unseres eigenen Lebensstils offenbart. Doch keiner kommt auf den Gedanken, dies mit einem Akt der Liebe zuzudecken. Vielmehr weiß jeder, dass Schulden abgetragen werden müssen. Oder man ist auf der Suche nach einem guten Freund, der sein breites Kreuz hinhält - der Staat, der einmal mehr wieder zum großen Stellvertreter wird, ohne den es eben nicht geht. Wir basteln nun Rettungsschirme oder reden von Entschuldung, und auch da gibt es immer andere, die die Schulden bezahlen. Jedenfalls sind all diese Versuche mit rechtlichem Denken verbunden.

Im Blick auf das Kreuz Jesu Christi bekennen wir, dass Gott angesichts der unermesslichen „Schuldenkrise" des Menschen die größte Rettungsaktion der Geschichte vollbringt. In Jesus Christus - dem „Gottesknecht" - nimmt er die Konsequenzen unseres verkehrten Lebens auf sich.

Dabei finde ich im Gottesknechtslied eine dreifache Identifikation. Der Gottesknecht steht in seinem Leid zunächst auf der Seite der *Opfer*, identifiziert sich mit allen, denen Unrecht und Gewalt geschieht. Gerade für die Leidenden dieser Welt ist es ein tiefer Trost zu wissen, wo Christus steht.

Aber im Leiden des Gottesknechtes sehen wir auch eine Identifikation mit den *Tätern*. Er liebt sie, die doch seine Feinde sind, trägt stellvertretend ihre Schuld und Strafe. Als Stellvertreter der Opfer und der Täter will er nun beide miteinander versöhnen.

Und schließlich gibt es noch eine dritte Identifikation. Immer wieder spricht Gott hier *„mein Knecht"* – so intensiv wie nirgends im Alten Testament. Jede Zeile dieses Liedes lässt spüren, dass er in diesem Knecht in einer nie gekannten Weise gegenwärtig ist, als wäre er mit diesem Knecht ganz eins.

Wenn Paulus später sagt: *„Gott war in Christus und versöhnte die Welt mit sich selbst"* ist genau dies gemeint. Gott war und ist in diesem Geschehen nicht nur Zuschauer: Er selbst war in Christus, leidet mit ihm und trägt mit ihm die Konsequenzen unseres verkehrten Lebens, trinkt den bitteren Kelch. Doch uns reicht er den Kelch des Heils, gefüllt mit Wein, dem Getränk des Festes und der Freude.

Siehe, dein König kommt zu dir![36]

Du, Tochter Zion, freue dich sehr, und du, Tochter Jerusalem, jauchze!
Siehe, dein König kommt zu dir, ein Gerechter und ein Helfer,
arm und reitet auf einem Esel, auf einem Füllen der Eselin. Sach 9, 9

Jedes Jahr beginnen wir die Adventszeit mit dieser Prophetie des Sacharja. Der Text ist uns sehr vertraut, zumal uns sofort auch die Bilder vor Augen stehen, die die Evangelien von dem Einzug Jesu in Jerusalem zeichnen.

Es ist nicht leicht, einen solch vertrauten Text neu zu hören. Ich versuche deshalb, ihn zunächst auf Abstand zu halten, indem ich mir bewusst mache, dass dieser Text nicht uns gehört. Wir sind nicht die Tochter Zion und auch nicht die Tochter Jerusalem. Der ursprüngliche Adressat war ein anderer. Deshalb beginne ich mit zwei kleinen Szenen.

Die erste Szene: Ein lauer Sommerabend am See Genezareth im Jahre 2003. Aus den Lautsprechern dröhnt ein Schlager. Junge Israelis stehen bis zum Bauch im lauwarmen Wasser, Bierdosen in der Hand schwingend wippen sie im Takt mit den Hüften und beobachten, wie die Sonne als riesiger Feuerball hinter Tiberias versinkt. Sie singen den Refrain eines Schlagers mit, der aus den Lautsprechern über den See dröhnt. *„Der Messias kommt nicht. Der Messias ruft auch nicht an!"* Und weiter heißt es in dem Lied des israelischen Liedermachers Schalom Hanoch: *„Jehuda schaut auf die Uhr und verdreht die Augen."* Bei jedem Klingeln an der Haustür stocke sein Atem. Aber die Erwartungen werden immer wieder enttäuscht. Schalom Hanoch beschreibt die Ungeduld und die Enttäuschung des jüdischen Messianismus. Bittere Enttäuschung schlägt um in bitteren Humor, der die uralte Hoffnung des Volkes verspottet: *„Der Messias kommt nicht, er ruft nicht einmal an!"*

Der Reporter, der diese Szene erlebt, hört sich um. „Glauben Sie an den Messias?" Eine junge Frau antwortet: „Ich glaube an Gott. Aber der Messias ist eine Erfindung der Religion. Die Leute brauchen das einfach, um die Hoffnung nicht zu verlieren." Wie sie lehnen viele moderne Israelis den Messiasgedanken ab. Doch ein junger Ingenieur, der sich durchaus als säkularer Jude versteht, meint: „In den letzten Tagen wird er kommen und das Volk von seinen Leiden erlösen." Der Reporter kommt zu dem Schluss: Noch immer „brenne der Messias im Volk Isra-

---

[36] Bibelarbeit zum Adventskonvent 2003 in Moritzburg

el, ob sich die Leute darüber im Klaren sind oder nicht." Noch in der Negation sei er allgegenwärtig, auch in Hanochs Lied.

Eine zweite Szene: In dem Roman des jüdischen Verfassers Andre Schwarz-Barth *„Der Letzte Gerechte"* wird beschrieben, dass im Jahre 1240 König Ludwig der Heilige eine Disputation zwischen jüdischen und christlichen Theologen angeordnet hatte. Dem Brauche gemäß standen die Talmudgelehrten des französischen Reiches in einer Reihe dem kirchlichen Tribunal gegenüber. Bei diesen Disputationen schwebte über jeder Antwort der Talmudgelehrten der Märtyrertod. Der Reihe nach ergriffen sie das Wort, auf dass diese Drohung gerecht verteilt sei. Auf eine Frage des Bischofs Grotius hin, die sich auf die Göttlichkeit Jesu bezog, entstand eine begreifliche Unschlüssigkeit. Aber plötzlich sah man Salomon Levi hervortreten, der sich bis dahin wie ein schüchterner Jüngling im Hintergrund gehalten hatte. Schmächtig wirkt er in seinem schwarzen Gewand, und zögernd nur begibt er sich vor das Tribunal. „Wenn es stimmt", flüstert er mit gedrückter Stimme, „wenn es stimmt, dass der Messias, von dem unsere alten Propheten reden, schon gekommen ist, wie erklärt ihr dann den gegenwärtigen Zustand der Welt?" Darauf, hüstelnd vor Angst und mit einer Stimme, die nur noch wie ein dünner Faden ist: „Edle Herren, die Propheten haben doch gesagt, dass bei der Ankunft des Messias Weinen und Stöhnen aus der Welt verschwinden würden, hm.... nicht wahr? Dass Löwen und Schafe nebeneinander weiden würden, dass der Blinde geheilt sein und der Lahme wie ein... Hirsch springen werde! Und auch, dass alle Völker ihre Schwerter zerbrechen würden, o ja, um aus ihnen Pflugscharen zu gießen, hm... nicht wahr?" Schließlich, den König Ludwig traurig anlächelnd: „Ach, was würde man sagen, Sire, wenn Ihr vergäßet, wie man Krieg führt?" Man nannte ihn ob solcher heiligen Skepsis den traurigen Rabbi. Er hat für seine kühne Antwort den Märtyrertod erlitten. Verstummt ist der Einwand dennoch nicht.

Zwei kleine Szenen, die zeigen, dass die Idee des Messias wie ein Stigma brennt – nicht nur im jüdischen Volk, sondern auch in uns Christen. Die Fragen des Rabbi treffen ja auch uns an einer offenen Stelle. Wir bekennen die Erfüllung jener alten messianischen Prophetien in Jesus von Nazareth, dem „Gesalbten" (hebr. Messias, griech. Christus), und zugleich suchen wir sehnsüchtig den Horizont ab nach seiner verheißenen Wiederkunft. Erich Fromm meinte zwar, von all dem, was die Propheten sagten, sei die Vision der messianischen Zeit am wichtigsten geworden für die Weltgeschichte; und vielleicht habe sie die Entwicklung der Menschheit wie keine andere beeinflusst. *„Das war eine ein-*

malige, eine neue Vision, die eine Quelle von ungeheurer geschichtlicher Fruchtbarkeit geworden ist: die Idee der ‚Heilung', des Heils des Menschen durch die Vollendung seiner selbst." Zugleich aber muss man hinzufügen, dass diese Vision eine offene Wunde ist, in die die weltweiten Nachrichten jeden Tag neu das Salz der Fragen streuen. So lesen wir diese alten Prophetenworte nicht überheblich, sondern zusammen mit dem alten Gottesvolk auch in Schmerz und Sehnsucht, dass diese geschundene Welt heil werde.

Natürlich lesen wir sie vom Neuen Testament her. Wir können nicht anders. Jesus hat dieses Prophetenwort ja geradezu bibliodramatisch in Szene setzt, als er in Jerusalem einzog. Doch es war mehr als nur ein Verkündigungsspiel, bei dem sich Jesus zu seinen sonstigen Qualitäten nun noch als guter Regisseur und Schauspieler erwies.

Denn dieses „Spiel" war heiliger Ernst. Nicht umsonst musste das Drehbuch 500 Jahre auf seine Erstaufführung warten, bis es den fand, dem die Rolle auf den Leib geschrieben war, weil er sie nicht nur spielte, sondern wirklich lebte.

In späteren Zeiten ist es dann wirklich zum heiligen Spiel geworden, wie Ulrich Luz in seinem Matthäuskommentar berichtet. Schon im 4. Jahrhundert werden durch die Pilgerin *Egeria* Palmsonntagsprozessionen in Jerusalem bezeugt, bei denen die christliche Gemeinde den ganzen Nachmittag singend auf dem Ölberg verbracht hätte. Um fünf Uhr nachmittags, so schreibt sie, sei die Einzugsgeschichte gelesen worden, dann habe sich der Zug in Richtung Auferstehungskirche bewegt, der Bischof auf einem Esel reitend, die Kinder mit Zweigen und Palmwedeln in der Hand, die Gemeinde mit Hymnen und Antiphonen.

Im Mittelalter war der Brauch der Palmprozessionen im ganzen Abendland verbreitet, so beliebt sei er gewesen, spielte doch hier die Gemeinde eine aktive Rolle wie sonst selten bei kirchlichen Anlässen, meint Luz. Zur konkreten Vergegenwärtigung der Einzugsgeschichte gehörte auch, dass Christus leibhaftig dabei sein musste. Dies geschah zunächst durch ein Emblem, z.B. ein Evangelienbuch oder eine Hostie auf einer Bahre. Später, vielleicht schon im 10. Jahrhundert, wurde Christus durch den sogenannten Palmesel repräsentiert, der kunstvollen Plastik eines Esels mit einem darauf reitenden Christus auf Rädern gezogen. Die Reformatoren beschimpften den Palmesel als *„hültzinen gott"* - also als Götzenbild. Der Zürcher Palmesel wurde 1522 unter Zwingli in einem Fluss ertränkt. Auch Luther ergießt seinen Spott über den Palmeselreliquienkult: Die Beine des Palmesels seien in Italien so fleißig verkauft worden, dass der Esel, auf dem Jesus ritt, fünf Beine gehabt haben müsse.

Die Geschichte selbst aber behielt auch für die Reformatoren ihre Faszination. Für Luther findet sich im Bild des armen und sanftmütigen Christus geradezu die „Summe des Evangeliums", die uns verkündet, wie Christus jetzt zu uns kommt und über uns herrscht. Dieser König ersteht nun neu in den protestantischen Adventsliedern, denn was der Verdinglichung verboten war, das war dem Wort erlaubt: *„Dein Zion streut dir Palmen und grüne Zweige hin, und ich will dir in Psalmen ermuntern meinen Sinn. Mein Herze soll dir grünen in stetem Lob und Preis."* - *„Er ist gerecht, ein Helfer wert; Sanftmütigkeit ist sein Gefährt, sein Königskron ist Heiligkeit, sein Zepter ist Barmherzigkeit."* - *„Er kommt zu uns geritten auf einem Eselein und stellt sich in die Mitten für uns zum Opfer ein."* - *„Hosianna, Davids Sohn, sei gegrüßet, König mild!"*

So ganz zufrieden scheint Ulrich Luz mit dieser Vergeistigung allerdings doch nicht zu sein. Denn echte Interpretation eines Textes sei viel mehr als nur seine Erklärung. Die historische Kommentierung sei das eine, das Einbringen der eigenen Person das andere, das wirklich Not tue. Und so stimmt er für sich wenigstens in die alte Bitte des Bernhard von Clairveaux ein: *„Lass mich dein Esel sein, Christus!"*

Ich frage nun: Was bedeutet es, dass Jesus gerade *diesen* Text für sich in Anspruch nimmt – und zwar offensichtlich in programmatischer Weise? Das zeigt ja schon die Stellung des Reflexionszitates bei Matthäus. In der Regel schließt das Reflexionszitat aus dem Alten Testament eine Geschichte ab, oft auch nur assoziativ, wie es rabbinischer Auslegung damals entsprach. Hier aber steht das Prophetenzitat dem Ereignis voran, als wähle Jesus selbst dieses Wort zur öffentlichen Proklamation seines Selbstverständnisses – nämlich seines messianischen Anspruches.

Das Programmatische dieses Textes, den Werner Schmidt als den letzten messianischen Text im Alten Testamentes bezeichnet, liegt in der Umdeutung bisheriger Messiasvorstellungen: Der Messias erscheint zwar auch hier wie in der bisherigen Tradition im Bild des Königs, aber dieser König ist aller „königlichen" Eigenschaften entkleidet. In merkwürdig paradoxer Weise fallen „König" und „Knecht" zusammen. Das ist das Programmatische, dem möchte ich gern in drei Punkten noch etwas nachgehen.

1. „Siehe, dein König kommt zu dir"

Dass Sacharja nach dem babylonischen Exil den Königstitel für den Messias wieder aufnimmt, war nicht selbstverständlich, hatte doch z.B. Jesaja gänzlich darauf verzichtet. Denn alles, was ein König repräsentierte - Herrschaft, Autorität, Macht – war im Laufe der Geschichte Israels in den Schmutz getreten worden. Überhaupt war das Königtum in Israel eine späte Erscheinung und als es schließlich unter Saul das Licht der Welt erblickte, war es nur eine „Notgeburt". Von Anfang an gab es kritische Stimmen, die vor der Übernahme dieser fremden Institution warnten, und zwar sowohl aus theologischen als auch sozialen Gründen. Die Könige, die Israel ringsum erlebte, waren allesamt Gottkönige und sonnten sich im göttlichen Glanz. Ein Gottkönigtum aber verbot sich für Israel von selbst. Jahwe allein war König, deshalb lehnte man solches Königtum ab, doch nicht um Gottes gekränkter Eitelkeit willen, sondern um des Menschen willen. Denn dieses Gottkönigtum schuf irdische Hierarchien, bei denen es ein Oben und ein Unten gab, Herren und Knechte. Israel aber war ein Volk befreiter Sklaven, das eine andere Sozialgestalt leben sollte.

Dennoch musste Macht ausgeübt werden. Und darüber wurde viel reflektiert. Man lese einmal die Josephsgeschichte nicht nur unter den Aspekten von Schuld oder Führung, sondern auch als Nachdenken über Macht. Denn die kleine Novelle widmet sich auch dem Problem, dass es zwar Herrschaft geben muss, diese aber so gebraucht werden soll, dass sie dem Leben dient. Bewegend ist hier die Szene, als die Brüder nach dem Tod Jakobs noch einmal vor Joseph erscheinen: Vergib uns doch, bitten sie, das seien auch die letzten Worte ihres Vaters Jakob gewesen. Nun – Joseph hatte ihnen schon längst vergeben, aber jetzt, nach dem Tod des Vaters, kroch offenbar die Angst wieder hoch. Das Problem war wohl, dass die Brüder sich selbst nicht vergeben konnten. Sie waren sich selbst die schärfsten Richter.

In dieser Szene offenbart Joseph nun sein Verständnis von Herrschaft: „Fürchtet euch nicht! Stehe ich denn an Gottes statt?" (1. Mo 50,19) An die Stelle Gottes zu treten, das war die Gefahr, die in aller Herrschaft steckte und die hier Joseph weit von sich weist. Hier erscheint nicht das Bild des absoluten Herrschers, der sich ganz aus sich selbst heraus versteht, sondern der an Voraussetzungen gebunden ist, die er nicht selbst gesetzt hat und denen er sich beugt.

In ähnliche Richtung weist auch die so genannte „deuteronomische Verfassung", die bereits im 7. Jh. eine Ämterteilung entwirft und damit eine demokratische Grundstruktur. Da heißt es in 5.Mo 17,14-20, der König Israels solle keine große Streitmacht haben, keinen großen Harem, keinen großen Reichtum – alles Negationen! Sein einziges Privileg soll sein, sich eine Abschrift der Thora zu machen und jeden Tag darin zu lesen, damit sich sein Herz nicht stolz über seine Brüder erhebe.

Auf dieser Linie befinden sich nun auch die messianischen Weissagungen, die hier bei Sacharja ihren letzten Ausdruck finden. Es zeigt sich, dass die Gestalt des Messias in der prophetischen Verkündigung äußerlich immer ohnmächtiger wird, und dennoch wächst sein Herrschaftsbereich, bis er die ganze Welt umspannt. Es ist ein Königtum, bei dem alle Aktivität wieder ganz bei Gott liegt, der Messias selbst aber immer mehr in die „Passivität" gedrängt wird – ja in die „Passion" – in das Leiden, wenn man die Gottesknechtslieder des Jesaja hinzunimmt. Auch heißt es hier bei Sacharja nicht nur - wie traditionell üblich - dass der König den Armen beisteht, sondern dass er *selbst* ein Armer wird – augenfällig im Bild des Esels. Denn seit Salomo ritt der Herrscher hoch zu Ross oder fuhr im Streitwagen vor, der Esel aber galt als das Reittier des einfachen Mannes.

Es wird deutlich, dass dieses späte Messiasbild irdische Verhältnisse radikal infrage stellt, ja transzendiert. Auf alle Fälle ist es die Absage an ein politisches Reich, für das nun einmal Luthers Einsicht gilt: "*Wer also versuchen wollte, die Welt mit dem Evangelium zu regieren, wäre wie ein Hirt, der Wölfe, Löwen, Adler und Schafe in eine Hürde zusammensperren wollte. Die Schafe würden zwar Frieden halten, aber sie würden nicht lange Zeit dazu haben.*" Jesus sagt zu Pilatus: „*Ich bin ein König. Doch mein Reich ist nicht von dieser Welt.*" Und dennoch ist es in dieser Welt. Wie soll man es anders sagen: Es ist das Königtum der Herzen! Das Herz mit seiner zerklüfteten Geographie, viel schwerer zu beherrschen als alle Länder der Erde. Denn man kann ein Herz nicht besiegen, höchstens gewinnen. Dieses Königtum der Herzen wird immer viel schwächer sein als alle politischen Reiche, und zugleich wird es immer auch stärker sein. Denn wer die Herzen gewinnt, gewinnt die Menschen.

So ist dieses Reich keine Verflüchtigung von Macht, sondern ihre Intensivierung. Dies wusste auch der Kommunismus, wenn er nicht nur das äußere *Sein*, sondern das *Bewusstsein* regieren wollte. Aber er vergaß, dass solche Macht nur in Ohnmacht zu haben ist: Herzen gewinnt man nur in Freiheit und Liebe.

Es ist offenkundig, welche Konsequenzen dies etwa für eine Ethik der Evangelisation hat oder auch für die Religionspädagogik. Unser Glaube kann und darf nur Angebot sein. Jeder Druck, jede offene oder versteckte Drohung würde sein innerstes Wesen zerstören. Das gebietet die Freiheit des Menschen – wohl wissend, dass der Mensch seine eigentliche Freiheit erst dort findet, wo er sich an diesen König bindet.

2. „Ein Gerechter und ein Helfer"

Dass der Messias als Gerechter und als Helfer vorgestellt wird, liegt ganz auf der Linie alttestamentlicher Erwartungen. So stellte man sich in Israel einen Herrscher vor und das ist bis heute so geblieben. Mit dieser Hoffnung auf mehr Gerechtigkeit und Hilfe - vielleicht im Blick auf die leeren Staatskassen oder die wachsende Arbeitslosigkeit – gehen auch heute Menschen an die Wahlurnen und wählen ihren Präsidenten oder Bundeskanzler.

Ist der Messias also nur die Idealgestalt dessen, was wir ohnehin von einem Herrscher erwarten – die Projektion unserer Wünsche auf den starken Mann? Und unterscheidet sich der Messias dann lediglich darin, dass er nicht nur große Worte macht und Erwartungen weckt, sondern wirklich hält, was er verspricht?

An dieser Stelle hilft uns ein Blick in den Urtext. Wilhelm Rudolph schreibt in seinem Kommentar, dass hier im Hebräischen keine aktive, sondern eine passive Verbform steht. Erst die griechische Übersetzung der Septuaginta habe den aktiven Sinn hineingelegt. Wörtlich heißt es „einer, dem geholfen worden ist". Dasselbe würde auch für das Wort „gerecht" gelten, also im Sinne „einer, dem göttliche Gerechtigkeit zuteil geworden ist", "der mit Gnade beschenkt wurde" oder der „begnadigt" wurde. Und so übersetzt Rudolph: „Siehe, dein König kommt zu dir, begnadet und reich an erfahrener Hilfe ist er…"

Das ist bemerkenswert. Auch das gehört offenbar zur Umwandlung alter Vorstellungen, dass hier bei Sacharja nicht wichtig ist, was der Messias tut, sondern das, was ihm widerfährt und was er empfängt. Dass er Gnade und Hilfe nötig hatte, schreibt Rudolph, zeige an, dass er selbst Notzeiten kennt, Schwachheit und Leid. Er kommt also nicht als der starke Mann, der alles im Griff hat.

Hier wird das Nachdenken über Macht und Ohnmacht fortgesetzt. Das entspricht weder dem, was in der Politik üblich ist, noch entspricht es unserem eigenen Lebensgefühl. Wer sich in der Politik eine Schwäche erlaubt, auf den stürzen erbarmungslos die Medien. Aber auch persönlich ist es nicht gut, Schwäche zu zeigen, auch nicht in der Kirche. Auf einer Karikatur kniet einer an seinem Bett und betet: „Lieber Gott, hilf mir, aber bitte so, dass die anderen denken, ich hätte es selber getan."

Der Messias aber kommt nicht als der, der alles selber tut. Oft wird gesagt, dass Jesus sich zurückzog und betete. Das Gebet ist die Geste der Bedürftigkeit. Es wäre viel gewonnen, dem Leben in solcher demütiger Haltung zu begegnen. Das Trauversprechen oder auch der Amtseid mit der Formel „Ja, mit Gottes Hilfe" wäre dann mehr als eine Floskel, sondern die Bejahung unseres Menschseins und das Eingeständnis, dass wir mehr brauchen als nur uns selbst und unser eigenes „Vermögen".

Wenn der Text programmatisch zu verstehen ist, so offenbart der Messias hier ein neues Menschbild. Es ist nicht der autonome Mensch, der seiner selbst mächtig ist. Es ist das Bild des bedürftigen Menschen, der Gott nötig hat und sich dessen nicht schämt. *"Gott nötig haben ist des Menschen höchste Vollkommenheit"*, meinte Sören Kierkegaard. Insofern ist der Messias als der bedürftige Mensch auch der vollkommene Mensch. Es ist der Mensch als „Bettler" und „König" zugleich. Denn als der, der Gnade und Hilfe empfangen hat, kann er nun andere mit Gnade und Hilfe beschenken. *„Aus seiner Fülle haben wir empfangen Gnade um Gnade"*, schreibt Johannes.

Dieses Menschenbild ist befreiend. Immer stark sein zu müssen, sich keine Blöße geben zu dürfen - aus Angst vor den unbarmherzigen Blicken der anderen - ist wie eine Maske, hinter der wir nur schwitzen. Es ist ernüchternd und auch befreiend, wenn es in Ps 146 heißt: *"Fürsten sind Menschen, die können ja nicht helfen."* Es ist zugleich die Absage an einen Messianismus, der das erwartete Heil eigenmächtig erreichen will. Denn solche Eigenmächtigkeit war nie eine *„Quelle von ungeheurer geschichtlicher Fruchtbarkeit"* (Erich Fromm), sondern unermesslichen Leides. Denn diese selbsterwählten, selbstermächtigten Messiasse haben nicht nur Gott nicht nötig, sie setzen sich an die Stelle Gottes! Sie werden zum Übermenschen, der kein Maß mehr über sich hat und „jenseits von Gut und Böse" lebt. Der bei Sacharja verheißene Messias aber ist kein Halbgott oder Übermensch, sondern ein schwacher Mensch und gerade in dieser Schwachheit will Gott in ihm stark werden.

Im vergangenen Sommer las ich Hans Jonas' Buch „Das Prinzip Verantwortung" mit seiner Utopiekritik. Er schreibt: *„... so ist es höchst notwendig, die Forderung der Gerechtigkeit, der Güte und der Vernunft vom Köder der Utopie freizumachen. Um ihrer selbst willen, weder* *pessimistisch noch optimistisch, sondern realistisch muss ihr Folge geleistet werden, unberauscht von übermäßiger Erwartung, somit auch unversucht zu übermäßigem Preis, die im Vorschatten der Ankunft Lebenden zahlen zu lassen. Dem erbarmungslosen Optimismus steht die barmherzige Skepsis gegenüber."* Der Irrtum der Utopie sei ein Irrtum der vorausgesetzten Anthropologie. Schon der Wunsch stehe im Widerspruch zur Wahrheit über den Menschen – seiner Widersprüchlichkeit und Zerrissenheit, seiner Fähigkeit zu Gut *und* Böse. Und deshalb müsse jede Utopie zur Gewalt greifen, aber genau damit zerstöre sie ihr angestrebtes Ziel. Es käme „*...jenes tödliche Verhältnis von Mittel und Zweck heraus..., bei dem der erhabenste Zweck vor die Hunde gehen muss."*

Das Christentum ist hier ein gebranntes Kind ebenso wie der Kommunismus oder heutzutage der Islamismus - mit dem einen Unterschied: Wir als Christen hätten es wissen müssen. Denn im Blick auf die Messiaserwartung des Alten Testamentes schreibt Jonas: „*Der Messianismus... gebietet keine messianistische Politik, sondern stellt das Kommen des Messias göttlichem Ratschluss anheim – und menschlichem Verhalten nur insofern in Aussicht, als es sich des Ereignisses würdig machen kann durch Erfüllung eben der Normen, die ihm auch ohne solche Aussicht zugemutet sind."*

Hilfe erfahren und zur Hilfe werden – lasst mich dazu ein vielleicht etwas eigenwilliges Beispiel erzählen. Während eines Kuraufenthaltes in Bad Sulza bin ich eines Sonnabends zur katholischen Messe gegangen. Schon bei der Liturgie, aber vor allem bei der Predigt merkte ich, dass der Priester einen starken Sprachfehler hatte, er stotterte. Es war für ihn und auch für die Zuhörer peinlich, wie er versuchte, über ein Wort hinwegzukommen und mehrfach Anlauf nehmen musste wie beim Hochsprung. Ich dachte: Nicht gerade attraktiv für einen Pfarrerberuf! Der Zufall wollte es, dass am nächsten Sonntag der Abschiedsgottesdienst für diesen Pfarrer stattfand, der nach einigen Jahren seine Gemeinde wechselte. Die Kirche war bis auf den letzten Platz gefüllt, auch all seine Amtskollegen aus der Umgebung waren gekommen. Ich habe das meiste aus diesem Gottesdienst vergessen, aber eins steht mir noch lebendig vor Augen. Ein Kirchvorsteher der Gemeinde kam nach vorn und sagte folgende Abschiedsworte: „Herr Pfarrer, sie haben uns gelehrt, dass man ein fröhlicher Mensch sein kann, auch wenn man ein schweres Kreuz zu tragen hat." Jeder in der Kirche wusste, was gemeint war. Der Pfarrer stand vorn – ein Hüne von Mann – und weinte. Und ich dachte: Wir oft wird dieser Mann Gott angefleht haben, ihm zu helfen.

Er hätte doch seinen Dienst ganz anders ausüben können! Doch die Hilfe Gottes sah anders aus: Dass er getrost und fröhlich sein konnte, trotz aller Schwachheit, war zur Predigt seines Lebens geworden, die alle verstanden.

3. „arm und reitet auf einen Esel"

Das letzte Kennzeichen des Messias ist: "*arm*" – so übersetzt es Luther. Im Hebräischen ist es ein Wort, das eher „*demütig*" bedeutet und das an Jes 53 erinnert, das Lied vom leidenden Gottesknecht. Dort kommt das Wort etliche Male vor. Auch „Demut" ist nicht unbedingt etwas Erstrebenswertes und Attraktives. Doch passt es genau in jenes Kontrastbild, das Sacharja zeichnet.

Doch was ist Demut? Vielleicht fällt es uns leichter, etwas über das Gegenteil zu sagen – den Hochmut! Es ist ja so ungefähr das Schlimmste, was man über einen Menschen sagen kann, dass er hochmütig sei. Warum?

C.S. Lewis sagt, Hochmut zerstöre Gemeinschaft, denn er lebe von einem merkwürdigen „Wettbewerb". Der Hochmütige freue sich nicht über das, was er hat, sondern über das, was er *mehr* hat als andere. Er freue sich nicht darüber, dass er begabt ist, sondern dass er begabter ist; nicht dass er fromm, sondern frömmer ist; nicht dass er eine Freundin hat, sondern dass er sie dem anderen ausgespannt hat. Der Hochmütige lebt aus dem Vergleich und dem Vergnügen, anderen überlegen zu sein. Er macht das Leben zum Konkurrenzkampf, der ihn selbst einsam und unsicher zurücklässt.

Was ist nun Demut? Lewis schreibt: „*Der wahrhaft demütige Mensch erweckt keineswegs den Eindruck von Demut, den wir mit dem Wort zumeist verbinden. Er wird also kein liebedienender Patron sein, der ständig auf seiner Nichtigkeit herumreitet. Im Gegenteil! Er wird auf uns den Eindruck eines aufgeschlossenen und heiteren Menschen machen, der sich für das wirklich interessiert, was andere ihm erzählen. Wenn er uns missfallen sollte, dann nur deshalb, weil seine positive Lebenseinstellung unseren Neid erweckt. Er wird sich nicht mit Gedanken über die Demut plagen, weil er sich auch über seine eigene Person nicht den Kopf zerbricht.*"

Diese Beschreibung trifft in der Tat das Bild Jesu, das uns die Evangelien vermitteln – er, der nie auf andere Menschen herabschaute, und waren sie noch so gering; der aber auch nie vor einem Menschen buckelte.

Selbst als man ihn ans Kreuz schlug, kroch er vor niemandem zu Kreuze. In seiner Demut ging er aufrecht durch diese Welt.

Das war meine Bibelarbeit. Man müsste an etlichen Stellen weiterdenken, was dieses Kontrastprogramm Jesu für uns heute bedeutet angesichts gegenwärtiger Herausforderungen – nicht zuletzt auch in unserer Kirche. Doch wollte ich wenigstens noch einen schönen Schluss finden, aber mir fiel nichts ein. Während ich darüber nachdachte, brachte mir meine Frau „Die Welt am Sonntag" und zeigte mir einen interessanten Artikel. Als ich ihn las, dachte ich: Das ist ein gutes Schlusswort, denn es ist auch ein Kontrastprogramm und der Gesinnung Jesu nicht fern.

Musiker sind bessere Menschen

Musik, behauptet der japanische Evolutionsforscher Hajime Fukui, ist ein "sozialer Kitt". Wo eine Gesellschaft am Ende ist, hilft das gemeinsame Musizieren: In der Krise schmettern Nationen ihre Hymnen lauter, auf Trauerfeiern tröstet der Organist, und bevor das Weihnachtsfest im Familien-Chaos mündet, singen wir: "Oh du fröhliche".

Wer Musik hört, bildet das Hormon Oxytocin - und das erhöht die soziale Bindung: Musik macht solidarisch.

Das könnte auch das Motto der Berliner Symphoniker sein. Zugegeben, nicht das klangschönste Hauptstadt-Ensemble. Aber das engagierteste: Man spielt in sozialen Brennpunkten, geht in die Schulen. Nun will die bankrotte Hauptstadt das Orchester abwickeln.

Die anderen Klangkörper könnten auf Publikumsgewinne spekulieren. Tun sie aber nicht. Statt Lamento stimmen sie ein Solidaritätskonzert an. Doch Politiker scheinen wenig empfänglich zu sein für akustische Zeichen. Nun werden die Musiker des Berliner Sinfonieorchesters, der Staatskapelle, der Deutschen und der Komischen Oper pragmatisch: Sie wollen auf zwölf Prozent Lohn verzichten und 3,1 Millionen Euro sparen. Jene Summe, die Berlin für die 52 Musiker der Symphoniker fehlt.

Während Deutschland den Trauermarsch bläst, stimmen seine Musikanten eine echte Nationalhymne an. Sie ist wirkungsvoller als jede PR-Kampagne für jedes Arbeitsamt. Musiker sind eben die besseren Menschen. (Axel Brüggemann in: WELT AM SONNTAG am 30.11.2003)

Antwort geben

Psalmen – Lieder der Seele[37]

Liebe Schwestern und Brüder,

schon im Herbst vergangenen Jahres galt es, sich auf ein Thema dieses Bibelimpulstages festzulegen. Ein Impuls aus der Bibel, einen ganzen Tag lang: Was sollte ich da wählen, noch dazu mitten im schönen Monat Mai? Wer soll da kommen?

Nun, ich entschied mich für das Buch der Psalmen. Denn der Psalter bildet nun einmal, rein formal gesehen, die Mitte der Schrift. Wer die Bibel in die Hand nimmt und sie ungefähr in der Mitte aufschlägt, landet beim Psalter.

Der Psalter gehört für mich aber auch in inhaltlicher Hinsicht zur Mitte der Schrift. Wenn die wichtigste Weise, von Gott zu reden, nicht die Rede *über* Gott, sondern *mit* Gott ist; und wenn Glaube nicht nur in dogmatischen Formeln besteht, sondern in einer lebendigen Beziehung zu Gott, dann betreten wir in den Psalmen heiligen Boden. Hier, in diesen oft leidenschaftlichen Gebeten, geschieht der Testfall des Glaubens. Da geht es nicht um die theoretische Frage, ob es einen Gott gibt, sondern ob dieser Gott auch ein Gott *für mich* ist. Da geht es nicht darum, wie ich Leid und Unglück theoretisch ohne Rest erklären kann, sondern wie ich darin getröstet leben kann. Da wird nicht über Gott erzählt. Das tut die Bibel an anderen Stellen lang und ausführlich. Sondern hier, im Kämmerlein des Gebets, muss sich erweisen, ob all dieses Erzählen auch mit dem Leben zusammenpasst, wie es wirklich ist. So sind die Psalmen aus der Mitte des Lebens gesprochen und deshalb gehören sie auch in die Mitte der Schrift.

Die Mitte der Schrift sind die Psalmen auch deswegen, weil sich hier alle Themen der Bibel auf engstem Raum finden. Martin Luther sagte einmal, der Heilige Geist habe *„in den Psalter alles wie in ein Kompendium hineingepresst, damit die, die nicht genügend Zeit haben, die ganze Heilige Schrift zu lesen, dennoch nicht auf die Frucht der Heiligen Schrift verzichten müssen"*. Das ist natürlich mit Augenzwinkern formuliert. Luther gibt hier keine Empfehlung, den Psalter als biblischen Schnellimbiss zu gebrauchen. Ich verstehe ihn so: Wenn es denn unter dem Termindruck des Alltages einmal nicht anders geht, dann sollte man am allerwenigsten auf die Psalmen verzichten. Selbst über längere

---

[37] Bibelarbeit zum Bibelimpulstag am 17. Mai 2009 in Chemnitz

Zeit würde man keine Mangelerscheinungen erleiden, da die Psalmen geistliche Vollwertkost sind.

In der Tat: Die Nahrung, die hier geboten wird, ist überaus reichlich. Kein Glaubensthema, das in den Psalmen nicht anklingt – Schöpfung und Erlösung; Befreiung aus Ägypten und Gefangenschaft in Babylon; Gottvertrauen und Gottessehnsucht; Glück und Unglück; Freude und Schmerz; Schuld und Vergebung, Zweifeln und Staunen. Alles, alles, was zwischen Geburt und Tod geschehen kann, wird angesprochen - und sogar über den Tod hinaus! Denn der Psalter ist auch das Buch einer ins Unermessliche gewachsenen Hoffnung, die selbst die Schallmauer des Todes durchbricht. Ich staune immer wieder, auf welch aufregende Gedanken die Psalmbeter kommen. Der eigentliche Ort der Erkenntnis war offenbar nicht der Schreibtisch, sondern das Kämmerlein.

In welch kühner Weise, alle Erfahrungen von Raum und Zeit weit überschreitend, spricht etwa König David in Psalm 139 von Gott:

„Ich sitze oder stehe auf, so weißt du es;
du verstehst meine Gedanken von ferne.
Ich gehe oder liege, so bist du um mich
und siehst alle meine Wege.
Denn siehe, es ist kein Wort auf meiner Zunge,
das du, HERR, nicht schon wüsstest.
Von allen Seiten umgibst du mich
und hältst deine Hand über mir.
Diese Erkenntnis ist mir zu wunderbar und zu hoch,
ich kann sie nicht begreifen."

Auch was David in demselben Psalm von Gottes Schöpfungsmacht bekennt, sprengt alle Vorstellungskraft:

„Denn du hast meine Nieren bereitet
und hast mich gebildet im Mutterleibe.
Ich danke dir dafür, dass ich wunderbar gemacht bin;
wunderbar sind deine Werke; das erkennt meine Seele.
Es war dir mein Gebein nicht verborgen,
als ich im Verborgenen gemacht wurde,
als ich gebildet wurde unten in der Erde.
Deine Augen sahen mich, als ich noch nicht bereitet war,
und alle Tage waren in dein Buch geschrieben,
die noch werden sollten und von denen keiner da war."

Nein, wer Psalmen betet, dem wird nichts mangeln. Er wird auf grüne Auen geführt, auf denen für alles ein Kraut gewachsen ist - ohne alle Risiken und Nebenwirkungen. Das besagt auch schelmisch ein jüdischer Witz, der von einer Frau erzählt, die in höchster Sorge zu einem Rabbi kommt. Ihr Kind habe einen unstillbaren Durchfall. „Geht nach Hause und sprecht Psalmen", sagt der Rabbi, „dann wird das Kind geheilt sein." Nach einer Woche kommt die Frau wieder. „Rabbi, das Kind ist schon wieder krank, es hat seit drei Tagen keinen Stuhlgang." „Nun, gute Frau, Gebete wirken Wunder. Geht nach Hause und sprecht Psalmen." „Aber Rabbi, was sagt Ihr da? Psalmen stopfen doch."

Wen wundert es, dass der fromme Jude nicht nur anderen Psalmen verschrieb, sondern selbst intensiv mit ihnen lebte. Lange war man der Ansicht, der Psalter sei nur das Gesangbuch für den synagogalen Gottesdienst am Sabbat. Heute setzt sich das Wissen durch, dass der Psalter das private Gebetsbuch jedes frommen Juden war, und zwar für die persönliche Frömmigkeit zu Hause und in der Familie. Er hat den Psalter nicht nur am Sabbat, sondern täglich gebetet. Noch heute beten orthodoxe Juden an der Klagemauer in Jerusalem täglich alle 150 Psalmen am Stück. Da ist schnell der Vormittag vorbei, denn nicht jeder Psalm fasst sich so kurz wie Psalm 117, der nur zwei Verse hat. Schon bei Psalm 119 mit seinen 176 Versen muss man etwas mehr Zeit mitbringen.

Nun hat ganz offensichtlich auch Jesus intensiv mit dem Psalter gelebt. Die Evangelien, insbesondere die Passionsgeschichten, stellen ihn als den exemplarischen Psalmenbeter vor, der sein ganzes Leben und auch sein Sterben in Worte des Psalters fasste.

Und die frühe Kirche hat es ihm darin nachgemacht. Ganz bewusst verzichtete sie auf ein eigenes Gebetsbuch. Sie hätte es schreiben können, warum nicht? Denn es heißt ja: „Singet dem Herrn ein neues Lied." Dennoch sang man auch die alten Lieder des Psalters, weil man ganz bewusst in der Gebetsgemeinschaft mit dem jüdischen Volk bleiben wollte. Wir wissen, dass Synagoge und Kirche schnell getrennte Wege gingen. Doch hier - im Gebet - blieben das alte und das neue Bundesvolk miteinander vor Gott verbunden wie an keiner anderen Stelle. Wir beten an getrennten Orten, aber im Himmel vereinen sich dieselben Gebete und dieselben Klagen und derselbe Lobpreis vor dem einen Gott. So wurde der Psalter zum amtlichen Gebetsbuch auch der Kirche und prägte ihre Frömmigkeit und ihr Leben bis zum heutigen Tag.

Und vielleicht ist einführend noch die Notiz interessant, dass der Mönch Benedict von Nursia (480-547), der Vater des abendländischen Mönchtums, in seiner berühmten Ordensregel anweist, wenigstens innerhalb einer Woche den gesamten Psalter zu beten. Er bemerkt, das sei sehr wenig, denn *„unsere heiligen Väter haben an einem Tag tapfer das vollbracht, was wir Lauen doch wenigstens in einer ganzen Woche schaffen sollten"*. Er führte auch das Stundengebet ein, das auf Ps 119,164 zurückgeht (*„Ich lobe dich des Tages siebenmal"*) und durch das der Psalter zum christlichen Meditationsbuch schlechthin wurde. Die große Lebensformel *„Ora et labora"* („Bete und arbeite") war geboren und es war der Psalter, der ihren Rhythmus bestimmte.

Nach diesem Einstieg in das Thema möchte ich nun gern den Vortrag in drei Teile gliedern.

1. Der Psalter als Einübung in des Gebet

Der erste und wichtigste Gedanke ist, dass der Psalter uns nicht nur Gebete lehrt, sondern uns einüben will in eine *Haltung* des Gebets. Das ganze Leben soll ein Lied sein für Gott, mit all seinen Harmonien und Dissonanzen, mit Höhen und Tiefen.

Zunächst müssen wir aber von unserer Armut sprechen. Uns ist die Bitte der Jünger nicht fremd: *„Herr, lehre uns beten."* (Lk 11,1) Beten beginnt mit der heilsamen Einsicht, dass wir nicht beten können. Auch Paulus schreibt einmal: *„Wir wissen nicht, was wir beten sollen."* (Rm 8,26)

Wir können sprechen, und die Sprache ist eine der erhabensten Gaben, die Gott dem Menschen geschenkt hat. In 1.Mo 2,19 gibt es eine wunderschöne kleine Notiz. Da heißt es, Gott habe dem Menschen die Tiere zugeführt, um zu sehen, *„wie er sie nennen würde"*. Sprache erscheint hier als ein herrschaftlicher Akt, mit dem sich der Mensch von der Welt einen „Begriff" macht. Alles wird er benennen, Tiere und Pflanzen, ja selbst seine Frau wird er benennen: *isch* (Mann) – *ischa* (Frau). Nur eins nicht: Gott. Der Gottesname „Jahwe Elohim" – in dieser Kombination der beiden Begriffe begegnet er uns übrigens das einzige Mal innerhalb des Alten Testaments - wird nicht als menschliche „Erfindung" eingeführt, sondern er wird voraussetzungslos gegeben, gewissermaßen offenbart.

Das wahrt auf feine Weise die Grenze unseres Sprachvermögens. Von Gott kann ich mir keinen „Begriff" machen. Er ist nicht „Welt", die ich benennen und begreifen kann. Gott muss seinen Namen selbst offenbaren, und im Namen macht er sich anrufbar. Alles Beten hat seinen Grund darin, dass Gott selbst mit uns redet, dass Gott als das große lebendige DU aus sich heraustritt und uns sucht. Deshalb hat Gerhard von Rad gesagt, die Psalmen seien „Antwort Israels". Gott habe sich Israel zum Gespräch erwählt, nicht zum willenlosen Objekt seines Geschichtshandels.

Diese Antwort hat nun im Psalter eine ganz eigene Dynamik, ja Dramatik. Jedenfalls sind es Gebete voller Leidenschaft, von denen Luther sagte:

„Wo findet man feinere Worte von der Freude, als die Lobpsalmen oder Dankpsalmen sie haben? Da siehst du allen Heiligen ins Herz wie in schöne, reizende Gärten, ja wie in den Himmel: du siehst, wie feine, herzige, liebliche Blumen darin aufgehen von allerlei schönen, fröhlichen Gedanken gegen Gott um seiner Wohltaten willen.

Und wiederum wo findest du tiefere, kläglichere, jämmerlichere Worte von der Traurigkeit, als die Klagepsalmen sie haben? Da siehst du wieder allen Heiligen ins Herz, diesmal aber wie in den Tod, ja wie in die Hölle. Wie finster und dunkel ist`s da vom vielfältigen betrübten Anblick des Zornes Gottes?"

Mit solchen Gebeten hilft der Heilige Geist uns, die wir nicht beten können, in unserer Schwachheit auf. Sie legen mir ihre Worte in den Mund, beschenken mich mit ihren Begriffen, ihren Bildern, ihren Metaphern. Ich muss nicht immer selbst geistreich oder wortgewaltig sein. Ich darf vor Gott meine Gebetsarmut eingestehen und mich von den Psalmen vertreten lassen, die der Geist wunderbar inspiriert hat – so wunderbar, dass sich auch der moderne Mensch noch darin wiederfinden kann.

Viele Erfahrungen belegen das. So schrieb Rainer Maria Rilke: *"Ich habe die Nacht einsam hingebracht... und habe schließlich die Psalmen gelesen, eines der wenigen Bücher, in dem man sich restlos unterbringt, mag man noch so zerstreut und ungeordnet und angefochten sein."*

Und bei Ingo Baldermann lese ich: *"Ich entdecke dabei, dass es in erster Linie Worte aus Psalmen sind, die mich begleiten, die mir ihre Sprache leihen, wenn mir selbst die Sprache versagt; es sind Worte aus den Psalmen, die nachts die Dämonen vertreiben, die sich mir auf die Brust setzen und mir die Luft abdrücken wollen, und es sind abermals die*

Psalmen, die es mir ermöglichen, den neuen Tag als das große Wunder wie in der Schöpfungsgeschichte zu begrüßen."

Oft wird nun ein Gegensatz empfunden zwischen spontanen, freien Gebeten und fest formulierten Gebeten. Und manchmal ist damit die Wertung verbunden, dass das selbst formulierte Gebet authentischer und ehrlicher sei als das formulierte Gebet.

Dieser Gegensatz ist künstlich, denn beides ist wohl wichtig. Meine eigene Erfahrung aber ist, dass das selbst formulierte Gebet schnell arm wird – inhaltlich und sprachlich. Ganz abgesehen davon, dass das freie Gebet leicht zur Selbstdarstellung werden kann, das dann nicht mehr ein Reden vor Gott, sondern vor Menschen ist. So kritisierte Jesus ja einmal das Gebet der Pharisäer, das zur frommen Selbstdarstellung entartete – ein unerlöstes Motiv, von dem Jesus seine Jünger befreien wollte, indem er sie an das Kämmerlein wies.

Wir können froh sein, dass wir mehr haben als nur uns selbst und dass sich unsere oft abgehetzte Sprache an den Psalmen ausruhen und erfrischen kann. Ich habe den Eindruck, dass der moderne Mensch mit all den Traditionsabbrüchen und Entwurzelungen, die er erlebt hat, und dem Zwang zur Selbstinszenierung langsam wieder den Wert von Formen und Formeln erkennt, die er nicht selbst erschaffen muss, sondern die von außen auf ihn zukommen und sein Inneres formen können.

Solches Beten wird uns zur „Einübung" angeboten. Was sage ich Beten – eigentlich Singen! Der Psalter ist nicht nur ein Gebetsbuch, sondern ein Gesangbuch! Die jüdischen Überlieferung nennt die Psalmen das Buch *„sefär tehillim" = „Buch der Preisungen",* obwohl 2/3 der Psalmen Klagepsalmen sind. Und die griechische Übersetzung nennt es *„Buch der Lieder"* (psalmos = „Lied"). Wenn also die Psalmen zum Singen einladen, kann ich nicht umhin, noch einmal ihre gesundheitsfördernde Wirkung anzupreisen. Diesmal ist es kein Witz. Denn die Zeitschrift GEO schrieb in einer Ausgabe: *„Es ist so leicht. Es tut so gut. Es fördert, wie Experten versichern, sogar Gesundheit und Intelligenz. Warum nur haben dann so viele Deutsche die Lust am Singen verloren?"* Der Autor schreibt, man habe Chorsängern vor und nach dem Singen Speichelproben entnommen und darin Hormone entdeckt, die unter anderem Gedächtnisprozesse und die soziale Bindungsfähigkeit beeinflussen. Stress- und Aggressionen würden abgebaut. Auch wurde die Schulleistung von Kindern untersucht, die wenig oder viel Gesangsunterricht bekommen. Die Befunde besagen eindeutig: *"Wenn alle von der frühesten Kindergartenzeit bis mindestens zum Ende der*

Grundschulzeit täglich eine halbe oder eine Stunde spielerisch zum Singen angeleitet würden, dann hätten wir in Deutschland die PISA-Problematik nicht."

2. Der Psalter als Einübung in das Gespräch

Ich möchte zunächst auf eine ganz eigentümliche Beobachtung hinweisen, die wir im Psalter machen können. Wir sagen: Beten heißt reden mit Gott – und entdecken: Beten heißt auch, mit sich selbst zu reden. Wir sagen: Beten heißt zu Gott kommen – und entdecken: Beten heißt auch, zu sich selbst zu kommen. Diese Erfahrung fasse ich in die Überschrift:

a) Das Gespräch mit der eigenen Seele

Dafür ein paar Beispiele:

"Was betrübst du dich, meine Seele,
und bist so unruhig in mir?" Ps 42,6
"Wach auf, meine Seele!" Ps 57,9
"Sei nun wieder zufrieden, meine Seele!" Ps 116,7
"Meine Seele will sich nicht trösten lassen." Ps 77,3
"Meine Seele soll sich freuen." Ps 35,9
"Meine Seele ist sehr erschrocken." Ps 6,4
"Sie haben meine Seele gebeugt." Ps 57,7
"Meine Seele liegt im Staub." Ps 119,25
"Meine Seele ist stille zu Gott, der mir hilft." Ps 62,2
"Er erquickt meine Seele." Ps 23,3

Der Beter spricht zu sich selbst – spricht zu seiner Seele bzw. über seine Seele, nimmt sie wahr als unbehaust, geängstigt, unruhig, verfolgt, eingeschlossen, sprachlos, kraftlos, ausgeliefert – ein wahres Bilderbuch der Seele!

Solches Selbstgespräch ist ein Schlüssel zu vertiefter Selbsterfahrung, ja hier geschieht Seelsorge an der eigenen Seele. Denn wir vernachlässigen unsere Seele nicht ungestraft. In guter Weise hat das Bernhard v. Clairveaux, ein mittelalterlicher Heiliger, schon vor 800 Jahren an seinen Freund Papst Eugen III. geschrieben, der sich im Stress seines Amtes zu verlieren drohte: *"Wie kannst du voll und echt Mensch sein, wenn du dich selbst verloren hast?... Du musst nicht nur für andere, sondern auch für dich selbst ein aufmerksames Herz haben... Ja, wer mit sich selbst schlecht umgeht, wem kann der gut sein? Denk also daran: Gönn dich dir selbst!"* Genau dazu laden uns die Psalmen ein.

Selbstverständlich ist das nicht. Es gibt ja auch eine Flucht des Menschen vor sich selbst. Wir suchen oft gar nicht danach, uns zu sammeln, sondern zu zerstreuen. Die Unterhaltungsindustrie ist ständig bemüht, diese unsere zentrifugalen Bedürfnisse zu befriedigen. Wir lassen uns unterhalten, ersetzen das eigene notwendige Gespräch durch Talkrunden. Neulich sagte mir jemand, halb im Scherz, halb im Ernst: „Ich möchte einmal ohne mich in den Urlaub fahren." Ich dachte: In der Tat, das wäre genial - Urlaub vom eigenen Selbst, mit dem man zusammengespannt oder auch zusammengesperrt ist. Doch selbst wenn ich bis ans Ende der Welt fliegen würde, immer ist meine Seele dabei.

Nun hat die hebräische Sprache ein ganz eigentümliches Wort für Seele, für das man sie im Deutschen beneiden könnte. Der berühmte Arzt Virchow hat ja gemeint, er habe schon tausende Menschen seziert, aber noch nie eine Seele gesehen. Was der Leib ist, das wissen wir. Er hat Länge, Breite und Höhe – bei jedem von uns unterschiedlich ausgeprägt. Aber die Seele?

Für den Hebräer ist auch die Seele gewissermaßen sichtbar, zumindest in der ursprünglichen Bedeutung des Wortes. *„Näphäsch"* bedeutet nämlich auch die Kehle. Nun ist die Kehle das Organ, an dem unsere Bedürftigkeit, unsere Unersättlichkeit, aber auch unsere Verletzbarkeit offenbar wird. Die Kehle hungert und dürstet nach Brot, nach Wasser, nach Atem.

Genau mit diesem Wort bezeichneten nun die Israeliten auch die Seele des Menschen. Sie wollen damit sagen: Auch die Seele hat Hunger und Durst und sie braucht Luft zum Atmen. Doch sie wird nicht satt in sich selbst. Sie genügt nicht sich selbst, sondern bleibt sich in ihrer Verworrenheit oft selbst ein Rätsel. Und sie kommt auch nicht in sich selbst zur Ruhe, sondern in dem, der sie geschaffen hat.

So kommen die Psalmbeter mit aller Verworrenheit und Rätselhaftigkeit ihres Lebens zu Gott. Und im Angesicht Gottes werden sie sich selbst klarer und offenbarer. Deshalb sagt der Beter in Ps 42,3f. *„Meine Seele dürstet nach Gott, nach dem lebendigen Gott. Wann werde ich dahin kommen, dass ich Gottes Angesicht schaue?"* Und in Ps 107, 9 heißt es, dass Gott die ausgetrocknete Seele sättigt und die Hungrigen mit Gutem füllt.

b) Das Gespräch innerhalb der einzelnen Psalmverse

Die Psalmen sind ja nach hebräischer Dichtkunst gestaltet, deren Maß der *parallelismus membrorum* (Parallelität der Teile) ist. Das heißt, es gibt hier, anders als im Deutschen, keinen Endreim, sondern die hebräische Poesie fügt immer zwei Sätze, besser gesagt zwei Halbsätze, so zusammen, dass sie wie zwei Halbkugeln sich zu einem Ganzen fügen. Es gibt sehr verschiedene Formen dieses Parallelismus: die beiden Halbsätze können inhaltlich so weitgehend parallel sein, dass sie sich nur in Nuancen der Wortwahl unterscheiden; sie können aber auch in der Perspektive weit auseinander streben bis hin zu entgegengesetzten Formulierungen; der zweite Halbsatz kann den Gedanken des ersten unterstreichen, aber auch ergänzen oder weiterführen oder einen ganz neuen Gesichtspunkt hinzufügen. Ein Beispiel:

> *„Die Himmel erzählen die Ehre Gottes,*
> *und die Feste verkündigt seiner Hände Werk"* Ps 19,2

Oberflächlich gesehen wiederholt der zweite Satz den ersten Teil nur mit anderen Worten. Doch genauer betrachtet fügt die zweite Zeile der ersten einen neuen Aspekt hinzu. Der erste Satz beschreibt beim Anblick des Himmels die Größe und Herrlichkeit des Schöpfers; der zweite Satz definiert mit dem Wort „Feste" den Himmel näher als eine schützende Glocke, die Gott über den Lebensraum des Menschen gelegt hat, damit nicht wieder das Chaos darüber hereinbricht. Die Feste *„verkündigt, was er getan hat"*: Er gibt dem Menschen Raum zum Leben und bewahrt dieses Leben vor dem Versinken im Chaos.

Dieser merkwürdige Parallelismus ist nicht nur eine *Sprachform*, sondern auch eine *Denkform*. Sie weist darauf hin, dass die Wirklichkeit so groß ist, dass man sie gar nicht mit einem Satz ausdrücken kann, sondern immer von verschiedenen Perspektiven her betrachten muss, will man sie erfassen. Das ist ein ganz anderes Denken als das griechische, das auf eine abschließende Definition zustrebt. Hebräisches Denken ist komplementär und entspricht damit interessanterweise auch den Erkenntnissen der modernen Naturwissenschaften, die ebenfalls wissen, dass unsere Welt zu komplex und paradox ist, um sie nur mit einem Satz beschreiben zu können.

Das Denken und Reden aus zwei Perspektiven eröffnet in diesem Sinne immer ein Gespräch und erweist sich damit auch als die Urzelle der biblischen Vielstimmigkeit. Es fällt ja auf, dass die großen Taten Gottes immer auf dem Wort zweier oder dreier Zeugen beruhen. Das heißt doch: Keiner der Zeugen heischt sich an, *alles* zu sagen oder zu wissen. Jeder ist demütig genug, die Ergänzung durch andere zuzulassen. Genau so entsteht innerhalb der Bibel ein Gespräch, zu dessen Füßen wir uns setzen. Solches Denken ehrt das Geheimnis Gottes, das all unser Begreifen übersteigt und bewahrt uns davor, in allzu geschlossenen Räumen zu denken und das eigene Stückwerk für das Ganze zu halten.

Die Einübung ins Gespräch geschieht aber noch auf eine dritte Weise.

c) Das Gespräch der Psalmen untereinander

Oberflächlich betrachtet ist der Psalter reichlich ungeordnet. Da gibt es keine sinnvolle Ordnung nach Verfassern oder Gattungen oder Inhalten – alles geht durcheinander.

Der Eindruck aber ist oberflächlich. Der Psalter ist ein redaktionell wohldurchdachtes, einheitliches Buch mit ganz anderen Tiefenstrukturen als z.b. unser Gesangbuch, wo jedes Lied eine Dichtung für sich ist. *„Oft beziehen sich die Psalmen inhaltlich aufeinander, oft führen sie die Aussage vorangehender Psalmen weiter oder differenzieren das früher Gesagte. Stichworte binden sie aneinander. Dabei behält doch jeder Psalm zugleich auch seine Individualität... Wir sind in der Exegese also dabei, diese ‚Verkettung der Psalmen' wieder zu entdecken...“* (Erich Zenger)

Der Trend neuerer Forschung heißt also: Nicht nur *Psalmen*exegese, sondern *Psalter*exegese. Nicht nur der einzelne Psalm, sondern der Psalter insgesamt hat eine Botschaft. Es sind vor allem katholische Forscher, die darauf aufmerksam machen und die von der benediktinischen Tradition der Stundengebete her ohnehin im Psalter mehr zu Hause sind als wir. Denn solche Zusammenhänge erkennt man nur, wenn man sich nicht lediglich mit *einem* Vers oder *einem* Psalm begnügt, sondern Psalmen in der Reihenfolge betet, in der sie sich im Psalter befinden.

Ich will das an zwei Beispielen verdeutlichen:

Da haben wir den wunderschönen Psalm 8: Er ist ein Schöpfungspsalm, der die Hoheit Gottes besingt. Doch diese Hoheit Gottes geht nicht auf Kosten des Menschen, sondern erhebt ihn. Denn in der Mitte dieses Psalms wird von der königlichen Würde des Menschen gesprochen, die allen Menschen gilt und bis heute gültig die Grundlage der Menschenrechte beschreibt.

Doch plötzlich kommt in diesen Psalm Bewegung durch die benachbarten Psalmen. Es sind allesamt Klagelieder, von Menschen gebetet, denen diese Würde geraubt wurde: unschuldig Verfolgte, Angeklagte, Verachtete. Sie beten auf diesen Psalm hin und richten sich gewissermaßen an ihm auf. Sie rufen Gott als Anwalt an, klagen ihm ihr Elend und hoffen auf seine Hilfe. Psalm 8 beschreibt also nicht nur die Macht und Größe des Menschen, sondern enthält im Kontakt von Psalm 3-14 sozialethische Implikationen, die uns die Augen öffnen für die Opfer von Herrschaft und Gewalt.

Ein anderes Beispiel für das Gespräch zwischen den Psalmen ist der dramatische Dialog zwischen Psalm 137 und 138. In Psalm 137 wird uns die furchtbare Klage der nach Babylonien verbannten Israeliten beschrieben. *„Wie können wir Jahwe-Lieder singen fern auf fremder Erde?"* Diese Klage verdichtet sich in den Versen 8 und 9 zu dem Wunsch, das dem zerstörerischen Babel all seine Grausamkeiten heimgezahlt werden sollen, ja dass man seine Kinder packen und am Felsen zerschmettern möge.

An den Wassern zu Babel saßen wir und weinten,
wenn wir an Zion gedachten.
Unsere Harfen hängten wir an die Weiden dort im Lande.
Denn die uns gefangen hielten, hießen uns dort singen
und in unserm Heulen fröhlich sein: "Singet uns ein Lied von Zion!"
Wie könnten wir des HERRN Lied singen in fremdem Lande?
Vergesse ich dich, Jerusalem, so verdorre meine Rechte.
Meine Zunge soll an meinem Gaumen kleben,
wenn ich deiner nicht gedenke, wenn ich nicht lasse Jerusalem
meine höchste Freude sein.
HERR, vergiss den Söhnen Edom nicht, / was sie sagten am Tage Jerusalems: „Reißt nieder, reißt nieder bis auf den Grund!
Tochter Babel, du Verwüsterin,
wohl dem, der dir vergilt, was du uns angetan hast!
Wohl dem, der deine jungen Kinder nimmt
und sie am Felsen zerschmettert!

Das ist wohl der erschütterndste und furchtbarste Psalm des ganzen Psalters. Und ich möchte meine christliche Nase darüber rümpfen. Nur müssen wir uns klar machen, dass wir eben nur Zuschauer sind. Hier aber beten Betroffene in Trauer und Not. Es ist ihre authentische Sprache, es sind ihre ehrlichen Gefühle, die hier erklingen. Wer sollte den Leidenden ihre Klage verwehren, wer ihre Sprache zensieren? Die Bibel zumindest tut es nicht, sondern lässt diesen bitteren, aggressiven, das Gotteslob in heidnischem Land verweigernden Psalm zu. Wir müssen ihn nicht mitbeten, aber wir sollten beachten, wie die Bibel damit umgeht.

Der nachfolgende Psalm 138 tritt nämlich mit Ps 137 in ein Gespräch. Denn er setzt einem solchen verzagt-verbissenen Verzicht auf das Lob Gottes im fernen Babylon mit einem Davidpsalm ein geradezu ausberstendes Loblied entgegen: *„Ich danke dir von ganzem Herzen, vor den Göttern will ich dir lobsingen."* (Ps 138,1) Und dieses Lob wird in der Hoffnung gesungen, dass auch die anderen Völker Jahwe, den Gott Israels, erkennen werden. Das ist die Antwort auf Ps 137.

Bemerkenswert aber ist, dass Ps 137 nicht einfach durchgestrichen, sondern stehengelassen wird; spricht er doch eine ehrliche Empfindung des verfolgten Israel aus, die nicht verdrängt werden darf. Nur soll Israel in solcher Verbitterung nicht stehen bleiben. Jetzt – mit Ps 138 – beginnt eine letzte Sammlung von Davidpsalmen (Ps 138-145), die hoffnungsstark das Reich des Messias verkündigt. Dies leitet zu einem letzten Teil über.

3. Der Psalter als Einübung in die Hoffnung

Ein großer Teil des Psalters wird dem König David zugeschrieben – insgesamt 73 Lieder. Die Psalmen dieses großen Königs singen und beten bedeutete für den frommen Juden ein wichtiges Identifikationsangebot. Jeder einzelne Israelit darf sich im Geiste in das Gewand Davids kleiden und königlich vor Gott treten. Damit wird das Gottesverhältnis demokratisiert, denn dieses Angebot gilt ja auch dem Geringsten, der diese Psalmen betet, auch dem Knecht und auch der Magd. Jeder steht vor Gott in königlicher Würde.

Die Exegese konnte lange Zeit mit den Verfasserangaben der Psalmen wenig anfangen. Die Angaben galten weithin als nicht historisch, denn die meisten Psalmen seien ohnehin erst in nachexilischer Zeit entstanden. Es sei eben üblich gewesen, Lieder dem berühmten Sängerkönig David zuzuschreiben, um ihnen mehr Gewicht zu verleihen – so die Antwort.

Nur wird man es sich nicht zu leicht machen dürfen. Zunächst: Was heißt *„l*e*david"?* Es bedeutet im Hebräischen zweierlei: *„von David"*, aber auch *„im Blick auf David"*.

Im ersten Fall ist also durchaus als Verfasser der historische David gemeint und man kann mit gutem Grund davon ausgehen, dass tatsächlich zahlreiche Lieder von dem großen König selbst stammen. Wie anders käme eine Tradition zustande, die David als Prototyp des „Psalmsängers" darstellt, wenn hier keine historische Erinnerung vorläge?

In der Tat belegen die erzählenden Texte der Samuelbücher vielfach, dass David ein charismatischer Dichter und Musiker gewesen sein muss. Von keinem anderen König Israels wird berichtet, was die Tradition von David sagt. Er konnte so meisterhaft die Tragleier, die „Harfe" der Kleinen spielen, dass er mit seinem Spiel die Schwermut, ja den bösen Geist Sauls vertreiben konnte. Auch die Erzählung vom singenden, musizierenden und tanzenden David vor der Bundeslade (2.Sam 6) beschreibt exemplarisch sein Talent und Temperament und vor allem seine leidenschaftlichen Gottesliebe. Und so wundert es auch nicht, dass selbst Davids letzte Worte keine Prosarede sind (wie etwa das Testament des Josua oder des Samuel), sondern ein Psalm (2.Sam 23,1—7).

Interessant sind dabei auch die biographischen Angaben in den Überschriften der Psalmen. Hier fällt auf, dass diese Angaben nicht den Helden oder Krieger David beschreiben, sondern den Verfolgten und Leidenden, den Sünder und Büßer. Das gibt die Richtung an, in der dann auch die Interpretation erfolgen soll: David ist der Mensch, der sein Leben nicht in der eigenen Hand birgt. Nicht aus eigener Kraft kann er den Kampf gegen die Feinde gewinnen, sondern er vertraut darauf, dass Gott ihn rettet (1.Sam 17,37). Und nicht aus eigener Stärke kann er als Sünder vor Gott bestehen, sondern allein aus Gnaden. Gerade die Davidpsalmen sind eine Hilfe für jeden, die eigene Schwachheit und Bedürftigkeit vor Gott zu bringen und sich dessen nicht zu schämen. Niemand muss seine Ängste und Verletzungen, seine Zweifel oder auch drohende Verzweiflung verstecken, weder vor sich selbst noch vor anderen noch vor Gott. Wer Davidpsalmen betet, betet sie in derselben Gottesbedürftigkeit wie David.

Die Bedeutung *„im Blick auf David"* aber weist in die Zukunft – nämlich auf den David der kommenden Heilszeit. Die historische Verfasserschaft hat einen „Mehrwert" in sich, denn sie ist Ausdruck einer immer größer werdenden Hoffnung: der Ankunft des messianischen Heilskönigs.

Doch wiederum ist wichtig: Es ist nicht die Hoffnung auf den starken Mann, sondern darauf, dass Gott in den Schwachen mächtig ist. Denn erinnern wir uns: Als Samuel einen der Söhne Isais salben wollte, hätte sein Vater den „kleinen" David fast vergessen. Ebenso klein und schwach wirkt David im Vergleich zu dem Riesen Goliath. Sein Leben lang bleibt David ein Zeuge der Gnade Gottes. Und als König „allein von Gottes Gnaden" wird er immer mehr zum messianischen Hoffnungsträger, dessen Lieder das Kommen des Gottesreiches verkündigen.

„Die jüdische Tradition hat schon in biblischer Zeit das ganze Psalmenbuch David als Verfasser zugeschrieben. Dieser Vorgang der Davidisierung... ist eine theologische Qualifizierung des Psalters: Er ist das königlich-messianische Buch schlechthin. Die Psalter sind die Gebete der messianischen Hoffnung. Solange die Psalmen ‚Davids' erklingen, bleibt die Hoffnung auf den wiederkommenden ‚David' wach... David in der Nacht, voller Sehnsucht nach der Morgenröte, ist die messianische Leitfigur, die aus und in den Psalmen gegenwärtig wird. In diese mystische Biographie Davids sollen die Psalmenbeter sich hineinhören und hineinbeten. So hat auch Jesus die Psalmen gebetet: in der Nachfolge Davids. So betet Israel die Psalmen bis heute. Und so, Schulter an Schulter mit Israel, in der Nachfolge Davids sollen auch die Christen die Psalmen beten. Mit Jesus. In der Hoffnung auf das Kommen des Gottesreiches." (Erich Zenger)

Diesen Charakter als königlich-messianisches Buch bezeugt der Psalter auch in seinem strukturellen Aufbau. Der Psalter mit seinen 150 Psalmen wird ja in fünf Bücher eingeteilt, wahrscheinlich in Anlehnung an die fünfteilige Thora. In diesem Sinne verstehen sich die Psalmen geradezu als Antwort Israels auf das durch Mose ergangene Wort Gottes. Interessant ist, dass jeder dieser fünf Teile mit einem Lobpreis abschließt, einer doxologischen Schlussformel (41,14; 72,18-19; 89,53; 106,48; 145,21). Hinzu kommt, dass in Nachbarschaft dieses Lobpreises immer Königpsalmen stehen, die Gottes zukünftiges Königtum besingen, ganz im Sinn der Vater-unser-Bitte: *„Dein Reich komme."* Und am Ende fließt der gesamte Psalter in einen großartigen Lobpreis (Psalm 146-150), der immer weitere Kreise zieht, bis am Ende Himmel und Erde einstimmen: *„Alles, was Odem hat, lobe den HERRN! Halleluja!"* (Psalm 150,6)

In dieser Bewegung hin zum universalen Lobpreis ist der Psalter eines der stärksten Zeugnisse von Gottes Rettungshandeln im Alten Testament. So übt er uns ein in die Hoffnung.

Anhang

Man muss ihre Hoheit fühlen
Vom Umgang mit der Heiligen Schrift[38]

Die Formulierung des Themas geht auf ein Zitat des damals 37jährigen Weimarer Generalsuperintendenten Johann Gottfried Herder zurück. Er nahm 1781 an einer von der Bayrischen Akademie der Wissenschaft ausgeschriebenen Preisaufgabe teil, die unter dem Thema stand „Über die Wirkung der Dichtkunst auf die Sitten der Völker". In seiner eingereichten Arbeit finden sich über das Alte Testament folgende Sätze:

„Man sei Jude, Christ oder Türke, man muss ihre Hoheit fühlen... Lehre und Trost, Aufmunterung und Warnung, alles, was ein Mensch Gottes bedarf, wonach er dürstet in den Tiefen seiner Seele, ist hier kräftig enthüllet oder reizend verhüllet, und wenn alle Menschendichtkunst Rauch und Pfütze würde, so glänzt in dieser die Sonne voll Licht, Leben und Wärme, hoch über Wolken, Dunst und Nebel. "[39]

Dem Sächsischen Gemeinschaftsverband stehen solche dichterischen Worte nicht zur Verfügung. Doch mit gleicher Eindringlichkeit heißt es in unserem neuen Prospekt: „Wir orientieren uns gemeinsam an der Bibel. Sie ist für uns das große Buch vom Menschen. Doch vor allem ist sie das ‚Buch der Bücher', durch das Gott selbst zu uns redet. "

Nun gibt es im Blick auf die Bibel nicht nur Lob, sondern auch Streit. Schon Petrus klagt, dass manches aus den Briefen des lieben Bruder Paulus nicht leicht zu verstehen sei. Andere stellen den „Buchstaben" gegen den "Geist". Johann Eck meinte auf der Leipziger Disputation 1519 gegen Martin Luthers Berufung auf die Heilige Schrift, diese sei vieldeutig, denn auch alle Ketzer würden sich auf die Bibel berufen. Und in der Zeit der Aufklärung fragte man: Was ist bei diesem Buch eigentlich Medizin und was nur Verpackung, die keiner schlucken muss?

Das alles zeugt vom Konflikt der Interpretationen bis in die jüngste Vergangenheit hinein. So sind auch wir herausgefordert, uns mit verschiedenen Auslegungsmethoden zu beschäftigen und Rechenschaft abzulegen über unseren eigenen Umgang mit der Bibel. Gern möchte

---

[38] Überarbeitetes Referat zur Delegiertenversammlung des Sächsischen Gemeinschaftsverbandes am 3. März 2012
[39] Johann Gottfried Herder: Werke V, 1978,193

ich Sie diesbezüglich an einigen grundsätzlichen Überlegungen teilhaben lassen.

1. Die Bibel als „alleinige Regel und Richtschnur"

Wir sprechen von der Bibel als dem „Wort Gottes". Doch müssen wir uns zunächst deutlich machen, dass das Wort Gottes größer ist als die Bibel. Im Johannesevangelium heißt es gleich zu Beginn: „Im Anfang war das Wort. Und das Wort war bei Gott. Und Gott war das Wort..." Gott selbst ist also das Wort, der Logos. Und dieses Wort wurde nicht Buch, sondern Fleisch, wie es in Joh 1,14 heißt; ein Buch könnte dieses Wort gar nicht fassen! Deshalb heißt es am Ende des Johannesevangeliums: „Es sind noch viele andere Dinge, die Jesus getan hat. Wenn aber eins nach dem andern aufgeschrieben werden sollte, so würde, meine ich, die Welt die Bücher nicht fassen, die zu schreiben wären." (Joh 21,25). Das ist die wohltuende Bescheidenheit eines Zeugen, der weiß, dass Sprache, Schrift und Tinte ihre Grenzen haben.

Dennoch - Gottes Wort ist auch Buch geworden. Begonnen hat alles damit, dass Gott auf vielfältige Weise zu den Vätern geredet hat. Immer wieder heißt es: „Und das Wort geschah..." Mit Wilfried Härle kann man es die Selbsterschließung Gottes im Wort nennen. Und wenn Gott redete, dann brannte das Herz wie bei Jeremia: „Es ward in meinem Herzen wie ein brennendes Feuer." (Jer 20,9). Das ursprüngliche Schreiben Gottes war also ein Schreiben ins Herz. Doch wes das Herz voll war, des ging der Mund über. So wurden die so Angeredeten zu Zeugen: Der Prophet gab das Wort an das Volk weiter, der Vater an den Sohn wie ein wichtiges Vermächtnis...

Doch bald wurde das mündliche Wort zum geschriebenen Wort, denn das hatte viele Vorteile. War das mündliche Zeugnis an den Ort und die Zeit des Zeugen gebunden, so konnte das geschriebene Wort Raum und Zeit überspringen. Auch war die blasseste Tinte stärker als das beste Gedächtnis. Vor allem kann man das schriftliche Wort vervielfältigen. Die Bergpredigt hörten damals vielleicht ein paar tausend Menschen, als Schrift aber kann sie noch heute an jedem Ort und zu jeder Zeit gelesen werden.

Aus dem geschriebenen Wort wurden schließlich Heilige Schriften – der alttestamentliche und der neutestamentliche Kanon (= Maßstab, Richtschnur). Nach Karl Barth hat die Kirche den Kanon nicht einfach erfunden; sie hat ihn vielmehr entdeckt. Die Bibel sei „Kanon, weil sie sich *als solcher der Kirche imponiert hat und immer wieder imponiert.*" In der Feststellung *„Das sind unsere heiligen Schriften"* beugte sich also die Kirche lediglich der inneren Autorität dieser Schriften.

Der bleibende Gewinn jener „Entdeckung" der heiligen Schriften war, dass wir uns nun für alle Zeiten mit unserem Ursprung verbinden können. Immer wieder kann die Kirche am Flusslauf ihrer Geschichte entlang bis zur Quelle zurückgehen. Die Schrift wird damit zum Maßstab eines kritischen Umgangs mit sich selbst und den vielerlei „Einflüssen" links und rechts, die die Kirche durch die Jahrhunderte erlebt hat. Man denke nur an die Zeit der Reformation, aber auch an die Verwirrungen durch die Deutschen Christen im Nationalsozialismus.

Insofern hat die Bibel neben ihrer erbaulichen und tröstlichen auch eine kritische Funktion. Das meint auch Luthers Formulierung *„sola scriptura"* – allein die Schrift. Und genau deshalb ist die Bibel nach den Bekenntnisschriften *„die einige Regel und Richtschnur, nach welcher zugleich alle Lehren und Lehrer gerichtet und geurteilet werden sollen."* („Formula cordiae") Und Luther meinte, die Bibel sei *„allein Königin".*

Die kritische Funktion der Schrift ist zweifellos auch angesichts der verwirrenden Meinungsvielfalt heute wichtig. Um nur zwei Beispiele zu nennen:

So schärft z.B. Michael Meyer-Blanck im Blick auf das heute leitende „aufgeklärte" Menschenbild ein: *„Die Zielvorstellung von Gemeindebildung kann nicht lediglich das aufgeklärte und emanzipierte Subjekt sein. Damit würden nur spätmoderne Selbstzuschreibungen westlicher Gesellschaften religiös verdoppelt (oder garniert). Gemeindebildung hat nur dann einen Sinn für den Menschen (und damit ein spezifisches Profil), wenn sie ihn auch aufklärt über die Grenzen der Aufklärung und emanzipiert vom neuzeitlichen Zwang zur Emanzipation und Selbstkonstruktion... Nicht nur das emanzipierte, sondern das in der Nähe Gottes gerechtfertigte, erneuerte, veränderte Subjekt ist die Zielperspektive von Gemeindebildung."*[40]

Sehr schön wendet auch Ulf Liedke die kritische Funktion der Bibel an gegenüber dem *Empowerment-Konzept* und dessen stillschweigendem Konsens, der Mensch allein sei der *„Regisseur der eigenen Biographie"* und *„kompetenter Konstrukteur eines gelingenden Alltags".* Auch er

---

[40] Michael Meyer-Blanck: Gemeinde und Bildung. Die künftige Arbeit einer „qualifizierten Kirche" zwischen Gemeindepädagogik und Gemeindeaufbau S. 160

kritisiert klar das diesem Konzept zugrunde liegende Menschenbild, das die Gebrochenheit menschlicher Existenz ausblendet und den Menschen unter einen Druck des Gelingens setzt, an dem dieser nur scheitern kann. Nicht nur Befreiung und Erlösung, sondern auch Schuld und Sünde gehören zu einer realitätsgerechten Beschreibung des Menschseins, so Liedke.

Dass die Bibel „*allein König*" sei, klingt normativ und ist es auch. Nur muss man genau hinsehen, wie sie selbst ihr Regiment ausübt. Sie tut dies nicht diktatorisch, sondern dialogisch. Beim Lesen der Bibel werden wir Zeugen eines hochinteressanten Gesprächs über Gott und die Welt, über Glück und Leid, über die Größe und das Elend des Menschen. Der Alttestamentler Erich Zenger meint zu diesem Gesprächscharakter der Bibel: „*Die komplexe und kontrastive Gestalt des Ersten Testamentes ist zum größten Teil ausdrücklich gewollt. Dass und wie hier die Töne, Motive und Melodien, ja sogar die einzelnen Sätze dieser polyphonen Sinfonie (=Zusammenklang!) miteinander streiten und sich gegenseitig ins Wort fallen, sich ergänzen und bestätigen, sich widersprechen, sich wiederholen und sich variieren – das ist kein Makel und keine Unvollkommenheit dieses Opus, sondern seine intendierte Klanggestalt, die man hören und von der man sich geradezu berauschen lassen muss, wenn man sie als Kunstwerk, aber auch als Gotteszeugnis erleben will.*"[41]

In diesem Gespräch darf jeder Zeuge das sagen, was ihm von Gott offenbart wurde. Vor allem aber hören wir aus der Mitte der Schrift die regierende Stimme Christi, die uns bindet und verpflichtet.

So sitzen wir den biblischen Zeugen zu Füßen und bleiben im Blick auf den unerschöpflichen Reichtum der Schrift Lernende, wie es der Jude Manes Sperber schreibt: „*Wir nannten das Lesen dieser Bücher immer Lernen... ...und den Gelehrten nannte man nicht den Gelehrten, sondern den Lerner. Und das Lernen war etwas, das niemals endete.*" Auch der Lehrer bleibe „Lernender", der anderen nicht in der Sicherheit seines Wissens voraus ist, sondern „*in der Sensibilität seines Fragens und in der Betroffenheit durch das Erkannte, dazu auch in der Bereitschaft, sein Leben nach dem Maße des Erlernten zu ändern.*"[42]

---

[41] Erich Zenger: Am Fuß des Sinai, Düsseldorf 1998, S. 57
[42] Ingo Baldermann: Bibel – Buch des Lernens, Berlin 1982, S. 11f.

2. „Verstehst du auch, was du liest?"

Alles Bemühen um die Bibel steht unter der Frage des Philippus an den Kämmerer: *„Verstehst du auch, was du liest?" „Wie kann ich, wenn mich nicht jemand anleitet?"* (Apg 8,30f.) Nicht nur die heiße Mittagssonne macht ihm zu schaffen, sondern der Textinhalt selbst. Noch dazu ist er Äthiopier, Angehöriger einer anderen Kultur und Religion, und kein Jude.

So müssen Texte erklärt werden. Das beginnt oft schon beim Sinngehalt eines einzelnen Wortes, wenn es aus der Ursprache übersetzt werden soll. In einer afrikanischen Sprache fehlte einmal ein adäquater Begriff für *„Gnade"*. Das Wort gab es einfach nicht. Aber die *Erfahrung* von Gnade, die musste es doch geben, überlegten die Übersetzer. Im Gespräch mit den Menschen dieses Stammes wurde deutlich: Das größte Geschenk – also wirklich Gnade - in diesem Stamm war, wenn einer dem anderen eine Milchkuh schenkt. So übersetzte man dann auch: *Gott ist wie einer, der mir eine Milchkuh schenkt.*

Nicht alles löst sich so einfach. Die Pluralisierungstendenz der reformatorischen Kirchen, die sich alle auf die Schrift berufen, ist auch eine Folge unterschiedlicher Schriftauslegung, die im Einzelfall recht verbissen geführt wurde. Denken wir an die Frage der Taufe, das Verhältnis von Glaube und Werken, die Wiederkunft Christi, die Allversöhnung... Nicht jeder hat da die Gelassenheit eines Nikolaus Ludwig Graf von Zinzendorf, der im Blick auf ein anderes, bis heute kontroverses Thema sagte: *„Das Wort des Apostels Paulus aus 1.Kor 14,34, dass die Weiber in der Gemeine schweigen sollen, geht nur auf die zänkischen, plauderhaften Weiber an dem Orte, wo Timotheus war."* Keine noch so geartete Inspirationslehre konnte und kann uns des Konfliktes der Interpretation entheben.

Auch Christus selbst hat die Schrift interpretiert. Seine Stellung zum Alten Testament bestand nicht nur im *Zitieren*, sondern im *Verstehen*. Und dieses Verstehen schloss einen unterscheidenden Umgang ein, der durchaus zwischen Wichtigem und Unwichtigem, Primärem und Nachträglichem differenzierte.

Nehmen wir als Beispiel das alttestamentliche *Scheidungsrecht* (Mk 10,2-9). Nach 5.Mo 24,1 hatte Mose erlaubt, sich von seiner Frau zu trennen. Doch Jesus interpretiert dieses „Recht" souverän als Notrecht *„um eurer Herzen Härtigkeit willen"*. Er tut dies unter Bezug auf den ursprünglichen Schöpferwillen Gottes, der Mann und Frau miteinander verbunden hat und folgert daraus: *„Was Gott zusammengefügt hat, das soll der Mensch nicht scheiden."* (1.Mo 2,27).

Auch Jesu Satz, dass *„nichts, was von außen in den Menschen kommt, ihn verunreinigt, sondern was aus dem Menschen herauskommt"* (Mk 7,14ff.), ist ein kritisches Wort gegen die geltenden Reinheitsgesetze. Oder denken wir an seine Stellung zur Gewalt: Als seine Jünger den „genialen" Vorschlag machten, unter Berufung auf Elia zur Strafe für verweigerte Gastfreundschaft ein kleines Feuerwerk vom Himmel fallen zu lassen, antwortete Jesus: *„Wisst ihr nicht, wes Geistes Kinder ihr seid?"*

Jesus suchte also hinter den Wörtern den gemeinten Sinn, in dem weiten Gelände die alles überragende Mitte. Ähnlich tat es dann auch Martin Luther, wenn er die Bibel *mit* der Bibel interpretierte und sagte: *„Die Schrift ist aus sich selbst heraus die sicherste, am leichtesten zugängliche Auslegerin ihrer selbst."* (WA 7,97,23) Wichtig war für ihn dabei die Frage, *„was Christum treibet"*, wie sein viel zitierter Satz sagt: *„Was Christum nicht lehret, das ist nicht apostolisch, wenn's gleich Petrus oder Paulus lehret, wiederum, was Christum predigt, das ist apostolisch, wenn's gleich Judas, Hannas, Pilatus oder Herodes täte."* Zentral geht es ihm dabei um die Unterscheidung von Gesetz und Evangelium, von der aus er etwa auch den Jakobusbrief als stroherne Epistel kritisierte, wenngleich man ihm in diesem Urteil heute nicht mehr folgen mag.

3. Die Pluralisierung der Exegese

In der Auslegung der Schrift musste sich die Kirche also auf Methoden einigen. Hier erleben wir heute geradezu eine Pluralisierung. Dazu drei Beobachtungen.

1. Die Pluralisierung der Exegese ist eine Reaktion auf die jahrzehntelange Alleinherrschaft der historisch-kritischen Methode.

Kritik an ihr kommt vor allem aus den eigenen Reihen. Was auffällt, sind ja ihre auseinanderstrebenden Ergebnisse. Denn der Weg der historischen Kritik ist mit vielen Hypothesen gepflastert, vor allem hinsichtlich der Literarkritik und Überlieferungsgeschichte biblischer Texte. Oft wird dann solche literarische Analyse über den Weg hypothetischer Textrekonstruktionen zum Instrument historischer Sachkritik.

Auf diese Weise wuchs das Misstrauen gegenüber der biblischen Überlieferung, z.B. auch gegenüber den Evangelien, denen man kaum noch etwas entnehmen könne, was der historische Jesus wirklich gedacht, gesagt und getan habe. Seine *Geschichte* sei ganz und gar von der nach-österlichen *Überlieferungsgeschichte* übermalt worden, hieß es. Über den historischen Jesus selbst wisse man nicht viel. Es scheint, als würde die Bibel mitunter nach dem Motto verhört: „Im Zweifelsfall *gegen* den Angeklagten."

Aus dieser historischen Not versuchte man bisweilen, eine Tugend zu machen. Schon Paulus habe ja gemeint, wir kennen *"Christus nicht mehr nach dem Fleisch"* (2.Kor. 5,16). Der Glaube an Christus käme deshalb ganz gut auch ohne historische Fakten und Sicherheiten aus. Doch ein Glaube ohne Geschichte war wenig überzeugend, wirkte er doch wie ein *„Reckumschwung ohne Reck"* (Helmut Appel) und musste sich schon 1963 Rudolf Bohrens beißende Kritik gefallen lassen: *„Nachdem er (der Prediger) den Text historisch-kritisch beerdigt hat, soll er ihn existential wieder aufwecken."*

Natürlich hat hier die historisch-kritische Methode Teil an dem Dilemma jeder historischen Wissenschaft, die Ereignisse der Vergangenheit nicht verifizieren kann. Gerade an dieser Stelle ist die historisch-kritische Bibelauslegung jedoch gegenwärtig in einem bemerkenswerten Wandel begriffen. So stellt der Hallenser Neutestamentler Udo Schnelle fest: *„Die historisch-kritische Bibelauslegung befindet sich in einem bemerkenswerten Wandel... Sie entfernt sich immer mehr von den überspitzten Prämissen des Historismus des 19. Jahrhunderts und nähert sich dem Standard der allgemeinen Altertumswissenschaften an, die froh wären, wenn sie über Persönlichkeiten der Antike so viele Informationen hätten wie über Jesus von Nazareth."*

Es gibt also keinen Anlass zu einem grundsätzlichen historischen Misstrauen gegenüber den biblischen Zeugen – im Gegenteil. In dieser Hinsicht gilt nach wie vor Karl Barths Mahnung, wir seien keine *„Gymnasial-Lehrer"*, die befugt oder beauftragt wären, den biblischen Autoren *"gütig oder verdrießlich über die Schulter zu blicken, ihre Hefte zu korrigieren, ihnen gute, mittlere oder schlechte Noten zu erteilen."*

Kritik kommt jedoch noch aus anderer Richtung. Sie betrifft die erkenntnistheoretischen Grundlagen der Methode, die an der „reinen Vernunft" ausgerichtet seien. Diese könne aber nicht zum letzten Maßstab erhoben werden. Schon Immanuel Kant habe klar von den Grenzen der Vernunft gesprochen. So könne sie z.B. keine Aussagen über Gott machen. Nun gehe aber die Bibel überall davon aus, dass Gott selbst gesprochen habe. Solche Selbsterschließung Gottes im Wort fordere auf

Seiten des Menschen die Bereitschaft, die Grenzen der reinen Vernunft zu überschreiten. Aus solcher Bereitschaft heraus, so scheint mir, formuliert etwa Johannes Hempel zum Paradoxon der Jungfrauengeburt, sie sei *"eine unaustauschbare, zugleich unverzichtbare Beschreibung des Geheimnisses, das vom Anfang des Lebens Jesu an bis zu seinem Tod und seiner Auferstehung... wirksam war."* In gleicher Tendenz – doch eher augenzwinkernd - meinte Heinrich Waggerl: *„Gewisse Dinge verstehe ich nicht mehr, wenn ich sie begriffen habe."*

Der stärkste Vorwurf gegen die historisch-kritische Methode aber ist, dass sie den Text in der Vergangenheit belasse. Historisch-kritische Forschung spräche ihrem Wesen nach nur von der Vergangenheit und nehme heutiges Leben nicht wahr. Deshalb sind in den letzten Jahren an die Stelle der historisch-kritischen Methode eine Anzahl erfahrungsorientierter Methoden getreten: die *tiefenpsychologische* Auslegung, die die Texte nach Urmustern seelischer Erfahrung absucht; die *sozialkritische* Auslegung, die die Bibel nach ihrer gesellschaftlichen Relevanz befragt, also vor allem das Wohl des Menschen im Blick hat; die *feministische* Auslegung, die aufmerksam ist für Unterdrückungsstrukturen zwischen den Geschlechtern – usw.

Natürlich haben manche erfahrungsorientierten Methoden auch kräftigen Anteil an den Trends der Zeit. Und weil auch der Zeitgeist weht, wann und wo er will, ist manches auch schnell wieder *ver*weht. Dennoch zeugt solche Pluralisierung der Exegese von dem vielfältigen Bemühen, die Botschaft der Bibel in die Gegenwart hineinzusprechen.

Doch können und dürfen diese neuen Wege die *historische* Arbeit an der Bibel nicht ersetzen, entspricht sie doch auch der Art Gottes, der sein Wort zu Menschen an bestimmten Orten und zu konkreten Zeiten gesprochen, sich also in der Geschichte offenbart hat.

2. Mitunter sind wir auch mit einer Weise der Bibelauslegung konfrontiert, für die die Bibel ein geradezu vom Himmel gefallenes Buch ist.

Ich nenne es die *biblizistische* Auslegung. Hier soll die Bibel nur noch *Gotteswort* sein und nicht mehr *Menschenwort*. Das Menschliche wird gänzlich ausgeblendet. Ihre Verfasser sind eigentlich nicht mehr Zeugen, sondern nur noch Schreibzeuge in der Hand des göttlichen Autors. Ohne sich dessen bewusst zu sein, löst damit der Biblizismus das biblische Zeugnis von seinem geschichtlichen Ort und leugnet die *Geschichtlichkeit* der Offenbarung.

Dieses Schriftverständnis hat alte Wurzeln - allerdings nicht im Pietismus, sondern in der „Lutherischen Orthodoxie" – einer theologischen Schule, die bald nach Luthers Tod aufkam. Einen Papst hatte man ja nicht mehr und auch Konzilien können irren, wie Luther sagte. Aber man hatte die Schrift! Ihr galt nun alle Liebe und Verehrung, was ihr – 100 Jahre nach Luthers Tod – eine geradezu überirdische, göttliche Gestalt gab. Die Bibel konnte und durfte nicht anders als auf übernatürliche Weise entstanden sein. Sie musste sich also einer Art göttlichem Diktat verdanken - jedes einzelne Wort, jeder Buchstabe, jeder Punkt und jedes Komma. Und war ihre Entstehung wunderbar, dann war es auch ihr Inhalt: War Gott selbst irrtumslos und unfehlbar, dann musste auch die Bibel in jederlei Hinsicht ohne menschliche Mängel oder Fehler sein.

Treffend charakterisierte Siegfried Kettling diese Lehre von der Verbalinspiration einmal so: *„Wenn es galt 'Die Schrift allein!', dann musste doch diese unendliche Kostbarkeit nach allen Seiten abgesichert werden. Jede Möglichkeit eines Irrtums, einer Gedächtnislücke, eines stilistischen Fehlgriffs war auszuschließen. Unfehlbar musste die Bibel sein - auch in allen historischen, biologischen, physikalischen Fragen. Eine mächtige barocke Festung entstand, ein gewaltiger Tresor - zum Schutz der Bibel... Es entstand die nicht aus der Bibel gewonnene, ihr nicht abgelauschte, sondern ihr zudiktierte und aufgezwungene Theorie vom göttlichen Diktat... Der menschliche Verfasser wurde nur als mögliche Fehlerquelle betrachtet, ihn galt es weitgehendst auszuschalten. So wurde er zur Schreibmaschine degradiert".*[43]

Es kam, wie es kommen musste. Die „menschliche" Seite der Schrift konnte nicht verborgen bleiben. Und so begann man in der Zeit der Aufklärung, die Bibel wie jedes andere Buch zu lesen. Auch war man nicht mehr bereit, alles hinzunehmen, nur weil es in der Bibel stand, so wie einst Johannes Calvin noch sagte: *„Ich würde es nicht glauben, dass Jona vom Wal verschluckt worden sei, wenn es nicht in der Bibel stünde."*

So standen sich Gotteswort und Menschenwort wie unversöhnliche Gegensätze gegenüber. Wegweisend in dem damaligen Streit – und ich denke bis heute - war der Philosoph und Theologe *Johann Georg Hamann* (1730-1788). Im Jahre 1758 erlebte er in London seine Bekehrung. Beim Bibellesen erfuhr er, dass nicht er die Bibel, sondern die

---

[43] Siegfried Kettling: Vom Umgang mit der Heiligen Schrift, in: Schritte wagen, Gnadauer Kongress für evangelische Frauenarbeit, Dillenburg 1996, S. 39

Bibel ihn kritisierte. Im Streit um die Bibel meinte er, er schäme sich nicht, dass die Bibel auch menschliche Seiten habe. In einem Brief an einen Freund verglich er die Schrift mit den Lumpen, mit denen Jeremia aus der schlammigen Grube gezogen wurde: *„Herzliebster Freund, diese alten Lumpen haben mich aus der Grube gerettet und ich prange damit wie Joseph mit seinem bunten Rock."*

Er selbst sah in der Bibel beides – Gotteswort und Menschenwort. Es war für ihn ein Zeichen größter Demut und Herablassung Gottes, dass er sein Wort Menschen anvertraute und damit auch in die Begrenztheit menschlicher Sprache, Denkens und Fassens einging. Das sei die Knechtsgestalt der Offenbarung, doch gerade darin strahle die Herrlichkeit Gottes auf. Sie strahle nicht darin auf, dass er vor uns den Beweis führte, ein fehlloses Buch zu verfassen, sondern dass er Menschen sein Wort sagen ließ.

Um der Begrenztheit menschlichen Begreifens willen steht das biblische Zeugnis auch auf zweier oder dreier Mund. Wohl deshalb gibt es gleich vier Evangelien über Jesus, weil jeder der Evangelisten nur seine begrenzte Sicht hat. Und wohl deshalb beginnt die Bibel nicht nur mit einem, sondern mit zwei Schöpfungszeugnissen, die man nicht harmonisieren sollte, weil sie unterscheiden helfen zwischen Konstanten und Variablen und uns einüben wollen in die demütige Erkenntnis, das Wunder der Schöpfung ohnehin nicht annähernd begreifen zu können, am wenigsten durch Berichte oder Protokolle – wenn schon, dann in der Sprache des Lobpreises und der Anbetung.

In diesem Sinne meinte auch Adolf Köberle: *„Es gibt Unstimmigkeiten und Widersprüche in den Angaben von Ort, Zeit und Zahl. Gott hat sein heiliges Wort fehlsamen, sündigen Menschen anvertraut und preisgegeben. Es gibt eine Auffassung der Heiligen Schrift, die diese Knechtsgestalt nicht sehen will. Die Bibel darf keine Risse und Sprünge, keine Widersprüche aufweisen. Mit Hilfe gewaltsamer Harmonisierungsversuche bemüht man sich, ein Literaturdenkmal herzustellen, das wie ein vom Himmel gefallenes Buch wirkt und der Künstelei nicht entbehrt."*
Man verschließe sich dem Wunder göttlicher Herablassung, der es gefallen hat, uns den Schatz der Wahrheit in irdenen Gefäßen darzureichen. Dann zitiert er Luther: *„Schlecht und gering sind die Windeln, aber teuer ist der Schatz, der darin liegt."*

Mancher ritterlich geführte Streit um Zahlen und Reihenfolgen wird aus einer falschen Angst um Alles oder Nichts geführt. Doch er führt zu nichts. Denn die Bibel sei uns nicht das Buch der tausend Richtigkeiten, sondern das Buch der Wahrheit, wie Altpräses Christoph Morgner einmal betonte. Ihre Unfehlbarkeit bestehe darin, dass sie uns zielgerichtet zum Unfehlbaren, zu Gott, führe. In einzelnen Auslegungsfragen müssen wir dann nicht alle in gleichem Schritt und Tritt einhergehen; und wir müssen uns dann auch nicht an allen Grabenkämpfen um die Bibel beteiligen. Statt immer nur die Bibel zu verteidigen, seien wir berufen – so Morgner - ihre Wahrheit fröhlich zu bezeugen, gerade auch angesichts des um sich greifenden biblischen „Gedächtnisschwundes". Wo die Bibel und ihre Geschichten aber nicht mehr in der Erinnerung verankert sind, können sie auch keine das Leben und die Gesellschaft gestaltende Kraft mehr entfalten. Zu einer Erneuerung von Kirche und Gesellschaft, sagt Peter Zimmerling, werde es nur kommen, *„wenn ihr kollektives Gedächtnis wieder ungleich stärker als bisher durch die Bibel geprägt wird."*[44]

Ich möchte diesen Punkt schließen mit einem Hinweis auf die Kapstadt-Verpflichtung aus dem Jahre 2010, die der 3. Kongress für Weltevangelisation beschlossen hat. Dort heißt es: *„Wir lieben Gottes Wort in den Schriften des Alten und Neuen Testaments und stimmen mit ein in das freudige Entzücken des Psalmisten in der Thora: Darum liebe ich deine Gebote mehr als Gold...".* Die tägliche gemeinsame Bibellese hieß recht emotional *„Die Bibel feiern".* Doch war es wie das Betreten eines tragbaren Heiligtums, zu dem man eben mit Frohlocken kommt (Ps 100). Dann aber ging es auch ganz rational zu. Leitend war die sog. *„induktive Methode",* die die Bibel als Gotteswort *und* Menschwort ernstnimmt. Solches induktive Bibelstudium – hieß es - nehme *„die interkulturelle und literarische Beschaffenheit der Bibel ernst. Hinter jedem Buch der Bibel steht ein menschlicher Autor, der von Gott inspiriert ist und aus einer besonderen Situation heraus eine Leserschaft einer spezifischen Kultur anspricht. Wir ehren Gottes Wort, indem wir uns den Inhalt, die Struktur, die Form und den kulturellen/historischen Kontext anschauen."*[45] Im Vollzug bestand das tägliche Bibelstudium deshalb zuallererst in einem tiefen und klaren Akt des Hinhörens: Was wollte der Autor seinen ursprünglichen Lesern mitteilen? Welche Bedeutung hatten seine Worte in der damaligen kulturellen und gesellschaftlichen Lebenswelt? Dann erst folgte die Übersetzung der geoffenbarten Wahrheit in das eigene Leben heute hinein.

---

[44] Peter Zimmerling: Evangelische Spiritualität. Wurzeln und Zugänge, Göttingen 2001, S. 208

[45] Teilnehmerhandbuch S. 87

3. Schließlich möchte ich noch ein paar Sätze zu einer Weise der Schriftauslegung sagen, die in den letzten Jahrzehnten aus der Literaturwissenschaft übernommen wurde. Ich nenne es die *subjektivistische* Bibelauslegung.

Der italienische Philosoph und Schriftsteller Umberto *Eco* hat einmal den Gedanken geäußert, dass sich ein Text im Zuge der Verschriftlichung gegenüber seinem Autor gewissermaßen verselbständigt. *„Der Autor müsste das Zeitliche segnen, nachdem er geschrieben hat. Damit er die Eigenbewegung des Textes nicht stört. "* Was der Text bedeutet, fällt dann nicht unbedingt mehr mit dem zusammen, was der Autor sagen wollte. Aufgrund dieser Autonomie des Textes und des „Todes" des Autors gewinnt nun der Leser selbst eine fundamentale Bedeutung. Er, der Leser, gibt dem Text erst seinen Sinn. Das Interpretieren eines Textes sei ausschließlich die Konstruktionsleistung des Lesers.

Dieser Ansatz wirkt für mich wie das exakte Gegenstück zur historisch-kritischen Methode, die dem Text einen objektiven Sinn beigeben möchte. Hier wird bezweifelt, dass es überhaupt einen solchen objektiven Sinn gibt. Alle vorgegebenen Sinngebungen werden bewusst dekonstruiert. Wichtig allein ist die subjektive Interpretation des Lesers.

Wie ist dieser Versuch zu beurteilen?

Zunächst möchte ich mich dem Gedanken positiv nähern und finde eine Verstehenshilfe in der modernen Naturwissenschaft. Wir wissen heute, dass im physikalischen Experiment der Forscher selbst in das Experiment eingeht, ja nur so zu Erkenntnissen kommen kann. Das bedeutet: Auch Physiker wissen, dass es im Vorgang des Erkennens die reine Objektivität nicht gibt und dass die Antwort der Natur oft abhängt von der Frage, die an sie gerichtet wird. Und in der Frage ist der Fragende selbst anwesend. So spiegelt sich im Verstehen der Welt immer auch etwas vom forschenden Subjekt wider – natürlich auch der Begrenztheit seines Verstehens! Falsch wäre es allerdings zu sagen, es gäbe gar keine Erkenntnis der Wirklichkeit, sondern nur subjektive Zuschreibungen.

Was auf der Ebene der Materie gilt, begegnet uns gewiss auch auf der Ebene der Kommunikation der Worte. Auch in Texten finden wir nie nur die reine Objektivität, die man distanziert betrachten kann. Vielmehr ist im Prozess des Verstehens auch der Leser involviert – schon allein in dem „Vorverständnis" von Welt, Sprache, Denken, das er mitbringt. Doch dürfen die Pole nicht auseinandergerissen werden. Dies geschieht jedoch dort, wo sich das Subjekt zum Maß aller Dinge macht und gänzlich alle Deutungshoheit an sich reißt. Vielmehr hat die Grundregel zu gelten: *"Ein Text ist so zu verstehen, wie er verstanden sein will, d.h. wie er sich selbst versteht."* (H. Gese) Der Text muss noch das sagen können, was der Autor in ihn hineingelegt hat. Die Bibel darf nicht der hermeneutischen Beliebigkeit des Lesers überlassen werden, wie Melanie Köhlmoos sagt, sie diszipliniere auch ihr Publikum. Das Subjekt dürfe nicht über den Text herrschen, aus ihm herauslesen, was er gar nicht gesagt hat.

Interpretieren heißt deshalb für Paul Recoer nicht, *„dem Text die eigene begrenzte Fähigkeit des Verstehens aufzuzwingen, sondern sich dem Text auszusetzen und von ihm ein erweitertes Selbst zu gewinnen, einen Existenzentwurf als wirklich angeeignete Entsprechung des Weltentwurfs"*, den ein Text bereitstellt. Denn einen Text verstehen heißt, *„sich selbst vor dem Text neu verstehen, so dass der Leser im Akt des Lesens durch den Text als Subjekt neu konstituiert wird."* Deshalb müsse auch der Leser sich die Dekonstruktion gefallen lassen, d.h. sich verunsichern, sich infrage stellen und auch verändern lassen.

4. Ausblick

Wenn ich abschließend einige leitende Prinzipien für unseren Umgang mit der Heiligen Schrift zusammenfasse, dann sind es Stichworte wie *"Hermeneutik der Demut"* (Hamann), *"Exegese als Hinhören"* (Buber), die Schrift als *„Auslegerin ihrer selbst"* (Luther) oder auch Luthers Grundsatz *„was Christum treibt"*. Und immer wieder die Einkehr in den Ursprung, das frische Wasser der Quelle. Gerade hier ist es aber notwendig, das Anliegen des Neutestamentlers Peter Stuhlmacher zu beherzigen, vom überlieferten *Wort* wirklich zu der *Erfahrung* vorzudringen, aus der heraus ein Wort geschrieben wurde. „Rechtfertigung aus Glauben" oder „Heiliger Geist" bleiben sonst nichts anderes als theologische Begriffe. *„Erst dann, wenn man in den Erfahrungsgrund einkehrt, erschließt sich uneingeschränkt der Zugang zum Text."* Methodisch betriebene Verstehensbemühungen führen hier nur begrenzt zum Erfolg. Hier müsse uns im wahrsten Sinne des Wortes etwas „einfallen" und „aufgehen". Das aber sei unverfügbar und könne nur als Geschenk erwartet und erbetet werden, so Stuhlmacher.

In ähnliche Richtung gehen Sätze von Dietrich Bonhoeffer, als er einmal den Verlust der „Erfahrung des Glaubens" als eine ganz eigentümliche Gefahr der Theologie beschreibt: *"Die größte Not kommt für den Pfarrer aus seiner Theologie. Er weiß alles, was der Mensch über Sünde und Vergebung wissen kann. Er weiß, was rechter Glaube ist, und sagt es sich so lange, bis er nicht mehr im Glauben, sondern im Denken über den Glauben existiert... Das Wissen enthüllt seine Dämonie. Es treibt immer mehr in den faktischen Unglauben hinein. Wir haben dann keine Erfahrung des Glaubens. Unsere einzige Erfahrung ist die Reflexion über den Glauben."*

Im Predigerseminar der Bekennenden Kirche in Finkenwalde zog er daraus Konsequenzen für eine Theologenausbildung, die heute mehr denn je gehört werden. Ganz in seinem Sinne heißt es etwa in den „Villigster Anstößen für eine Kirche im Umbruch" (1999): *"... die Förderung einer gewinnenden Spiritualität (muss) in allen Ausbildungsphasen Priorität haben."*

So geht es darum, dass wir Hörende bleiben. Nicht Besitzende, sondern Ergriffene. Nicht Gelehrte, sondern Lernende. Nicht Wissende, sondern Betroffene – und Staunende!

Deshalb soll am Schluss noch einmal ein Lobpreis auf die Schrift stehen – wieder von einem Dichter und ausgerechnet von Heinrich Heine, der nach mancherlei Irrfahrten am Ende heimgekehrt war in das Haus seiner Väter und bekannte:

"Welch ein Buch! Groß und weit wie die Welt, wurzelnd in die Abgründe der Schöpfung und hinaufragend in die blauen Geheimnisse des Himmels ... Sonnenaufgang und Sonnenuntergang. Verheißung und Erfüllung. Geburt und Tod. Das ganze Drama der Menschheit, alles ist in diesem Buch... Es ist das Buch der Bücher. Die Juden sollten sich leicht trösten, dass sie Jerusalem und den Tempel und die Bundeslade und die goldenen Geräte und Kleinodien Salomonis eingebüßt haben. Solcher Verlust ist doch nur gering im Vergleich mit der Bibel, dem unzerstörbaren Schatz, den sie gerettet haben."